MARTINA HARTMANN

„Es fragt die Welt nach meinem Ziel,
nach deiner letzten Stunde nichts"

Zeitgeschichtliche Forschungen

Band 64

„Es fragt die Welt nach meinem Ziel, nach deiner letzten Stunde nichts"

Das Wissenschaftler-Ehepaar Hildegund und Ottokar Menzel (1910–1945)

Von

Martina Hartmann

Duncker & Humblot · Berlin

Bibliografische Information der Deutschen Nationalbibliothek

Die Deutsche Nationalbibliothek verzeichnet diese Publikation in
der Deutschen Nationalbibliografie; detaillierte bibliografische Daten
sind im Internet über http://dnb.d-nb.de abrufbar.

© 2023 Duncker & Humblot GmbH, Berlin
Satz: L101 Mediengestaltung, Fürstenwalde
Druck: CPI Books GmbH, Leck
Printed in Germany

ISSN 1438-2326
ISBN 978-3-428-18796-6 (Print)
ISBN 978-3-428-58796-4 (E-Book)

Gedruckt auf alterungsbeständigem (säurefreiem) Papier
entsprechend ISO 9706 ♾

Internet: http://www.duncker-humblot.de

Vorwort

Mein herzlicher Dank gilt zunächst den Familien von Ottokar Menzel und Hildegund Rogner: Claudia Kunz und Agathe Menzel sowie Ingrid und Dietrich Rogner, ihrer Tochter Corinna Rogner und Rüdiger Rogner für ihre große Unterstützung und das nicht nachlassende Interesse an meiner Arbeit. Außerdem danke ich Peter Bühner für alle Auskünfte und das wunderbare Foto aus dem Nachlass seiner Großmutter, das den Umschlag ziert. Reiner und Ingrid Böhmann machten mir Hildegunds Abschiedsbrief an Hedy Bühner zugänglich sowie Fotos der Buchwidmungen von Melchior Lechter.

In Kiel, wohin der Nachlass von Ottokar und Hildegund Menzel 1945 gelangte, unterstützten mich Julia Ilgner, Prof. Gerhard Fouquet und Prof. Andreas Bihrer mit Recherchen und wertvollen Informationen. Über Ernst Schulz erfuhr ich vieles von Jens Koch, dem Sohn von Schulz' Freund Hans Koch. Prof. Wolfram Pyta versah mich mit Informationen und Quellen über die Kriegsgeschichtliche Abteilung beim OKW und über Theodor Menzel und Wilhelm Heinrich Scheidt. Prof. Wolfgang Graf Vitzthum danke ich für Informationen über Walter Elze. Prof. Menso Folkerts verdanke ich wertvolle Hinweise und Quellen über die Tätigkeit von Ottokar und Hildegund bei der Leibniz-Ausgabe der Preußischen Akademie; auch der Austausch mit Dr. Nora Gaedeke war hier hilfreich. Dr. Thomas Gruber wies mich auf den Nachlass von Wolfgang Frommel in Den Haag hin mit Hildegunds Karten und Marguerite Hofmanns Erinnerungen und vermittelte den Kontakt zu Martin Mosebach, dem ich für ein vergnügliches Gespräch danke. Dr. Maik Bozza machte mich auf Hildegunds Brief an Hanna Bauer-Hilsdorf im Stefan-George-Archiv aufmerksam. Dr. Hans Gerhard Senger und Dr. Marco Brösch halfen mir, Hildegunds Tätigkeit für die Cusanus-Ausgabe besser zu verstehen. Prof. Folker Reichert machte mich auf Robert Holtzmanns Tagebuch sowie Ottokars Brief an Norbert Fickermann aufmerksam, außerdem auf Carl Erdmanns Erwähnungen von Ottokar in seinen (damals noch nicht publizierten) Briefen und schickte mir Kopien. Dr. Kristina Milz verdanke ich wertvolle Hinweise zu Karl Süßheim und Theodor Menzel.

Prof. Hans-Christof Kraus danke ich sehr für wertvolle Hinweise und für die Vermittlung der Aufnahme des Buches in die Zeitgeschichtlichen Forschungen. Für Unterstützung und wertvolle Hinweise danke ich außerdem Prof. Magnus Brechtken, Jasmin Dorfer, Prof. Dr. Christian Fuhrmeister, Dr. Heike B. Görtemaker, Dr. Karel Hruza, Thomas Karlauf, Annette Marquard-Mois, Prof. Arno Mentzel-Reuters, Martin Mosebach, Dr. Hedwig Munscheck-von Pölnitz, Prof. Anne Nagel, Helga Rebhan, Dr. Ingeborg Schnelling-Reinecke, Prof. Dr. Korinna Schönhärl.

Last but not least hat mein Mann Prof. Wilfried Hartmann das Entstehen des Buches mit großem Interesse begleitet und unterstützt – und er hat das Grab von Ottokar und Hildegund ‚wiedergefunden‘.

Ich widme dieses Buch der Erinnerung an meinen Bruder, Dr. Rüdiger Stratmann (10. Februar 1964 – 2. Dezember 2022).

Martina Hartmann

Inhaltsverzeichnis

I. Die zwei Gräber Ottokar Menzels auf dem Wilmersdorfer Waldfriedhof in Stahnsdorf

Wer in Stahnsdorf bei Berlin die Bahnhofstraße entlang geht und den Prominentenfriedhof Stahnsdorfer Südwestkirchhof links liegen lässt, gelangt zum hölzernen Eingangstor des Wilmersdorfer Waldfriedhofs[1]. Man meint, in eine vergessene Welt einzutreten, denn in dem lichten Waldgebiet ragen neben gepflegten Gräbern immer wieder aus dem Unterholz einzelne Grabsteine hervor. Auf diesem im Jahr 1920/21 angelegten Friedhof werden seit dem Jahr 2005 keine Neubestattungen mehr vorgenommen, sondern er wird als „Friedhofspark" weitgehend der Natur überlassen. So sind manche Grabsteine mit Efeu überwachsen, andere umgestürzt und die Inschriften kaum noch lesbar. Der Schauspieler Hans Otto (1900–1933), der von den Nationalsozialisten kurz nach der Machtergreifung ermordet wurde und nach dem heute das Theater in Potsdam benannt ist, hat hier ein Ehrengrab erhalten.

Im Unterschied zum benachbarten Südwestkirchhof ist es hier einsam, nur in der Ferne hört man die Autobahn. Wenn man den Hauptweg bis zum Ende durchgeht, kommt man zu einem eingezäunten und durch ein Tor gesicherten Bereich mit Steinplatten, die in den Boden eingelassen sind. Keine Tafel erläutert dem Besucher, wann dieser Bereich angelegt wurde und für wen, aber die Lebens- und Sterbedaten geben Aufschluss: Offenkundig handelt es sich um einen Friedhof für Opfer des Zweiten Weltkrieges. Es gibt Steinplatten, die für Soldaten verlegt wurden, da sie unterhalb der Lebensdaten den Zusatz „1939–1945" aufweisen; es gibt aber auch andere Platten für Frauen, Kinder, Ehepaare und Familien; zahlreiche davon gelten Opfern des verheerenden Bombenangriffs vom 3. Februar 1945, der vor allem in Berlin-Mitte und in Wilmersdorf große Verwüstungen anrichtete. Es muss sich daher um Einwohner von Wilmersdorf handeln, die Opfer des Krieges wurden, wie der Maler Willy Jaeckel (1888–1944), der bei einem Bombenangriff im Keller seines Hauses am Kurfürstendamm verschüttet und auf dem Friedhof beigesetzt wurde.

---

[1] Über den Wilmersdorfer Waldfriedhof Stahnsdorf informiert *Hahn*, Berliner Friedhöfe, S. 276–279 (dort auch S. 322 f. über den Schauspieler Hans Otto und S. 304 ff. über Willy Jaeckel).

Auf einem der Gedenksteine dieses Friedhofsbereichs ist zu lesen:

Ottokar Menzel

* 31.1.1912

† 6.2.1945

1939–1945

Geht man aber den Mittelweg zum Friedhofseingang zurück, stößt man einige hundert Meter von dieser Grabplatte entfernt, etwas versteckt im Unterholz, auf einen großen Grabstein unter Rhododendronbüschen, die Umrisse des Familiengrabes sind allerdings nicht mehr zu erkennen. Auf ihm stehen untereinander drei Namen mit Lebens- und Sterbedaten:

Dr. phil. Ottokar Menzel

* 31.1.1912

† 7.2.1945

Dr. phil. Hildegund Menzel

geb. Rogner

* 2.3.1910

† 7.2.1945

Fritz Rogner

* 16.5.1883

† 4.3.1947

Auch wenn auf diesem Stein bei Ottokar Menzel „Dr. phil." hinzugesetzt wurde und das Sterbedatum gegenüber dem Kriegsopfergrab um einen Tag abweicht, liegt hier keine zufällige Namensgleichheit vor[2]. Allerdings stellt sich die Frage, unter welchem Grabstein der mit 33 Jahren verstorbene junge Mann tatsächlich liegt und warum seine am gleichen Tag verstorbene Frau auf der Gedenktafel für die Kriegsopfer nicht genannt wird. Das Familiengrab im Wald war jedenfalls die Endstation einer tragischen Liebe, die erst jetzt nach vielen Jahrzehnten ans Licht gekommen ist und die hier in einer Doppelbiographie nachgezeichnet werden soll.

---

[2] Berlin, Friedhof Stahnsdorf Register Nr. 1006 (Grabkarte Ottokar Menzel).

II. Hildegund Rogner und Ottokar Menzel:
Kindheit und Jugend

1. Der Beginn einer großen Liebe

Im Sommersemester 1932, dem vorletzten vor der Machtergreifung der Nationalsozialisten, lernten sich an der Berliner Universität eine 22jährige Studentin und ein 20jähriger Student kennen, die nicht für die gleichen Fächer eingeschrieben waren und aus sehr unterschiedlichen Verhältnissen kamen.

Hildegund Rogner, am 2. März 1910 in Breslau geboren und in Berlin aufgewachsen, Studentin der Philosophie, Mathematik und Physik[1], und Ottokar Menzel, am 31. Januar 1912 in Odessa am Schwarzen Meer geboren und Student der Geschichte und Slawistik[2]. Über die näheren Umstände ihres Kennenlernens ist nichts bekannt, aber offensichtlich war vor allem der jungen Frau diese Freundschaft zu dem zwei Jahre jüngeren Kommilitonen sofort sehr wichtig, denn schon an Ostern (27. März 1932) kannte ihr väterlicher Förderer, der Jugendstilkünstler Melchior Lechter (1865–1937)[3], den jungen Mann und schenkte ihm ein Buch mit Widmung: die historische Dissertation des Hohenzollernprinzen August Wilhelm[4]. Lechter wusste um Hildegunds ein Jahr zurückliegende, unglückliche Schwärmerei für Wolfgang Frommel (1902–1986), mit dem er nicht nur wegen des von beiden verehrten

---

[1] Nähere Angaben über Hildegund Rogner finden sich Berlin, Humboldt-Universität, Universitätsarchiv: HU UA Phil. Fak. 01 Nr. 854 (Promotionsunterlagen Hildegund Rogner).

[2] Nähere Angaben über Ottokar Menzel finden sich Berlin, Humboldt-Universität, Universitätsarchiv: HU UA Phil. Fak. 01 Nr. 818 (Promotionsunterlagen Ottokar Menzel).

[3] Siehe zu Lechter unten S. 23 ff.

[4] August Wilhelm von Preußen, Die Entwicklung der Kommissariats-Behörden in Brandenburg-Preussen bis zum Regierungsantritt Friedrich Wilhelms I. (Diss. Straßburg 1907). Die Dissertation entstand zunächst in Berlin bei Ludwig Schmoller, wurde dann aber weitgehend von dem zum George-Kreise gehörenden Friedrich Wolters geschrieben und erschien 1908 im Verlag Otto von Holten, zu dem Lechter Verbindungen hatte; vgl. *Karlauf*, Stefan George, S. 450. Das Exemplar von Ottokar Menzel enthält die Widmung „Ottokar Menzel zum Osterfest 1932 mit sehr herzlichen Grüßen von Melchior Lechter" und befindet sich in Privatbesitz, ein Foto der Widmungsseite im Archiv der Autorin.

Dichters Stefan George in freundschaftlichem Kontakt stand[5]. Vielleicht war
die junge blonde Frau ihrem Kommilitonen gleich in seinem ersten Berliner
Semester aufgefallen, weil sie mit Begeisterung über die Gedichte von Stefan George sprach. So erging es jedenfalls einem anderen Mitstudenten der
Philosophie, Maurice de Gandillac (1906–2006), der sich noch fast 70 Jahre
später daran erinnerte, dass Hildegund Rogner auf Waldspaziergängen von
dem Dichter geschwärmt hatte[6].

Hildegund Rogner hatte drei jüngere Geschwister und ihr Vater arbeitete
als Volksschullehrer in Berlin, während Ottokars Vater Professor für Orientalistik in Kiel war und er schließlich das einzige Kind seiner Eltern. Dennoch
waren Hildegund und Ottokar spätestens ein Jahr nach ihrem Kennenlernen,
im Sommer 1933, ein Liebespaar, wie Widmungen in Büchern, die sich gegenseitig schenkten, erkennen lassen[7].

2. Hildegunds Kindheit und Jugend in Berlin

Fritz Rogner (1883–1947) und seine Frau Selma (1887–1962) hatten in
Breslau geheiratet, waren aber bald nach der Geburt und Taufe ihres ersten
Kindes, der Tochter Hildegund, im März 1910, von Breslau in die Nähe der
Reichshauptstadt Berlin gezogen, und zwar nach Rixdorf. Hier wurden 1911
und 1913 die Söhne Ulrich und Heinz geboren, bevor die Familie dann nach
Charlottenburg in die Schlossstraße in eine Drei-Zimmer-Wohnung zog, da
Fritz Rogner an der dortigen Grundschule eine Stelle als Lehrer bekam[8].

Hildegund ging zunächst in die Grundschule, an der ihr Vater unterrichtete, und war offenbar eine sehr gute Schülerin, denn im Anschluss an die
Grundschulzeit besuchte sie zunächst die Königin-Luise-Schule in Dahlem
und später die Oberrealschule in Berlin-Westend. An dieser Schule erwarb
sie zu Ostern 1929 das Reifezeugnis, das sie zum Studium berechtigte[9].

Offenbar war die Kindheit des hochbegabten Mädchens nicht ganz einfach, wie man einem Brief ihres Vaters entnehmen kann, den er nach ihrem
Tod schrieb. Er erwähnte „Tätlichkeiten des Bruders" und „Launen der Mutter", von der sie in ihren späteren Mädchenjahren zu wenig Liebe erfahren

---

[5] Siehe dazu unten S. 34 ff.

[6] Siehe dazu unten S. 161 mit Anm. 48.

[7] Siehe dazu unten S. 28 mit Anm. 56, S. 37 mit Anm. 85 und S. 47 f. mit Anm. 26.

[8] Mündliche und schriftliche Mitteilungen von Dietrich und Ingrid Rogner
(Geestland).

[9] Lebenslauf in der Promotionsakte Berlin, Humboldt-Universität, Universitätsarchiv: HU UA Phil. Fak. 01 Nr. 854 (Hildegund Rogner).

Abb. 1: Selma und Fritz Rogner mit Hildegund, Heinz und Ulrich (privat)

habe[10], wofür es eine Erklärung gibt: Selma Rogner brachte am 2. August 1928 mit 41 Jahren ihr viertes Kind zur Welt: die Tochter Ingeborg, die somit 18½ Jahre jünger war als ihre ältere Schwester[11]. Für die angehende Abiturientin war dies vermutlich keine ganz einfache Situation, auch wenn sie sehr an dieser kleinen Schwester hing. Hildegunds Brüder konnten keine höhere Schule besuchen und nicht studieren, weil dafür das Gehalt des Vaters nicht ausgereicht hätte. Offenbar war Hildegund sein besonderer Liebling, was Spannungen ausgelöst haben dürfte.

---

[10] Siehe den Brief unten im Anhang S. 214.

[11] Ingeborg Rogners Geburtsdatum geht aus der Meldebescheinigung im Landesarchiv Berlin, Bestand B Rep. 021 hervor.

Im Jahr 1927 kaufte Fritz Rogner ein Reihenhaus in der Siedlung Eichkamp im Grunewald[12]. Das Haus mit großem Garten, Im Hornisgrund 6, das
noch heute fast unverändert steht, liegt in einer Ecke von Berlin, die schon
damals durch die S-Bahn gut erschlossen war, aber eher ländlich wirkt, mit
Einfamilien- und Reihenhäusern für kinderreiche Familien, deren Väter kein
großes Einkommen hatten.

Mit diesem Umzug wurde Hildegunds Schulweg zum Waldgymnasium
sehr viel kürzer. Die Schauspielerin Lilli Palmer (1914–1986), vier Jahre
jünger als Hildegund Rogner, die auch auf diese Schule ging, hat das Gymnasium in ihren Erinnerungen beschrieben: „Das war eine ganz besondere
Schule für damalige Zeiten, eine Art Internat – mit dem Unterschied, dass
wir dort nicht schliefen, sondern abends um 6 Uhr nach Hause gingen – besucht von ungefähr dreihundert Kindern, meistens Jungen"[13].

Über Hildegund Rogners Schulzeit ist wenig bekannt, aber es hat sich ein
Buch aus ihrem Besitz erhalten, nämlich das 1927 erschienene Werk des jüdischen Wirtschaftswissenschaftlers Kurt Singer (1886–1962) „Platon. Der
Gründer"[14], eine Neuinterpretation des griechischen Philosophen im Geist
Stefan Georges und eine anspruchsvolle Lektüre für eine 17jährige Schüle-
rin. Neben gepressten Blumen liegt ein Zettel im Buch: „Dieses schöne Buch
meinem Kind für ihre ‚Griechenliebe' von Mutti Weihnachten 1927". Die
zahlreichen Unterstreichungen und Bleistiftnotizen am Rand verraten, dass
Hildegund es gründlich gelesen hat und vor allem Singers Anspielungen auf
Gedichte von Stefan George, etwa aus dem „Stern des Bundes", erkannt und
am Rand vermerkt hat; auch Anspielungen auf Nietzsche und andere antike
Philosophen waren ihr nicht entgangen.

Ihre Begeisterung für die Gedichte Stefan Georges wurden vermutlich von
ihrer Klassenkameradin Elisabeth Waldmann und von ihrem väterlichen
Freund Melchior Lechter geweckt[15].

---

[12] Mitteilung von Dietrich und Ingrid Rogner (Geestland). Es existiert ein Foto,
auf dem Hildegund mit ihrer kleinen Schwester vor der Haustür zu sehen ist. *Horst
Krüger*: Das zerbrochene Haus. Eine Jugend in Deutschland, Hamburg 1976, hat das
Leben in der Siedlung Eichkamp in der Zeit des Nationalsozialismus eindringlich
beschrieben.

[13] In ihren Erinnerungen, *Lilli Palmer*: Dicke Lilli – gutes Kind, München 1974,
S. 16 und 40 ff. hat sie die Waldschule an der Heerstraße in Berlin beschrieben.

[14] Vgl. zu Hildegunds Exemplar von Kurt Singer: Platon. Der Gründer, München
1927, *Schönhärl*, Korinna: Wissen und Visionen. Theorie und Politik der Ökonomen
im Stefan-George-Kreis, Berlin 2009, S. 234.

[15] Siehe zu beiden unten S. 23 ff.

3. Von Odessa nach Kiel: Ottokars Kindheit und Jugend

Ottokars Vater Theodor Menzel wurde 1878 in München als ältester Sohn des Fotografen Theodor Menzel geboren[16]. Er hatte zwei jüngere Brüder und sechs Schwestern. Die Mutter, Balbina Menzel, starb 1891 mit nur 41 Jahren bei der Geburt des 13. Kindes. Auch das Kind starb bald nach der Mutter, genau wie drei zuvor jeweils bei oder nach der Geburt verstorbene Knaben und alle hatten den Namen Ottokar erhalten. Dies war wohl eine Reminiszenz an die böhmische Heimat des Fotografen Theodor Menzel, der aus Königinhof stammte, einer Gründung von König Přemysl Ottokar II. von Böhmen. Man mag es als schlechtes Omen ansehen, dass sein ältester Sohn seinen zweiten Sohn auf den Namen seiner vier jung verstorbenen Brüder taufen ließ.

Ottokars Vater Theodor besuchte das Maximilians-Gymnasium in München-Schwabing und studierte nach dem Abitur, das er mit Auszeichnung bestand, Klassische Philologie, Orientalistik und Jurisprudenz, um später in den diplomatischen Dienst eintreten zu können, denn er wollte offenbar etwas von der Welt sehen. Er erhielt ein Stipendium und gab Nachhilfestunden. Schon 1902, also mit nur 24 Jahren, bestand er nach nur zweisemestrigem Besuch des orientalischen Seminars in Berlin neben dem Besuch der Universität das Examen für Türkisch mit gutem Erfolg und absolvierte im Jahr darauf auch das juristische Staatsexamen für den höheren Justizdienst. 1903 trat er in den juristischen Vorbereitungsdienst am Amts- und später am Landgericht München ein[17], so dass davon auszugehen war, dass er im Bayerischen Staatsdienst schnell Karriere machen würde. Doch es kam anders.

Nach bestandenem Examen unternahm der sprachgewandte junge Rechtsreferendar eine Reise nach Istanbul und lernte bei einem Aufenthalt in Odessa Luise Hierburger (* 1870) kennen, eine reiche Frau aus russlanddeutscher Familie, die fast neun Jahre älter war als er und einen unehelichen Sohn hatte[18]. Theodor Menzel verliebte sich in sie und heiratete sie im Jahr 1904. Er gab seine beruflichen Ambitionen zunächst auf und ließ sich in Odessa als

---

[16] Details über Theodor Menzels Lebenslauf bei *Rypka*, In Memoriam Theodor Menzel, S. IX–XIV und Details zu seinen Geschwistern im Familienarchiv Menzel. In der BSB München gibt es unter der Signatur Ana 758 einen Nachlass Theodor Menzel, der Schulaufzeichnungen und Reisetagebücher enthält.

[17] Im Familienarchiv Menzel hat sich ein mehrseitiger Bericht erhalten, den Theodor Menzel im Jahr 1918, als er nach Deutschland zurückkehren wollte, verfasst hat und der zahlreiche Details zu seinem Leben bietet.

[18] Näheres über Luise Hierburger berichtet Karl Süßheim in seinem Tagebuch, hg. von Barbara Flemming/Jan Schmidt, S. 266. Vgl. jetzt auch *Milz*, Kristina: Karl Süßheim Bey (1878–1947). Eine Biographie über Grenzen, Berlin 2022, und siehe unten S. 58 f.

Privatgelehrter nieder. Mit dem Vermögen seiner Frau baute er ein stattliches Haus, die „Datscha Menzel" an der „Mittleren Fontäne 8", einer vornehmen Strandlage an der Steilküste von Odessa, und trug eine große Bibliothek zusammen, die nicht nur die Orientalistik umfasste, sondern auch die Weltliteratur und andere Wissensgebiete[19]. Fotografien dieses Hauses und seiner luxuriösen Inneneinrichtung, die sich erhalten haben[20], bezeugen den großen Wohlstand des Ehepaares Menzel, das sich in der damals weltoffenen Stadt am Schwarzen Meer sehr wohl fühlte, auch wenn Theodor Menzel weiterhin enge Kontakte zu seiner Heimatstadt München und seinen zahlreichen Geschwistern pflegte.

Publiziert hat Theodor Menzel bereits seit 1902 eifrig, auch in Zeitungen. Für das Jahr 1905 fällt ein Artikel ins Auge, der, allerdings anonym, am 18. und 19. Juli in der Allgemeinen Zeitung in München erschien und den Titel trug: „Ein Augenzeuge über die Vorgänge in Odessa", womit die Unruhen in Odessa Ende Juni 1905 gemeint waren, die Sergej Eisenstein in seinem berühmten Film „Panzerkreuzer Potemkin" behandelt hat. Menzel, der als ein „in der südrussischen Hafenstadt lebender deutscher und bayerischer Landsmann, ein Freund und Abonnent unseres Blattes" genannt wird, erwiderte mit seinen Eindrücken der fraglichen Tage in Odessa auf einen kurz zuvor in der Zeitung erschienenen Artikel und habe, so das Blatt, darum gebeten, ihn „als kühleren Beobachter der dortigen Vorgänge zu Wort kommen zu lassen". Der Bericht ist eine interessante Schilderung der Ereignisse in jenen Tagen, die, wie Menzel meinte, 2.000 Menschen das Leben gekostet habe[21].

Im Jahr 1905 wurde er an der Universität Erlangen von dem damals führenden Orientalisten Georg Jacob (1862–1937) mit einer Arbeit zur türkischen Literaturgeschichte promoviert und wandte sich danach ganz der türkischen Literatur zu[22]. Von Odessa aus waren Forschungsreisen in die Türkei, die er mit Begeisterung unternahm, leicht möglich. Theodor Menzel war ein selbstbewusster Gelehrter, wie sich immer wieder herausstellen sollte, und hoffte auf einen Lehrstuhl in Deutschland, aber bis zum Ausbruch des Ersten Weltkrieges erfüllten sich diese Hoffnungen nicht. Dies führte bei ihm zu einer gewissen Erbitterung[23].

---

[19] Die Bibliothek beschreibt *Rypcka*, In Memoriam Theodor Menzel, S. XIV.

[20] Die Fotos befinden sich im Besitz der Familie Menzel. Die Adresse „Mittlere Fontäne 8" steht als Stempel in vielen Büchern aus der Bibliothek, die sich erhalten haben.

[21] Allgemeine Zeitung München. Morgenblatt, Jahrgang 108 Nr. 324 (vom 18. Juli 1905) S. 1 f. und Nr. 326 (vom 19. Juli 1905) S. 1 f.

[22] *Menzel*, Theodor: Mehmed Tevfiq. Ein Jahr in Konstantinopel (zugleich Diss. phil. Kiel 1905).

[23] Am 4. August 1914 verfasste Theodor Menzel sein zweites im Familienbesitz erhaltenes Testament, das den Satz enthält: „Sollte keiner meiner Söhne sich der Ori-

Am 20. November August 1907 wurde in Odessa der ältere Sohn Theodor Friedrich Nikolaus geboren[24], nachdem das erste Kind, ein Mädchen, im Jahr 1905 eine Totgeburt gewesen war. Am 31. Januar 1912 brachte Luise Menzel im Alter von 42 Jahren ihren Sohn Ottokar Walter Michael zur Welt und war damit genauso alt wie Hildegund Rogners Mutter bei der Geburt der Tochter Ingeborg im Jahr 1928. Luise und Theodor Menzels älterer Sohn erhielt den Vornamen von Vater und Großvater und war für seinen Vater zunächst der Hoffnungsträger auf eine akademische Karriere. Da er der ‚Stammhalter' war, wurde vom kleinen Theodor im Jahr 1911 von Theodor Kärner, einem bekannten Künstler der Nymphenburger Porzellanmanufaktur in München, eine Büste angefertigt, die beide Weltkriege überdauert hat[25]. Reisen zwischen Odessa und München scheinen nicht selten gewesen zu sein, da Theodor Menzel durch seine Heirat mit Luise Hierburger zu einem vermögenden Mann geworden war.

Das angenehme Leben der Familie, die in Odessa zur Oberschicht gehörte, fand mit dem Ausbruch des Ersten Weltkrieges ein jähes Ende, da die Deutschen und die Russen nun plötzlich Kriegsgegner waren. Man misstraute jetzt den Russlanddeutschen und verdächtigte sie der Spionage und Kollaboration mit dem Deutschen Reich: Bald fanden Hausdurchsuchungen der Datscha Menzel und Beschlagnahmungen statt, „zuerst nur von der Polizei aus, später durch Gendarmerie und Kosaken, die die ganze Datscha umstellten", wie Theodor Menzel in einem Bericht von 1918 festhielt[26]: „Gute Freunde in der Nachbarschaft zeigten mich wegen Spionage an, die Villa hatte einen Turm, in dessen Turmzimmer ich im Inneren mein Arbeitszimmer hatte. Dort suchte man mehrfach einen Apparat für drahtlose Telegraphie und Signalisierung. Die Betonierung des Bodens um die Zisterne gab Anlass zu der Behauptung, dass ich für die deutschen schweren Geschütze schon Betonblöcke vorbereitet hätte." Auch die Forschungen des Orientalisten Theodor Menzel führten zu verhängnisvollen Missverständnissen: „Da ich die seldschukischen und türkischen Inschriftenabklatsche der deutschen Ausgrabungen von Milet, die ich im Auftrag Dr. Wiegands im Herbst 1913 selbst in

---

entalistik widmen – was ich eigentlich bei der Resultatlosigkeit meines eigenen Studiums wünschen möchte – so überlasse ich es dem Dafürhalten meiner lieben Ehefrau Luisa, die von mir mit vieler Mühe und vielen Kosten gesammelte Bibliothek entweder zu verkaufen oder aber sie, falls sie für sich und die Kinder den Verkaufserlös nicht nötig haben sollte, an die Kgl. Hof- und Staatsbibliothek in München als Geschenk zu überweisen." Schon in seinem ersten, im Jahr 1909 verfassten Testament hatte er diesen resignierten Satz ähnlich formuliert.

[24] Die Lebensdaten ergeben sich aus der im Familienbesitz erhaltenen Todesanzeige von Theodor Menzel junior.

[25] Vgl. zur Kinderbüste von Theodor Kärner *Zipfel*, Nymphenburger Moderne, S. 148.

[26] Zum Bericht von Theodor Menzel siehe oben S. 17.

Abb. 2: Luise Hierburger als junge Frau (privat)

Milet abgenommen hatte, in Odessa an der Wand ausgespannt und fotogra-
fiert hatte, hatten die Dienstboten dies nach Kriegsausbruch als Planzeich-
nungen zu Spionagezwecken denunziert."

   Theodor Menzel wurde im Oktober 1914 in Tschorny Jar interniert, einem
Dorf in Astrachan an der dort fast zwei Kilometer breiten Wolga, über
1.400 Kilometer von Odessa entfernt. Luise Menzel musste Anfang November mit den beiden Kindern, dem siebenjährigen Theodor und dem zweiein-
halbjährigen Ottokar, die Datscha verlassen und sich in der Stadt eine Unterkunft suchen, wo die Russlanddeutschen stark angefeindet wurden. Im
März 1915 wurden dann die Deutschen aus Odessa ausgewiesen und mussten
entweder ins Deutsche Reich oder in den Verbannungsort ihrer Ehemänner

Abb. 3: Datscha Menzel, Eingangsseite (privat)

ziehen, denn nun liquidierte die Russische Regierung den Landbesitz aller russischen Untertanen österreichischer, ungarischer und deutscher Herkunft in einer Breite von 100 km entlang der Schwarzmeerküste, wovon auch die Datscha Menzel betroffen war[27].

Luise Menzel fuhr mit den Kindern zu ihrem Mann nach Tschorny Jar. Beide Eltern fürchteten angesichts der schlechten sanitären Verhältnisse dort um die Gesundheit der Söhne und fanden die ärmlichen Lebensbedingungen bedrückend. Für Theodor Menzel war der Aufenthalt in Tschorny Jar zudem „geistesabstumpfend", wie er später schrieb, denn eine wissenschaftliche Tätigkeit war dort nicht möglich. Die Situation besserte sich erst, als es der Familie gelang, nach Saratow an der mittleren Wolga umsiedeln zu dürfen. Saratow, das Zentrum der Wolgadeutschen, war zwar von Odessa noch weiter entfernt als Tschorny Jar, verfügte aber über zahlreiche kulturelle Einrichtungen und Bibliotheken, die es dem Orientalisten ermöglichten, wieder wissenschaftlich zu arbeiten[28].

---

[27] Vgl. *Eisfeld*, Die Russlanddeutschen, bes. S. 71 ff. u. 81 ff. zur Situation der Deutschen in Odessa und an der Wolga nach Ausbruch des Ersten Weltkrieges.

[28] Über seine wissenschaftliche Tätigkeit in Saratow hat Theodor Menzel im Vorwort seiner Ausgabe von Billur Köschk, S. VII-XI anschaulich berichtet.

Von Ottokar Menzel sind keine Äußerungen über seine Kindheit überliefert, aber man kann davon ausgehen, dass die Zerstörung der wohlsituierten Lebenswelt seiner Eltern, die in Odessa glücklich gewesen waren, nach Ausbruch des Ersten Weltkrieges bei Theodor und Luise Menzel eine große Bitterkeit ausgelöst hatte, die sie sicher an ihre Söhne weitergaben. Theodor Menzel, der sich auch in Odessa immer seiner deutschen Wurzeln bewusst geblieben war und von der Überlegenheit der Deutschen gegenüber den Russen überzeugt war, wird diese Haltung auch Ottokar vermittelt haben, genau wie die Erkenntnis, wie schnell man eine materiell gesicherte Existenz verlieren konnte, wofür Theodor Menzel die Russen verantwortlich machte. Trotz allem hatte er in seinen späteren Lebensjahren Heimweh nach Odessa[29], wie vermutlich auch seine Frau, die dort geboren und aufgewachsen war. Während des Zweiten Weltkrieges sollten sich die Folgen der Kindheitserfahrungen bei Ottokar zeigen.

Aufgrund der Wirren, die nicht nur durch den Ersten Weltkrieg ausgelöst wurden, sondern dann auch durch den Sturz des Zaren und die Russische Oktoberrevolution, kam Theodor Menzel zu dem Schluss, dass es das Beste wäre, für die Familie eine neue Existenz in Deutschland aufzubauen. Damals war sein jüngerer Sohn Ottokar sechs Jahre alt. So reiste Theodor Menzel nach Kriegsende mit dem älteren Sohn, der damals 11 Jahre alt war, nach München und brachte ihn in einem Internat in Schorndorf am Ammersee unter, während Luise Menzel mit dem kleinen Ottokar in Odessa blieb, wo er die deutsche Schule besuchte[30]. Als der Vater aus München zurückkehrte, um nun auch seinen zweiten Sohn und seine Frau nach Deutschland zu holen, durfte er Russland nicht wieder verlassen, sondern musste eine Privatdozentur an der Neu-Russischen Universität annehmen. 1921 ernannte man ihn zum Professor für Türkisch am neu gegründeten Archäologischen Institut. Doch auch diese Ehrungen hielten ihn nicht davon ab, Russland im Jahr 1922 endgültig den Rücken zu kehren[31], nachdem durch den Vertrag von Rapallo die Beziehungen zwischen Russland und dem Deutschen Reich geregelt worden waren. In politischer Hinsicht war Theodor Menzels Entscheidung ein vorausschauender Entschluss, wenngleich er kaum Stalins Diktatur und den Zweiten Weltkrieg vorausahnen konnte. In ökonomischer Hinsicht war es

---

29 Von einer Forschungsreise, die Theodor Menzel von Oktober bis Dezember 1928 nach Anatolien führte, hat sich ein Tagebuch erhalten, in das er am 4. Dezember 1928 ein selbstverfasstes Gedicht eintrug, welches von seinem großen Heimweh nach dem Schwarzen Meer und der Stadt Odessa, die er sechs Jahre zuvor verlassen hatte, spricht: er hört „heimwehkrank" das Brausen der Brandung, vermisst das „Wiegenlied, das in Odessa … das Meer sang", die „frische Salzluft", die in sein Zimmer zog, das „heimatliche Haus" und das „wohlige Gefühl der Geborgenheit".

30 Bericht Theodor Menzels im Familienarchiv.

31 Vgl. *Rypka*, In Memoriam Theodor Menzel, S. X.

Abb. 4: Ottokar und sein Bruder Theodor (privat)

eine Katastrophe, denn das Vermögen wurde konfisziert und er konnte nach zweijährigen Bemühungen nur die Bibliothek und seine wertvollen Handschriften aus Russland nach Deutschland bringen[32].

Ottokar war zehn Jahre alt, als er Russland verließ und in Straubing bei Verwandten untergebracht wurde. Dort besuchte er zunächst die Grundschule, später dann in München das Gymnasium. Theodor Menzel, der eine Stelle finden musste, um die Familie zu ernähren, die nun ohne Vermögen dastand, nahm das Angebot seines akademischen Lehrers Georg Jacob in Kiel an, der ihm an der Universität ein Lektorat für Türkisch verschaffte. Nachdem er

---

[32] Den Vermögensverlust erwähnt auch Süßheim in seinem Tagebucheintrag; siehe unten S. 58 f. Im Familienarchiv Menzel finden sich zahlreiche Unterlagen zum Entschädigungsverfahren nach 1922.

sich dort etabliert hatte, zogen auch Luise Menzel und die Söhne nach Kiel,
wo Ottokar dann 1931 Abitur machte[33].

Theodor Menzels Karriere entwickelte sich in Kiel zügig: Im November
1924 habilitierte er sich, im Juli 1926 wurde er zum außerordentlichen Professor ernannt und drei Jahre später, im November 1929 erhielt er den Lehrstuhl für Orientalistik, den zuvor sein Lehrer innegehabt hatte[34]. Im gleichen
Jahr wurde positiv über Entschädigungszahlungen für den Vermögensverlust
in Odessa entschieden, so dass neben seinem Professorengehalt weitere Mittel für ein standesgemäßes Leben zur Verfügung standen.

Die Etablierung in Kiel, beruflich und privat, war also erfolgreich, aber die
Jahre waren überschattet von der schweren Krankheit von Ottokars älterem
Bruder, der sich – möglicherweise während der Internierung an der Wolga –
mit Tuberkulose infiziert hatte. Die Bekämpfung dieser bakteriellen Infek-
tionskrankheit steckte damals noch in den Anfängen, aber Davos in der
Schweiz hatte sich seit 1860 zu einem Luftkurort entwickelt, der Heilung
versprach. So wurde der junge Theodor 1925 das erste Mal nach Davos geschickt, wo er auch die Schule besuchte. In den alten Sprachen Latein und
Griechisch tat er sich schwer, aber die Ornithologie war seine große Leidenschaft. Schon als Schüler publizierte er in der Zeitschrift „Gefiederte Welt"
von 1927 und stellte kleinere Forschungen an zu den Vögeln in Davos. Nach
dem Abitur in Kiel sollte Theodor junior sich vor Aufnahme eines Studiums
nochmals bei einem Kuraufenthalt in Davos erholen, aber er erkrankte dort
an Masern. Mit einem Krankentransport wurde er Ende Oktober 1929 nach
Kiel zurückgebracht, wo er am 4. November im Alter von nicht ganz 22 Jahren starb[35].

Die Eltern waren untröstlich und fortan konzentrierten sich all ihre Hoffnungen und Erwartungen auf den einzig verbliebenen Sohn Ottokar, der damit im Unterschied zu Hildegund Rogner bis zum Ende seiner Schulzeit
schon viele Veränderungen in seinem Leben und Schicksalsschläge hatte
verkraften müssen. Er bemühte sich, den Erwartungen seiner Eltern gerecht
zu werden und war vermutlich ein einsames Kind, denn über seine Schulzeit
gibt es ein einziges Zeugnis, das von einem später berühmten jüdischen
Klassenkameraden stammt: Uri (Erich) Toeplitz (1913–2007), der nach dem
Abitur in Kiel Musikwissenschaft studierte und Flötist wurde. Er war der

---

[33] Die Angaben nach Ottokars Lebenslauf in Berlin, Humboldt-Universität, Universitätsarchiv: HU UA Phil. Fak. 01 Nr. 818 S. 125 (Promotionsunterlagen Ottokar
Menzel).

[34] Vgl. dazu *Rypka*, In memoriam Theodor Menzel, S. X.

[35] Alle Unterlagen zu Theodor Menzel junior befinden sich im Familienarchiv
Menzel.

Sohn des bekannten Mathematikers Otto Toeplitz (1881–1940), konnte noch rechtzeitig vor den Verfolgungen durch die Nationalsozialisten aus Deutschland nach Palästina emigrieren und gründete später das Israel Philharmonic Orchestra. Im Jahr 1999 veröffentlichte er seine Erinnerungen unter dem Titel „Und Worte reichen nicht. Von der Mathematik in Deutschland zur Musik in Israel. Eine jüdische Familiengeschichte 1812–1998". In diesem Buch wird auch sein Klassenkamerad erwähnt, denn Uri Toeplitz schreibt: „Ich war der einzige Jude in meiner Klasse. Wollte ich Freunde haben – und wer will das nicht – so blieb mir nur die Möglichkeit, mich mit christlichen Mitschülern anzufreunden. Das ging aber nicht so recht. Ich hatte einen sogenannten Freund, Ottokar Menzel. Er war etwas exotisch, da die Familie aus Odessa gekommen war und unter sich Russisch sprach. Eine der üblichen Geburtstagsgesellschaften konnte ich nie zusammenbringen. Einmal hatte ich wenigstens Menzel eingeladen, der aber nicht kam. Ich ging ihn holen. Das war nicht das richtige, obwohl er dann kam. Für Kinder ist so etwas sehr traurig"[36].

Bemerkenswert ist noch, dass Uri Toeplitz später in Israel vom Lebensende seines Klassenkameraden erfuhr: „Als wir Kiel verließen, verlor ich Menzel wie auch alle anderen Mitschüler aus den Augen. Das tat mir nicht leid, aber irgendwie interessierte es mich, was wohl aus Menzel geworden sei. Vor einigen Jahren machte ich hier in Tel Aviv die Bekanntschaft eines Kieler Schulrats. Dieser versprach mir, der Sache nachzugehen: Menzel nahm sich beim Zusammenbruch des NS-Regimes in Berlin das Leben"[37]. Mehr war über Ottokars Schicksal in den 1990er Jahren sicher nicht zu erfahren und Uri Toeplitz lässt vermutlich ganz bewusst offen, welche Motive er hinter Ottokars Selbstmord vermutete.

4. Elisabeth Waldmann und Melchior Lechter

Die engste Freundin und Klassenkameradin von Hildegund Rogner war die zwei Jahre ältere Elisabeth Waldmann (1808–1985) aus Nikolassee[38]: Sie wurde 1908 als Tochter von Lisbeth und Fritz Waldmann, einem Kaufmann, geboren. 1919 ließen sich ihre Eltern scheiden und zwei Jahre später heiratete Elisabeths Mutter den promovierten Juristen Wolfgang Reichardt

---

[36] Vgl. *Toeplitz*, Und Worte reichen nicht, S. 29 f.

[37] Ebda. S. 30.

[38] Vgl. zu Elisabeth Waldmann *Schön-Beetz*, Melchior Lechter und seine Musen, S. 265 f. und *Fuchs*, Elisabeth Steil-Beuerle. Die Heiratsurkunden ihrer Mutter mit Fritz Waldmann und mit Wolfgang Reichardt liegen im Landesarchiv Berlin, Standesamt Berlin Nr. 605 und Standesamt Charlottenburg Nr. 554.

(1880–1943), der nach der Machtergreifung 1933 Präsident des Statistischen Reichsamtes wurde und es bis zum Jahr 1940 blieb[39].

Elisabeth, die in Hildegunds Klasse kam, nachdem sie einige Zeit in einem Pensionat in Lausanne gewesen war, lernte den bekannten Jugendstilkünstler Melchior Lechter im Jahr 1927 kennen und schrieb ihm bald Briefe[40]. Darin berichtete sie, wie glücklich sie sei, sein „Tagebuch der Indischen Reise" und sein „Märchen vom Sinn" zu besitzen, das sie sich von ihrem Taschengeld gekauft habe[41]. Da Lechters Buchausgaben, die zum Teil wie mittelalterliche Prachthandschriften gestaltet waren, schon damals sehr teuer waren, lässt sich allein daran ablesen, dass sie aus einer vermögenderen Familie stammte als Hildegund Rogner. Auch Elisabeths Eltern kannten Lechter gut und so war sicher sie es, die im Winter 1927/28 dem „verehrten Meister", wie sie ihn in ihren Briefen nennt, ihre Freundin Hildegund, die ihr Nachhilfe in Mathematik gab, vorgestellt hat[42]. Da Lechter es liebte, einen Kreis junger Mädchen um sich zu scharen[43], wird er Hildegund schnell akzeptiert haben und sie wird umgekehrt gerne mit ihm und den anderen Mädchen zusammen gewesen sein, um von zu Hause fortzukommen, da ihre Mutter sich um ihre kleine Schwester kümmern musste.

---

[39] Siehe zu ihm unten S. 74 f. mit Anm. 10.

[40] Vgl. aus der Fülle der Literatur über Lechter *Müller*, Annegret: Melchior Lechter (1865–1937). Leben und malerisches Werk (Diss. phil. Bochum 1981), *Krause/Schütze*, Melchior Lechters Gegenwelten, und *ders.*, Melchior Lechter, in: Stefan George Handbuch Bd. 3 Sp. 1522–1527.
Der Hauptnachlass an Briefen von und an Lechter liegt im Getty Research Institute in Los Angeles und ist erschlossen durch ein Findbuch von Rose Lachmann (https://oac.cdlib.org/findaid/ark:/13030/tf2x0n9948/), ein weiterer Teilnachlass liegt im Deutschen Literaturarchiv in Marbach. Vgl. zum Nachlass Lechter im Getty Research Institute den informativen Artikel von Ernst *Osterkamp*, Das Geheime Deutschland am Pazifik.

[41] Getty Research Institute, Melchior Lechter papers Box 20 Folder 4: vier Briefe von Elisabeth Waldmann 1927–1932. Vgl. zu Lechters Buchausgaben *Raub*, Melchior Lechter, S. 59 ff., die inzwischen im Antiquariatshandel hohe Preise erzielen.

[42] Über Hildegunds Schulzeit berichtet auch ihre Klassenkameradin Annemarie Müller-Eberius (1912–?), die allerdings immer „Hildgund" schreibt und irrtümlich behauptet, ihr Vater sei Rektor gewesen; vgl. *Müller-Eberius*, Einer Tochter Freiheitskampf, S. 50, 87 und 108 und vgl. über Müller-Eberius *Zierlewagen*, Marc: Vom SS-Obersturmbannführer zum Handballdoktor. Die zwei Leben des Dr. Walter Schmitt (1909–1971) (2022) S. 147.

[43] Darüber berichtet ausführlich Marguerite Hoffmann, deren gedruckte Erinnerungen das Bild von Lechter immer noch prägen, da es keine wissenschaftliche Biographie gibt. Das Buch „Mein Weg mit Melchior Lechter" ist eine stark gekürzte Version ihrer Erinnerungen; das vollständige mit Schreibmaschine geschriebene Manuskript, das den Titel „Erinnerungen an Melchior Lechter" trägt, liegt sowohl im Getty Research Institute in Los Angeles als auch im Literatuurmuseum Den Haag im Nachlass Wolfgang Frommel.

Als Melchior Lechter Mitte der 1920er Jahre begann, junge Mädchen mit den Werken der beiden damals berühmten Dichter Stefan George und Rainer Maria Rilke vertraut zu machen und sich um ihre Bildung bemühte, war seine große Zeit als Künstler des Jugendstils bereits vorbei. Er war mehr und mehr auf finanzielle Unterstützung seiner überwiegend jüdischen Mäzene angewiesen, da Ausstellungen seiner Werke nur noch wenig Geld einbrachten, was nicht zuletzt an der wirtschaftlich und politisch schwierigen Situation nach dem Ersten Weltkrieg lag[44].

Der 1865 im westfälischen Münster als siebtes von acht Kindern geborene und in einfachen Verhältnissen aufgewachsene Lechter war Autodidakt und hatte sich sein Wissen und sein Können hart erarbeiten müssen[45]. Die mittelalterlichen Kirchen Münsters und sein katholisches Erbe prägten ihn. Nach dem Tod seiner Eltern ging er, unterstützt von seiner Schwester Anna, 1883 nach Berlin und besuchte die Kunstakademie. Sowohl als Maler als auch als Glaskünstler und Buchgestalter setzte er sich schließlich durch und um die Jahrhundertwende war er auf dem Höhepunkt seines Erfolges, als er in Köln den im Zweiten Weltkrieg zerstörten Pallenbergsaal künstlerisch ausgestaltete. Seine kostbaren, wie wertvolle mittelalterliche Prachtcodices gestalteten Bücher, die nur in geringen nummerierten Auflagen hergestellt und vom Künstler meist mit persönlichen Widmungen versehen wurden, hatten zu einer Zusammenarbeit mit dem von ihm verehrten Dichter Stefan George geführt, der drei Jahre jünger war als der Maler. Zunächst war Lechter noch der berühmtere und gefragtere Künstler von beiden, so dass George sich dem Vielbeschäftigten fügen und mitunter länger auf die Ausführung seines Auftrages warten musste. Das änderte sich bald und die letzte Zusammenarbeit zwischen George und Lechter war das sog. Maximin-Gedenkbuch, Georges Hommage an den mit 16 Jahren verstorbenen Maximilian Kronberger. Es löste nach seinem Erscheinen 1907 unter den jungen Mädchen der damaligen Zeit einen regelrechten und langandauernden Kult aus – wahrscheinlich auch bei Elisabeth Waldmann und Hildegund Rogner.

Lechter hatte sich in der Nähe des Kurfürstendamms, im Hinterhof der Kleiststraße 3 im vierten Stock, eine Atelierwohnung eingerichtet, die bis ins letzte Detail künstlerisch ausgestaltet war und diejenigen, die sie betreten durften, sehr beeindruckt hat. Auch Hildegund Rogner hielt sich vermutlich oft dort auf, genau wie ihre Freundin Elisabeth. Es gibt mehrere Beschreibungen dieser 75 qm großen Wohnung wie auch Fotografien vom Interieur[46].

---

44 Über seine finanziellen Probleme berichtet *Ursula von Mangoldt-Reiboldt*, Auf der Schwelle vom Gestern zum Morgen, S. 108–111.

45 Vgl. zum Folgenden bes. *Schütze*, Melchior Lechter, S. 1522–1527.

46 Im Katalog von *Schütze/Krause*, Melchior Lechters Gegenwelten, S. 41–43 ist ein Grundriss der Wohnung abgebildet sowie Fotos der einzelnen Zimmer. Beschrei-

Eine Schilderung stammt von einer Tochter von Lechters wichtigsten Förde-
rern, dem jüdischen Bankier Fritz Andreae (1873–1950) und seiner Frau
Edith (1883–1952), die eine Schwester Walter Rathenaus war. Ihre Tochter
Ursula Andreae (1904–1987), die zu den ersten jungen Mädchen gehörte, die
Lechter förderte, schreibt in ihren Erinnerungen: „Unvergeßlich ist mir die
Wohnung Melchior Lechters im Hinterhaus, vier Treppen hoch. An dem Ge-
schrei der spielenden Kinder vorbei, steigt man mühsam die alten Treppen
hinauf. Plötzlich aber, wenn sich die Tür öffnet, ist man eingefangen von
einer Ruhe und Feierlichkeit, die aus einer anderen Welt zu kommen scheint.
Ein schmaler Vorplatz, ein kleines Schlafzimmer mit gemalten farbenglühen-
den und ein wenig kitschigen Tristan-Bildern, darunter die Worte „Ewig sich
zu sehnen, sehnend nicht zu sterben". Ein gotisches Bett, ein Kamin, neben
dem zwei gotische Leuchter stehen – alles dunkelblau, geheimnisvoll. Ker-
zen brennen, Weihrauch erfüllt die Luft. Wir gehen durch die Bibliothek,
einen kleinen Raum mit einem Harmonium, vielen Büchern und Fotografien
von Stefan George, dessen Profil mich an Dante erinnert. Dann treten wir in
ein helles Atelier, in dem Lechters Bilder stehen ..."[47].

Lechters Wohnung in der Kleiststraße war eine kostbare und völlig aus der
Zeit gefallene Welt, die für junge Mädchen wie Hildegund beeindruckend
gewesen sein muss, auch wenn der Künstler in seinen Briefen immer wieder
über Geldmangel klagte.

In den 1920er Jahren war die Familie Andreae für die Aufrechterhaltung
von Lechters aufwändigem Lebensstil von großer Bedeutung. Er, den sie
liebevoll-spottend als ihren „Hausheiligen" bezeichneten, wurde von ihnen
in großzügiger Weise unterstützt: Als er 1919 schwer an einer Lähmung der
Beine erkrankte, bezahlten sie die Behandlung und einen Aufenthalt in einem Berliner Sanatorium; sie schenkten ihm, was damals noch neuartig und
teuer war, ein Grammophon mit Platten („Electrola")[48]. Neben Edith und
Fritz Andreae war es außerdem das jüdische Ehepaar Edith und Julius Landmann, das ihn großzügig förderte. Kein Wunder also, dass Lechter die
Nationalsozialisten mit ihrer Hetze gegen die Juden verabscheute. Michael
Landmann, der Sohn des Ehepaares, betonte in seinem 1982 verfassten Portrait des Künstlers, das „Pöbelhafte der Bewegung" habe ihn abgestoßen und
„er verglich die Jahre des Nationalsozialismus ‚mit schwarzem Tage der

---

bungen finden sich bei *Maximilian Rapsilber*: Melchior Lechter, Berlin 1904, S. 54 ff.,
Hoffmann, Weg mit Lechter, S. 15–21, *Landmann*, Melchior Lechter, S. 10 f. und
Cyril Scott (zitiert von *Egyptien*, Stefan George, S. 151).

47 *Mangoldt-Reiboldt*, Auf der Schwelle vom Gestern zum Morgen, S. 108 (S. 109
ist auch Lechters Portrait von ihr abgebildet).

48 Schallplatten und Grammophon sind abgebildet bei *Krause/Schütze*, Melchior
Lechters Gegenwelten, S. 127. Das Geschenk der Familie Andreae wird auch erwähnt
von *Hoffmann*, Erinnerungen an Lechter, S. 677.

trauriger ist als die Nacht' (Baudelaire in Georges Übersetzung)". Von Juden habe er nur Gutes erfahren, habe Lechter betont, denn nicht nur seine Gönner waren Juden, sondern auch einige der jungen Mädchen, die ihn verehrten[49].

Die Freundschaft mit Melchior Lechter prägte Hildegund Rogner für ihr Leben, nicht nur hinsichtlich ihrer Begeisterung für die Dichtkunst Rilkes und Georges: sie trat nie in die NSDAP ein und engagierte sich auch in keiner anderen Einrichtung der Partei[50]; sie besuchte Lehrveranstaltungen bei zahlreichen jüdischen Gelehrten, solange diese an der Berliner Universität lehren konnten, und ging während des gesamten Dritten Reiches selbstverständlich mit jüdischen Gelehrten und deren Forschungen um[51].

Hildegund, Elisabeth und die anderen Mädchen besuchten Lechter in seiner Atelierwohnung, auch abends, und begleiteten ihn auf Spaziergängen, da seine Lähmung der Beine zur Folge hatte, dass er bei Spaziergängen und auf Reisen Begleitung benötigte. Ein bevorzugtes Ziel der gemeinsamen Ausflüge war der „Schwarze Grund" in Dahlem; meist endeten sie dann im Alten Krug in Dahlem oder in einem Kaffeehaus, wo Lechter Gedichte oder indische Weisheiten rezitierte[52].

Als Elisabeth Waldmann und Hildegund Rogner in diesen Kreis aufgenommen wurden, hatte sich Lechters Verhältnis zu Stefan George bereits abgekühlt und die beiden sahen sich nur noch selten. Die Dichtungen Rainer Maria Rilkes, der 1926 im Alter von nur 51 Jahren gestorben war, wurden in diesen Jahren nicht nur für Lechter immer wichtiger. Bis zum Ende des Zweiten Weltkrieges wurden Rilkes Werke und seine Sicht auf Leben und Tod zu einer Art Ersatzreligion[53]. Dies dürfte auch bei Hildegund Rogner der

---

[49] *Landmann*, Melchior Lechter, S. 19.

[50] In den Unterlagen, die sie am 22. Juni 1936 bei der Philosophischen Fakultät der Friedrich-Wilhelms-Universität Berlin für ihre Promotion einreichte (Berlin, Humboldt-Universität, Universitätsarchiv: HU UA Phil. Fak. 01 Nr. 854), hat sie in der Rubrik „Tätigkeit in der NSDAP und deren Gliederung" nur zwei Aktivitäten eingetragen: Für den 2.10.1933 „Technische Nothilfe", d. h. wohl eine eintägige Schulung, und für das Wintersemester 1922/34 einen „Nähkurs bei der Winterhilfe der Arbeitsgemeinschaft Nationalsozialistischer Studentinnen (A.N. St.)" (ebda. S. 148).

[51] Siehe ihren Brief an Joseph Ehrenfried Hofmann unten im Anhang S. 199 f., in dem sie die unpublizierten Forschungen des emigrierten Heidelberger Wissenschaftlers Raymond Klibansky erwähnt.

[52] Vgl. bes. *Landmann*, Melchior Lechter, S. 31 und *Hoffmann*, Weg mit Lechter, S. 189.

[53] Bei *Hoffmann*, Erinnerungen an Lechter, ist Rilke ein wichtiges Thema der letzten zehn Lebensjahre Lechters, aber in der gedruckten Fassung *Hoffmann*, Mein Weg mit Lechter ist dies weitgehend ausgelassen. Die Bedeutung Rilkes für Lechter in

Fall gewesen sein, denn zwei Gedichtbände Rilkes begleiteten sie und ihren
Mann in den Tod und wurden auf ihrem Tisch gefunden[54].

Eines dieser beiden Bücher waren Rilkes Duineser Elegien. Ihr Exemplar,
das sich erhalten hat, enthält eine Widmung, die ihre Freundin Elisabeth
Waldmann ins Buch geschrieben hat: „aus einem Jahr voll Wunder in winter-
lichem Erinnern an 1928". Vermutlich war das Buch ihr Geschenk zu Hildegunds 19. Geburtstag am 2. März 1929 und sollte zum Ausdruck bringen,
was die beiden äußerst schwärmerisch veranlagten Mädchen bei dem Zusammensein mit Melchior Lechter empfanden[55]. Zum Weihnachtsfest 1933
schenkte Hildegund dann ihrer großen Liebe Ottokar Menzel die Ausgabe
von Rilkes Stundenbuch von 1931 mit einer Widmung, die ihre Gefühle für
ihn zum Ausdruck brachte[56].

Wie emotional diese beiden jungen Mädchen, die kurz vor dem Abitur
standen, waren und wie sehr sie von Lechters ‚Welt' beeindruckt wurden,
zeigt ein Brief des Künstlers an Marguerite Hoffmann, in dem er einen
Abend mit den ‚Mädchen' beschreibt: „Draussen ein Tag, ‚der trauriger
macht als die Nacht' – und es goss unaufhaltsam. Bei mir im Heim warm,
still, heilig. Hildegund war beordert (sie freute sich bereits die Woche darauf)
von Elisabeth mich zu geleiten oder, wenn schlecht, bei mir zu sein. Nach

---

seinen zehn letzten Lebensjahren hat zu Recht betont *Schütze*, Melchior Lechter
Sp. 1523 f. Vgl. zur Bedeutung Rilkes in der ersten Hälfte des 20. Jahrhunderts *Rüdi-*
ger Sunner, Engel über Europa. Rilke als Gottsucher (2018) und *Harald Tausch*:
Subversiver Humor als lakonische Antwort auf die Realität des absolut Bösen. Felix
Hartlaubs Schreibverfahren im Dritten Reich, in: Humor und Religiosität in der Moderne, hg. von Gerald Hartung und Markus Kleinert, Wiesbaden 2017, S. 195–230,
hier S. 209 f., der einen Brief von Gustav Hartlaub an Gustav Radbruch zitiert, in dem
dieser Rilke bezeichnet als „diese zentralste und unbedingt typische Persönlichkeit,
die so zahlreichen Menschen heute ein Führer in der Dunkelheit ist … Kreist doch
das ganze Denken und Trachten dieses Dichters um den ‚Glauben der Ungläubigen'
oder die ‚Religiosität ohne Religion!'.
54 Siehe im Folgenden zu den Ausgaben von Rilkes Requiem und den Duineser
Elegien.
55 Hildegund hat in ihr Exemplar der Duineser Elegien (die Ausgabe des Insel
Verlages von 1927) mit Bleistift Exzerpte aus einer Rezension der Elegien von Han-
nah Arendt und Günther Anders [Stern] gemacht, die erstmals in der Neuen Schweizer Rundschau 23, 1930, erschien.
56 Die Ausgabe des Stundenbuches von 1931 versah Hildegund mit der Widmung:
„Nicht Ohne Dich • Das ist die Ruh im Herrn/Unmeidbar Ganz Gewiss . Die Ruh im
Du/Schliesst All Die Durstigen Wünsche Nach Dir Zu/Strömt All Die Durstigen
Wünsche Nach Dir Hin/Nicht Ohne Dich Und Du Wird Was Ich Bin" und dem Zusatz „Ottokar Zum Heiligen Weihnachtsfest 1933 von Hildegund". Die von ihr ausge-
wählten Verse stammen von Stefan George aus den Blättern für die Kunst von 1919.
Ihre Ausgabe des Stundenbuches befindet sich in Privatbesitz, eine Abbildung der
Widmung im Besitz der Autorin.

dem Thee wünschte sie sich mit schüchterner Bescheidenheit ein Thomas-Kapitel. Da erschienen Marga und Leonie. Nun las ich ihnen dreien zwei Kapitel, das von der „Liebe" und das vom „Kreuz" vor; ergriffen weinen sie. – Nach dem Abendbrot (wieder H. allein) spielte ich ihr etwas auf dem immer noch geliehenen Electrola vor. Spät am Abend, gegen 10 Uhr, treten neue Adorantinnen auf: Elisabeth und Eva (eine Besuchsfreundin aus Neustrelitz). Nun kommt das ganz Feierliche. Ich überrasche sie: im Bücherzimmer die Lichter hinter den Glasgemälden entzündet; Weihrauchwolken ringen sich empor, ihr Duft entführt in ferne Lande. Alles ist sonst dunkel, lautlos; da ertönt, wie aus der Westminster-Cathedrale selbst – der Raum schwingt, tönt, wölbt sich – das ‚Kyrie' der Marcellus-Messe von Palästrina aus dem Nebenraum, der mächtigen Werkstatt. Die ganze Messe folgte. Als Abschluss das Parsifal-Vorspiel unter Dr. Muck. Die Imagination war vollkommen: wie in einer kl. Seitenkapelle des heil. Gral-Tempels, so drangen wie unter hohen Gewölben auf- und abflutend, entstofflicht, die sakralen Klänge geisterhaft verweht zu uns herüber. Die Kinder auf's Tiefste erschüttert zittern – und in Berlin, in dieser weltlichen, lärmenden Stadt: diese weltabgeschiedene, heiligtönende stille Insel! Was doch alles denklich ist"[57].

Was heute an diesem Brief verblüfft, ist die Tatsache, dass die jungen Mädchen sich offenbar bis spät in der Nacht in Lechters Atelierwohnung aufhalten konnten, ohne dass die Eltern Bedenken hatten. War es der Nimbus des damals bekannten Künstlers, den man für zu alt hielt, um andere als väterliche Gefühle für die Mädchen zu hegen?

Während die anderen Mädchen, die Lechter verehrten, nach und nach Berlin verließen, entweder für ein Studium oder weil sie wegen ihrer jüdischen Herkunft nach 1933 emigrierten[58], blieben Elisabeth Waldmann und Hildegund Rogner dem Künstler bis zu seinem Tod verbunden, auch wenn die Beziehungen von 1932 an lockerer wurde, als beide sich verliebten und heirateten.

---

[57] Der Brief Lechters über den Abend in seiner Wohnung findet sich bei *Hoffmann*, Erinnerungen an Lechter, S. 643 f. und 649.

[58] Die Briefe der Mädchen an Lechter sind im Inventory of the Melchior Lechter Papers 1879–1937 verzeichnet. Eine von ihnen war Marga Oppenheimer-Frank (geb. 24.4.1907 in Berlin), die in Heidelberg bei Friedrich Gundolf über Karl von Hardenberg promovierte; die Arbeit blieb ungedruckt; vgl. *Philipp Redl*: Dichtergermanisten der Moderne. Ernst Stadler, Friedrich Gundolf, Köln/Weimar/Wien 2016, S. 242. Ein weiteres Mädchen war die Romanistin Leonie Feiler, verheiratete Sachs (1908–1991), die in die USA emigrierte und Hochschullehrerin wurde; vgl. zu ihr *Daniel Sachs*: Through Turmoil to Tranquility, Selbstverlag 2004.

5. Hildegunds Reise nach Capri 1929 und
Marguerite Hoffmann

Nach dem bestandenen Abitur an Ostern 1929 begannen beide Mädchen
zum Sommersemester mit einem Studium, aber nicht in Berlin, sondern im
österreichischen Innsbruck, wie auch aus Hildegunds Promotionsunterlagen
hervorgeht. Die Initiative dazu ging vermutlich von Elisabeth Waldmann aus,
die schon während ihrer Schulzeit im Ausland gewesen war. Beide unterbra-
chen ihr erstes Semester dann aber bald, um Anfang Mai eine Reise nach
Capri zu unternehmen und von dort aus mit einem „Studenten-Ferienbillett"
bis nach Sizilien zu reisen. Die Reise für die beiden jungen Frauen finan-
zierte Elisabeths Mutter, denn sie wird vermutlich froh gewesen sein, dass
ihre leidenschaftliche und unternehmungslustige Tochter in Gestalt der ruhi-
gen und eher verschlossenen Hildegund eine Begleiterin hatte. Über die
einzelnen Stationen dieser Reise sind wir gut unterrichtet, weil sie in den
Erinnerungen von Marguerite Hoffmann, der auf Capri lebenden Freundin
von Lechter, ausführlich beschrieben wird[59].

Eine Biographie des bedeutenden Jugendstilkünstlers Melchior Lechter ist
bislang nicht geschrieben worden und so ist das Bild, das wir von ihm haben,
sehr einseitig geprägt durch die diese 1966 in Auszügen publizierten Erinnerungen seiner Freundin, die er allerdings erst im Jahr 1919 kennengelernt
hatte: Die erfolglose Schauspielerin Rita Hardegg (1884–1966), die sich
Marguerite Hoffmann nannte und mit der Lechter vor allem die Begeisterung
für indische Weisheit, Yoga, die theosophische Gesellschaft und den Okkul-
tismus teilte[60].

Das Jahr 1919, als sie sich kennenlernten, war für Lechter nochmals ein
Jahr großer Ehrungen, denn er wurde in die Akademie der Künste in Berlin
aufgenommen und erhielt den Professorentitel, aber es war eben auch das
Jahr, in dem seine schwere Erkrankung ihn gehbehindert und damit hilfsbe-
dürftig machte.

1926 kehrte die Jüdin Marguerite Hoffmann Deutschland endgültig den
Rücken und ließ sich auf der Insel Capri nieder. In einem nach ihren Vorstellungen erbauten Haus lebte sie vierzig Jahre bis zu ihrem Tod im Jahr 1966.
Lechter, der 1924 erstmals auf Capri gewesen war und dann 1926 wie auch
in den beiden folgenden Jahren wiederkehrte, um zu malen, gestaltete auf
ihren Wunsch das Haus und seine Innenausstattung. Die „Casa Eliana", wie

---

[59] Vgl. *Hoffmann*, Erinnerungen an Lechter, S. 680 f. und 690–697 und *Hoffmann*,
Weg mit Lechter, S. 190 ff.

[60] Vgl. zu Marguerite Hoffmann *Schön-Beetz*, Melchior Lechter und seine Musen,
S. 260–262 sowie *Zeller*, Marbacher Memorabilien, S. 395 f. und *Helwig*, Die unsichtbare Insel.

Hoffmann ihr Haus nannte, liegt unweit des Monte Tiberio und kann heute für einen stattlichen Preis als Ferienhaus gemietet werden: die von Lechter gestaltete Ausstattung ist erhalten geblieben und ein Foto von ihm hängt immer noch über dem Sofa im Wohnzimmer[61].

Anfang März 1929 hatten Lechter und die beiden Mädchen ihren Besuch auf Capri, der „kristallenen Insel", wie der Künstler sie in einem Gedicht für Marguerite Hoffmann bezeichnet hatte[62], angekündigt und im Mai brachen sie von Innsbruck aus auf und fuhren über Florenz und Rom mit Lechter nach Neapel, wo sie Marguerite Hoffmann trafen, um dann gemeinsam die Amalfitana entlang zu reisen.

Marguerite Hoffmann freundete sich bald mit Elisabeth Waldmann an, die auf alle Eindrücke der Reise sehr emotional reagierte, was Lechter und seiner alten Freundin sehr gefiel, weil es dem Umgangston der beiden entsprach, den man aus den Briefen, die zwischen Berlin und Capri hin- und her gingen, gut erkennen kann. Mit Hildegund Rogner dagegen, die offenbar verschlossener und ruhiger war – vielleicht auch weil es ihre erste Reise ins Ausland war – konnte Marguerite Hoffmann dagegen wenig anfangen und schrieb: „Von der mir fremden Hildegund erinnere ich nur eine Geste: Melchior sass sehr würdig im Armsessel am Kamin, als ich zufällig den Raum betrat. Da sah ich, wie sie langsam vor ihm in die Kniee sank, anbetend zu ihm aufschaute und ihm die Hand küsste"[63].

Diese Schilderung verrät bereits die Eifersucht der damals 45jährigen Marguerite Hoffmann auf die beiden 19 bzw. 21 Jahre jungen Frauen, die sich in den kommenden Jahren noch steigern sollte, wie man in den unpubliziert gebliebenen Passagen ihrer Erinnerungen lesen kann.

Von Sizilien aus kehrte Hildegund Rogner allein nach Berlin zurück, denn Elisabeth Waldmann fuhr nochmals nach Capri und begab sich von dort mit Lechter für einige Wochen auf die Insel Ischia. Dort verfasste sie in den folgenden Wochen ein „Tagebuch unserer Südenfahrt 1929. Meinem M. zu eigen", das sich erhalten hat und dessen nach heutigem Geschmack pathetischer und schwülstiger Text eigentlich keinen Zweifel daran lässt, dass zwischen ihr und Lechter eine sexuelle Beziehung bestand[64]. So ist zu vermuten,

---

[61] Vgl. dazu *Martin Mosebach*, Glück auf Capri?, in: Negendanck, Ruth/Pese, Claus: Zauberinsel Capri. Auf den Spuren deutschsprachiger Künstler, Köln 2022, S. 245–250. Ich danke Martin Mosebach für interessante Informationen über die Casa Eliana und die Geschichte des Hauses nach dem Tod von Marguerite Hoffmann.

[62] Lechters Gedicht vom 2. Oktober 1928 ist abgedruckt bei *Hoffmann*, Weg mit Lechter, S. 187.

[63] *Hoffmann*, Erinnerungen an Lechter, S. 696.

[64] Das „Tagebuch unserer Südenfahrt 1929" befindet sich im Nachlass Elisabeth Steil-Beuerle im Deutschen Literaturarchiv Marbach; vgl. dazu auch *Schön-Beetz*, Melchior Lechter und seine Musen, S. 265 ohne Nachweis.

dass beide sich ganz bewusst nach Ischia begaben, um der ‚Aufsicht' von Marguerite Hoffmann zu entkommen. Drei Jahre später begleitete dann Hildegund den Künstler nach Ischia, was große Verstimmung bei seiner alten Freundin auf Capri auslöste, die sich dann sehr um einen Besuch auf Ischia bitten ließ.

Von dieser ersten Italienreise Hildegunds im Jahr 1929 gibt es im Unterschied zu ihrer zweiten Reise 1932 keine Briefe oder Postkarten. Dass dies bei ihr einen großen Eindruck hinterlassen hatte, kann man daran ablesen, dass sie im September 1943 einer Kollegin ihres Mannes davon erzählt haben muss[65].

6. Von Hyazinthen und Adorantinnen:
Melchior Lechters Mädchen und Stefan George

„Der Abschied wurde mir dadurch etwas erleichtert, dass ich ihn verehrungsvoll betreut wusste von zwei jungen Mädchen … Ich nannte sie scherzend ‚die beiden Hyazinthen', der Novelle Gottfried Kellers gedenkend, und gewann sie lieb", schrieb Marguerite Hoffmann viele Jahre später über ihren Besuch bei Lechter in Berlin im Jahr 1927 und fügte kurz darauf hinzu: „Nun hatte sich eine dritte ‚Hyazinthe' den beiden zugesellt, was ich nicht stilvoll fand: darum nannte ich sie von jetzt ab die ‚Adorantinnen', denen sich bald noch zwei andere begabte junge Mädchen anschlossen[66]". Die Bezeichnung erinnert jedenfalls an den im George-Kreis für die Anhänger Friedrich Gundolfs verwendet Begriff der „Huldinnen"[67].

Bemerkenswert ist, dass die Hyazinthen in der Novelle „Eugenia" aus Gottfried Kellers „Sieben Legenden", die Hoffmann zu der Bezeichnung inspiriert haben soll, zwei junge Männer sind, die die christliche Römerin Eugenia anbeten und schließlich mit ihr in ein Männerkloster eintreten. Die als Mann verkleidete Römerin nennt sich nun Eugenius und wird schließlich Abt des Klosters. Insofern ist zu fragen, ob Marguerite Hoffmann sich diese Herleitung der Bezeichnung nicht erst in späteren Jahren ausgedacht hat.

Die Bezeichnung „Hyazinthen" für Lechters Verehrerinnen war im Kreis um Stefan George jedenfalls bekannt, ohne dass man bislang wusste, woher

---

65 Siehe dazu im Anhang S. 206 f. den Brief von Marianne Feuersenger.

66 Die Zitate über die „Hyazinthen" finden sich bei *Hoffmann*, Erinnerungen an Lechter, S. 573 und 573b sowie S. 609 zu den „Adorantinnen". Im Kommentar zu *Schlayer*, Minusio, S. 106 f. Anm. 244, wird irrtümlich angenommen, die Bezeichnung sei von ihrer Kleidung und dem Parfum abgeleitet.

67 Vgl. *Kolk*, Rainer: Literarische Gruppenbildung am Beispiel des George-Kreises 1890–1945, Communicatio. Studien zur europäischen Literatur- und Kulturgeschichte 17, Tübingen 1998, S. 342.

dieser Ausdruck stammte und wer damit gemeint war, denn der Teil der Erinnerungen von Marguerite Hoffman, aus dem das Zitat stammt, ist wie
manche anderen Passagen ungedruckt geblieben.

Clotilde Schlayer (1900–2004), eine promovierte Hispanistin, die schon
früh Gedichte von Stefan George in ihre spanische Muttersprache übertrug,
verbrachte in Georges letzten Lebensjahren viel Zeit mit ihm, da sie ihn sowohl in ihrem Haus in Dahlem als auch in einem in Minusio bei Locarno
gemieteten Haus beherbergte und versorgte. In Briefen, die sie fast täglich
über den Alltag mit dem Dichter verfasste, hielt sie Gespräche und Begegnungen fest, die unter dem Titel „Minusio. Chronik aus den letzten Lebensjahren Stefan Georges" im Jahr 2010 publiziert wurden.

Zum 19. November 1931 berichtete Clotilde Schlayer: „Heute mittag
wurde die meiste Zeit von den Hyazinthen gesprochen. Man (= Stefan
George) erzählte dann, wie Man dies Jahr in der Ausstellung die von Lechter
‚lange empfohlene‘, aber immer vermiedene ‚poetische Hyazinthe‘ habe kennen lernen müssen und wie die in ekstatische Anreden habe ausbrechen
wollen," … er „ihr aber ‚grausam‘ das ganze Spiel zerstört habe, in dem er
bedeutete, im Augenblick hätte Man dafür keine Zeit, ‚und dann ging es auch
ohne das und sie war ganz manierlich‘ "[68].

Mit der „poetischen Hyazinthe" ist zweifellos Elisabeth Waldmann gemeint, die Lechter nicht nur wegen ihrer theatralischen Art so gut gefiel,
sondern auch weil sie selbst Gedichte schrieb. Der Künstler war von ihrem
Talent überzeugt und so konnte sie in einem 1931 erschienenen Gedichtband,
von dem noch die Rede sein wird, als einzige Frau gleich zwei Gedichte im
Stil Stefan Georges publizieren; eines davon widmete sie Melchior Lechter.
In Briefen an Marguerite Hoffmann berichtete Lechter stolz über die junge,
von ihm entdeckte Dichterin und glaubte, er habe auch Stefan George von
ihrem Talent überzeugt. Über dessen abfällige Bemerkungen über sein „Eli-
sabeth-Kind" wäre Lechter sicher entsetzt gewesen. Über die von Clotilde
Schlayer erwähnte Ausstellung, die George besuchte, wissen wir, dass vom
1. bis zum 15. März 1931 in Lechters Wohnung 54 Bilder mit Motiven aus
Ceylon, den Inseln Elba und Capri, dem Bodensee, dem Spessart und der
Toscana gezeigt wurden[69]. Elisabeth Waldmann oder Hildegund Rogner, die
sich vermutlich abwechselten, nahmen Besucher zunächst an der Eingangstür
in Empfang, bevor diese von Lechter selbst durch die Ausstellung geführt
wurden. Der schon erwähnte Michael Landmann hat in seinem Portrait des
Künstlers beschrieben, wie er bei seinem Besuch in der Kleiststraße Elisa-

---

[68] Vgl. *Schlayer*, Minusio, S. 107 mit Anm. 246, wo irrtümlich vermutet wird, mit
der „poetischen Hyazinthe" sei Marguerite Hoffmann gemeint.

[69] Vgl. zur Ausstellung Lechters in seiner Wohnung *Hoffmann*, Weg mit Lechter,
S. 244 (Zeittafel) und *Raub*, Melchior Lechter, S. 108 A 124.

beth Waldmann kennenlernte, die ihn in Empfang nahm und ihm ihren Eindruck von George anlässlich seines Besuches so zusammengefasst habe: „Sein Wissen lastet zu stark auf ihm. In seinem Gesicht ist nichts Persönliches mehr. Nicht wie ein Seher sieht er aus sondern wie eine vorzeitliche Sibylle: in ihm ist das ganze abendländische Schicksal eingegangen"[70]. Dieses Zitat belegt einmal mehr die theatralische Art von Hildegunds Freundin, die später behauptete, George habe sie „poetessa" genannt[71] – Wunschdenken?

Möglich aber nicht belegt ist, dass auch Hildegund Rogner den Dichter bei einem Besuch in Lechters Wohnung kennenlernte, denn 1943 erzählte sie einer Kollegin ihres Mannes, sie habe George seine Gedichte vorgesprochen[72]. Wenn dies stimmen sollte, fand ihre zurückhaltende und sicher eher schüchterne Art bestimmt eher Gnade vor den Ohren des Meisters. Ganz sicher aber lernte Hildegund über Melchior Lechter Wolfgang Frommel kennen.

7. Hildegunds unglückliche Liebe zu Wolfgang Frommel

Der Professorensohn Wolfgang Frommel (1902–1986), der in Heidelberg sein Studium begann und zunächst Pastor werden wollte, interessierte sich mehr und mehr für Philosophie, Kunstgeschichte und Germanistik und gab schließlich seine akademischen Ambitionen auf[73]. 1933 wurde er Mitarbeiter beim Südwestdeutschen Rundfunk in Frankfurt und ein Jahr später ging er zum Reichssender Berlin. Schon früh hatte er sich für Stefan Georges Gedichte begeistert und versuchte zum Meister vorzudringen, um in den Kreis aufgenommen zu werden. 1931 publizierte Frommel den Gedichtband „Huldigung. Gedichte einer Runde" als Hommage an George, der für die weitere Rezeption von Georges Werk in Deutschland wichtig war[74]. 1937 verließ Frommel dann Deutschland, nachdem sein Buch „Dritter Humanismus" verboten worden war und das Vorgehen der Nationalsozialisten gegen Homosexuelle für ihn gefährlich wurde. Er ging schließlich in die Niederlande und

---

[70] *Landmann*, Melchior Lechter, S. 14 f. (er bezeichnet sie nur mit „E.W.").

[71] In Nachträgen zum „Tagebuch unserer Südenfahrt 1929" hat sie das später vermerkt.

[72] Siehe dazu unten im Anhang S. 207 den Brief von Marianne Feuersenger.

[73] Vgl. *Baumann*, Günter: Wolfgang Frommel, in: Stefan George-Handbuch 3 Sp. 1366–1370 sowie jetzt *Mooij*, Jahrhundert der Gisèle, die die Faszination beschreibt, die Frommel in den 1930er und 1940er Jahren auf Männer wie Frauen ausübte.

[74] Vgl. zum von Wolfgang Frommel herausgegebenen Gedichtband „Huldigung. Gedichte einer Runde" (1931) *Aurnhammer*, Poetische Rezeption, in: Stefan George-Handbuch 2 S. 869 f. (S. 870 zu Elisabeth Waldmann).

gründete nach dem Krieg den Verlag Castrum peregrini, der von 1951 an Werke herausgab, die dem Andenken an Stefan George gewidmet waren[75]. Hier erschien auch das bereits erwähnte Portrait Melchior Lechters von Michael Landmann.

Das Bild von Wolfgang Frommel ist ambivalent, denn er wurde zwar 1973 in Yad Vashem als „Gerechter unter den Völkern" geehrt, weil er während der Besetzung Hollands durch die Deutschen im Zweiten Weltkrieg jüdische junge Männer versteckt und damit gerettet hatte; andererseits sind seit einigen Jahren Vorwürfe des sexuellen Missbrauchs gegen ihn erhoben worden, die wohl nicht der Grundlage entbehren, auch wenn sich alles unter dem Deckmantel und nach dem Vorbild der homoerotischen Praktiken des George-Kreises abspielte[76].

Hildegund Rogner verliebte sich also im Sommer 1931 in einen denkbar ungeeigneten Mann. Ihre Freundin Elisabeth hatte ihre beiden schon erwähnten Gedichte in dem von Frommel herausgegebenen Gedichtband publiziert, allerdings ohne dass erkennbar war, dass sie die einzige Frau unter den im Band vertretenen Autoren war, weil nur „E. W." unter ihren Gedichten stand[77].

Für Hildegund Rogners Verliebtheit gibt es Belege in Gestalt von zwei Karten und einem Brief von ihr vom 21. und 27. Juni sowie dem 4. Juli 1931 an Wolfgang Frommel. Dieser hat sie aufgehoben, so dass sie über seinen Nachlass erhalten geblieben sind[78].

Auf der ersten Karte, die nur zwei Zeilen umfasst, bat Hildegund Rogner Wolfgang Frommel um eine Fotografie seiner Maske[79]. Offenbar war dieser Karte zwei Monate zuvor ein „Kartengruß" Frommels vorausgegangen, wie sich aus dem fast zweiseitigen Brief vom 27. Juni herauslesen lässt: „Als Sie mir vor 2 Monaten einen Kartengruss sandten, wusste ich, dass Sie mich Elisabeth zu liebe einbezogen unter die Menschen, für die das Erscheinen des neuen Buches Gewissheit und stärkere Verpflichtung bedeutet, und ich schwieg … bis mich eine Not zwang." Sie berichtete, dass sie heimlich aus einer Schublade ein Foto von ihm an sich genommen habe, das sie als inzwi-

---

[75] Vgl. dazu *Mooij*, Jahrhundert der Gisèle, S. 287 ff.

[76] *Encke*, Julia: Missbrauch im Namen Stefan Georges, Frankfurter Allgemeine Sonntagszeitung, 13. Mai 2018 und *Cammann*, Alexander: Wolfgang Frommel: Dichter, Held und Triebtäter, Die Zeit, Nr. 21/2018, 17. Mai 2018.

[77] Siehe S. 34 Anm. 74.

[78] Den Haag, Literatuurmuseum, Nachlass Wolfgang Frommel: eine Karte vom 21. Juni 1931, ein Brief vom 27. Juni 1931 und eine Karte vom 4. Juli 1931 von Hildegund Rogner an Wolfgang Frommel.

[79] „Lieber Wolfgang, darf ich Sie um die Photographie Ihrer Maske bitten? Ihre Hildegund Rogner" lautet der Text der Karte vom 21. Juni (Den Haag, Literatuurmuseum, Nachlass Wolfgang Frommel).

Abb. 5: Familie Rogner im Garten mit
den Töchtern Hildegund und Ingeborg (privat)

schen mit sich „verwachsen" bezeichnete, und sie behauptete, es immer bei
sich zu tragen. Hildegund machte dann den Vorschlag, Wolfgang Frommel
solle am Sonnabend, dem 4. Juli um halb vier nach Berlin kommen, wenn
„Meister Lechter" aus der Kur zurück sei, dann könne er die Ausstellung der
Bilder noch sehen. Der Anfang dieses Briefes zeigt ein sehr verliebtes junges
Mädchen von 21 Jahren: „Lieber Wolfgang, es ist ganz früher Morgen und
ich bin so schlaftrunken wie damals in jener Winternacht, dass ich Ihnen
nichts als Staunen auszudrücken vermag. Ahnungsvoll aufblühend wächst
mein Blick in den beginnenden Sonnentag ..." und er endet mit: „Herzlichst
Ihre Hildegund"[80].

Die Antwort Wolfgang Frommels muss ernüchternd gewesen sein, denn
sie dankte ihm nur mit einer kurzen Karte für seinen (nicht erhaltenen) Brief
und teilte ihm mit, er könne Lechters Bilder noch bis zum 10. Juli sehen,
Melchior sei „neu und voll Wunder", was an Elisabeth Waldmanns Formulie-

---

[80] Siehe den Brief unten im Anhang S. 198.

rung der Widmung im Exemplar der Duineser Elegien für Hildegund zwei Jahre zuvor erinnert[81].

Hildegund Rogner gehörte also auch zu den Frauen und Männern, die dem oft beschriebenen Charisma von Wolfgang Frommel erlagen, hatte aber seine homosexuellen Neigungen offenbar nicht registriert und auch derartige Anspielungen in seinem Gedicht des Huldigungs-Bandes nicht verstanden. Außerdem hatte sie offenbar darunter gelitten, im Schatten der jungen Dichterin Elisabeth Waldmann zu stehen. Ihre Enttäuschung über die unerwiderte Liebe meint man an einem Foto von August 1931 ablesen zu können, auf dem sie melancholisch an einem Baum lehnt. Auf die Rückseite schrieb Lechter: „9. August 1931. Dieses Ist Ein Märchen. Das Liebste Mir Aus Der Sibyllen-Gilde. ML"[82]. Das Zitat stammt aus Goethes Faust II und vermutlich wollte Lechter Hildegund trösten, nachdem sie im Hochsommer hatte feststellen müssen, dass ihre Gefühle von Wolfgang Frommel nicht erwidert wurden. Als der Künstler zwei Jahre später seiner Freundin Marguerite Hoffmann von einem Anruf Frommels berichtete, fügte er hinzu „Hildegund war einmal toll, bis zur Raserei in ihn verliebt" und zitierte sie mit den Worten: „Er ist schön der Knabe"[83].

Hildegund Rogner war also auf der Suche nach der großen Liebe und fand sie bald darauf in dem gerade zwanzigjährigen Ottokar Menzel, der weit weg von Kiel in der Reichshauptstadt Berlin sein Studium aufnahm, in einem möblierten Zimmer lebend und vermutlich glücklich darüber, eine hübsche junge Mitstudentin gefunden zu haben, die sich in ihn verliebte, ihm Familienanschluss bot und dann für die noch folgenden 13 Jahre ihres Lebens „vollständig in ihm aufging", wie ihr Vater 1946 die Beziehung der beiden beschrieb[84].

Schon zu Weihnachten 1932 gestand Hildegund Ottokar in der Widmung eines Buches, in der sie Lechter nachahmte, ihre Liebe: Sie schenkte ihm ausgerechnet ihr Exemplar des von Wolfgang Frommel herausgegebenen Gedichtbandes „Huldigung. Gedichte einer Runde" und versah es mit einem Vers von Friedrich Gundolf „Und ich blüh nicht, wenn ich Dir nicht blühe. Für Ottokar. Erste Heilige Weihnacht in unserer Freundschaft"[85].

---

[81] „Lieber Wolfgang, in Eile danke ich für Ihren Brief und kann Ihnen mitteilen, dass Sie die Bilder noch bis zum 10.7. sehen können. Melchior ist neu und voll Wunder. Er lässt lieb grüssen. Ihre Hildegund" (Den Haag, Literatuurmuseum, Nachlass Wolfgang Frommel).

[82] Das Foto befindet sich im Besitz der Familie Rogner.

[83] *Hoffmann,* Erinnerungen an Lechter, S. 757.

[84] Brief von Fritz Rogner an Luise Menzel vom 11. November 1946 (Privatbesitz).

[85] Das Exemplar hat sich erhalten und kam mit der Erbschaft von Ottokar und Hildegund Menzel nach Kiel (Kiel, Universitätsbibliothek Kj 2777); außer der zitierten Widmung enthält es den Besitzvermerk „Hildegund Rogner 1932".

III. Entscheidende Jahre: 1932 bis 1938

1. Studium vor der Machtergreifung

Nach ihrem ersten Studiensemester in Innsbruck schrieb Hildegund Rogner sich zum Wintersemester 1929/30 an der Berliner Universität ein mit der ungewöhnlichen Kombination Philosophie, Mathematik und Physik[1]. Bis zur Abgabe ihrer Doktorarbeit im Juni 1936 besuchte sie viele Veranstaltungen in allen drei Fächern. Allerdings musste sie zunächst vor dem Preußischen Schulkollegium die sog. Ergänzungsprüfung in Latein, das große Latinum, ablegen, das sie fürs Studium benötigte. Dies gelang ihr bereits am 29. Oktober 1930 und es fällt schwer zu glauben, dass ihre Leistung wirklich nur „genügend" war, wie ihr bescheinigt wurde[2], denn sie beherrschte diese Sprache so exzellent, dass sie sich bereits in ihrer Doktorarbeit mit den auf Latein verfassten philosophischen Werken des spätmittelalterlichen Gelehrten und Kardinals Nikolaus von Kues (1401–1464) beschäftigte und ihn später für die Werkausgabe der Heidelberger Akademie übersetzte und kommentierte. Aber gegenüber Frauen als Studentinnen waren gerade in den geisteswissenschaftlichen Fächern die Vorbehalte der männlichen Dozenten und Professoren groß.

Erhalten hat sich eine Beurteilung ihrer Leistungen und Fähigkeiten durch einen ihrer Mathematik-Professoren, die zwar erst vom Januar 1937 stammt und wohl für Bewerbungen nach Abschluss ihrer Promotion hilfreich sein sollte, aber die Charakterisierung durch den Gutachter war vermutlich bereits für die junge Studentin zutreffend. Prof. Georg Feigl (1890–1945) schrieb, er halte Hildegund Rogner „für eine vielseitig begabte, kenntnisreiche Persönlichkeit, die sich in jede ihr übertragene Aufgabe rasch hineinfinden wird, und für sehr gründlich und gewissenhaft in der Arbeit". Zudem wies er darauf hin, dass sie ihr Mathematik-Studium intensiver betrieben habe als von einer Nebenfach-Studentin zu erwarten war[3].

Neben Feigl waren es fünf weitere Professoren für Mathematik, die Hildegund in ihrem Antrag nannte, darunter die jüdischen Professoren Richard

---

[1] Alle Details zu ihrem Studium finden sich in den Unterlagen für ihre Promotion (Berlin, Humboldt-Universität, Universitätsarchiv: HU UA Phil. Fak. 01 Nr. 854).

[2] Diese Bescheinigung hat sich in Privatbesitz erhalten.

[3] Auch dieses Gutachten hat sich im Familienbesitz erhalten.

Edler von Mieses (1883–1953), der 1933 in die Türkei emigrierte, und Issai Schur (1875–1941), der nach Tel Aviv ging. Auch bei Walther Hermann Nernst, dem Nobelpreisträger für Chemie von 1920, der an der Entwicklung von tödlichen Kampfstoffen im Ersten Weltkrieg beteiligt war, besuchte sie Veranstaltungen. Unter den sieben Philosophen waren gleich drei, die auch Psychologen waren: neben Max Dessoir (1867–1947), der zu den frühen Verehrern Stefan Georges gehört hatte, in dessen Seminar der Dichter 1899 aufgetreten war, waren dies Friedrich Carl Stumpf (1848–1936), der Doktorvater Robert Musils, und sein Schüler Johann Baptist Rieffert (1883–1956)[4].

Auch wenn vermutlich von Anfang an klar war, dass eine Doktorarbeit im Fach Philosophie weniger aussichtsreich sein würde für einen ‚Brotberuf‘ als ein Abschluss in Mathematik, zu dem Hildegund Rogner nicht weniger befähigt war, wählte sie trotzdem dieses Fach.

*

Der zwei Jahre jüngere Ottokar Menzel legte zu Ostern 1931 am Staatlichen Gymnasium in Kiel sein Abitur ab – „mit Auszeichnung“, wie er 1943 in seinem Lebenslauf für die Habilitation in Kiel mitteilte[5], und schrieb sich für das Sommersemester 1931 an der Universität Heidelberg ein für die Fächer Geschichte und Rechtsgeschichte. Ihm war bewusst, dass er nun die Hoffnungen seines Vaters zu erfüllen hatte, nachdem sein älterer Bruder Theodor 1929 gestorben war, der im Bereich der Ornithologie und Botanik ein guter Wissenschaftler hätte werden können. Ottokars Interessen waren andere: er war gut in Griechisch und Latein und interessierte sich für Geschichte. Dass er als Sohn eines Professors auch diese Karriere anstrebte, war wie bei vielen anderen Professorensöhnen in dieser Zeit selbstverständlich. Trotz verschiedener Hindernisse, die sich ihm im Laufe der Jahre in den Weg stellten, verlor er dieses Ziel nie aus den Augen, selbst während des Krieges nicht, und habilitierte sich im Jahr 1943.

Vermutlich war die Wahl des Faches Rechtsgeschichte eine Idee seines Vaters gewesen, der selbst Jura studiert hatte. Ottokar besuchte in Heidelberg Veranstaltungen bei Heinrich Mitteis (1889–1952), einem der bedeutendsten Rechtshistoriker des 20. Jahrhunderts, und bei Gustav Radbruch (1878–1949),

---

[4] Diese Professoren nannte Hildegund Rogner in ihrem Antrag für die Zulassung zur Promotion (Berlin, Humboldt-Universität, Universitätsarchiv: HU UA Phil. Fak. 01 Nr. 854).

[5] Kiel, Landesarchiv Schleswig, Archiv der Christian-Albrechts-Universität Abt. 47 Nr. 6862 (Personalakte Ottokar Menzel).

der in der Weimarer Republik Justizminister gewesen war[6]. Als Ottokar 1942 in der Kriegsgeschichtlichen Abteilung seinen Kollegen Felix Hartlaub kennenlernte, trug er diesem auf, sein Vater solle Radbruch von ihm grüßen; er ging also davon aus, dass der frühere Lehrer sich an ihn erinnerte[7].

Zum Heidelberger Philosophiehistoriker Ernst Hoffmann (1880–1952), der seit 1927 die Leitung der Kommission für die Herausgabe der Schriften des spätmittelalterlichen Kardinals und Gelehrten Nikolaus von Kues innehatte, entwickelte sich während des Heidelberger Semesters offenbar eine engere Freundschaft, wovon Felix Hartlaub ebenfalls seinem Vater berichtete. Sie hielt bis zum Lebensende von Ottokar und Hildegund und Hoffmann sorgte nach dem Krieg dafür, dass ein hinterlassenes Manuskript erscheinen konnte[8]. Ernst Hoffmann hatte genau wie Gustav Radbruch den Nationalsozialismus schon vor Hitlers Machtergreifung dezidiert abgelehnt und verlor 1935 seinen Lehrstuhl.

Theodor Menzel dagegen unterzeichnete am 28. Februar 1933 eine Erklärung von Teilen des Kieler Lehrkörpers, in der es hieß, man sei „freudig bereit, zusammen mit der nationalen Studentenschaft die Arbeit der Reichsregierung am Aufbau des neuen Reiches mit allen Kräften zu unterstützen"[9]. Ungefähr im Mai 1933 trat er in die NSDAP ein, wie seine Mitgliedsnummer zeigt (2.733053).

Obwohl Ottokar bei zwei bedeutenden Rechtshistorikern Veranstaltungen besuchte, stellte er offenbar bald fest, dass Rechtsgeschichte ihm nicht lag, und so immatrikulierte er sich zum Wintersemester 1931/32 an der Friedrich-Wilhelms-Universität in Berlin für die Fächer Geschichte, osteuropäische Geschichte und slawische Philologie.

Nicht der Abbruch des Studiums der Rechtsgeschichte erstaunt, sondern vielmehr die Tatsache, dass er sich nicht gleich zu Studienbeginn für die osteuropäische Geschichte und Slawische Philologie entschieden hatte, denn da nach den erwähnten Erinnerungen seines Klassenkameraden Erich (Uri) Toeplitz im Hause Menzel in Kiel Russisch gesprochen wurde und da Ottokar bis zu seinem zehnten Lebensjahr in Russland gelebt hatte, war diese Zweisprachigkeit ein großer Vorteil gerade für ein solches Studium. Aller-

---

[6] Vgl. zu den Juristen an der Universität Heidelberg im Dritten Reich *Mußgnug*, Die Juristische Fakultät, in: Eckart/Sellin/Wolgast, Die Universität Heidelberg im Nationalsozialismus, S. 261–317.

[7] Siehe unten S. 160 f. Anm. 47.

[8] Vgl. zu Ernst Hoffmann *Kaegi*, Philosophie, S. 329 ff. und *Schmitt*, Herbert: Ernst Hoffmann, in: NDB 9 (1972) S. 414 f.

[9] Vgl. das Zitat der Erklärung von Teilen des Lehrkörpers am 28. Februar 1933 bei *Mish*, Führer der Universität, S. 37.

dings sollte er bald erfahren, dass Slawisten dem neuen Regime missliebig und verdächtig waren.

2. „Schöner als alle meine Träume": Hildegund auf Ischia (1932)

Nachdem Hildegund und Ottokar sich im Frühjahr 1932 kennengelernt hatten, verbrachten sie die Sommerferien nach ihrem siebten bzw. seinem dritten Studiensemester weit voneinander entfernt: Ottokar reiste mit seinem Vater am 1. August 1932 nach Istanbul[10] und Hildegund begleitete Melchior Lechter nach Italien, da ihre Freundin Elisabeth als Reisebegleiterin ausfiel. Während es über Ottokars Aufenthalt in der Türkei keine Quellen gibt, wissen wir über Hildegunds Reise ziemlich gut Bescheid, weil sich eine Reihe von Fotos und Postkarten erhalten haben und weil Marguerite Hoffmann in ihren Erinnerungen darüber berichtet hat.

Melchior Lechter und Hildegund Rogner kamen am 30. Juli 1932 in Neapel an, aßen im berühmten Café-Restaurant Gambrinus zu Mittag und schifften sich dann auf die Insel Ischia ein[11]. Marguerite Hoffmann war diesmal nicht zur Begrüßung nach Neapel gekommen und tauchte trotz Bitten erst gegen Ende des Aufenthaltes kurz auf, weil sie offenbar eifersüchtig war, dass ihr alter Freund wiederum nicht allein kam und nicht auf Capri bei ihr Quartier nahm, sondern nun mit einer anderen jungen Frau – wie drei Jahre zuvor mit Elisabeth Waldmann – auf Ischia die Gastfreundschaft einer anderen alten Freundin genoss.

Von dieser Reise zeugen mehrere Fotos, die eine glückliche und gut gekleidete Hildegund zeigen, sowie eine Reihe von Postkarten, die sie nach Hause an ihre Eltern schickte. Sie sagen viel aus über diese junge Frau im Sommer 1932 und es ist ein Glücksfall der Überlieferung, dass sie erhalten geblieben sind. Nie wieder in ihrem kurzen Leben sah Hildegund auf Fotos so glücklich aus wie auf denen, die in diesen Wochen auf der Insel Ischia entstanden[12].

Auf den ersten Karten beschreibt sie die Insel mit dem „herrlichen Sandstrand", das Haus, in dem sie wohnen, und die Sehenswürdigkeiten der Insel. Eine Foto-Postkarte zeigt sie vor dem kleinen Haus und ihrem Zimmer, denn Lechter und sie waren Gäste von „Signora Cortese", der 73jährigen Bekannten von Lechter, die aus Norddeutschland stammte und Schwiegertochter des

---

[10] Dies geht aus seiner Meldebescheinigung hervor: Berlin, Landesarchiv, Bestand B Rep. 021 (Meldebescheinigung Ottokar Menzel).

[11] *Hoffmann*, Weg mit Lechter, S. 203.

[12] Alle Karten und Fotos sind im Familienbesitz Rogner.

Neapolitaner Malers Eduardo Cortese (1856–1918) war[13]. Sie begleitete als Anstandsdame Hildegund auch auf einer nächtlichen Bootsfahrt um die Insel mit einem jungen Ischitaner, wie die junge Frau nach Berlin berichtete.

Auf der Rückseite von insgesamt sechs Ansichtspostkarten schilderte Hildegund dann übermütig eine andere Bootsfahrt, die zu einem kleinen ‚Abenteuer‘ wurde:

> „Am 18.8. ruderten wir von dort im offenen Meer um den Leuchtturm nach links. Doch draussen war das Meer bewegt. Wir machten uns schwimmbereit, da wir jeden Augenblick aus unserer Nussschale herausgespült werden konnten. Landen war unmöglich. Mein Partner am Ruder wurde seekrank. Bleich und bleicher. Das Lexikon (ich lerne italienisch auf dem Meer!) war meine einzige Sorge. Bademantel und Schuhe wollte ich dem Meergott opfern. Schliesslich wurden auch noch die Zigaretten nass, die den Ischitaner über Wasser hielten. Fatal! Schwimmen? Wohin? Hohe Wellen. Kein Mensch sah uns. So trieben wir schliesslich 2 Stunden herum, abwechselnd am Ruder. Doch Unkraut vergeht nicht! Eine gemeinsame grosse Nerven- und Kraftanstrengung reichte aus, um uns in den Hafen zurückzubringen, wo wir unser Sandolino unterstellten, einen heissen Kaffee tranken, und pitschnass einen Wagen nahmen, um die sich ängstigende Frau Cortese zu beruhigen. Die gute Frau schaute vom Dach ihres Hauses mit dem Fernglas nach uns aus. Das nennt man Seeräuberromantik. M.L. hatte von dem mittaeglichen Sturm nichts bemerkt, wunderte sich nur über die aufgeregten Gesichter und den vollständig nassen Bademantel.“

Man merkt ihr die Begeisterung über dieses kleine Abenteuer an, das sie ganz keck mit Sprüchen wie „Unkraut vergeht nicht“ und „Seeräuberromantik“ kommentiert. Melchior Lechter war hier nicht beteiligt, ja er bemerkte im Unterschied zu seiner Freundin Signora Cortese, die sich offensichtlich für die junge Frau verantwortlich fühlte, nicht einmal die Gefahr, in der Hildegund wohl zeitweise schwebte. Dies ist bezeichnend für ihn, genau wie der Text, der folgt, für Hildegund bezeichnend ist:

> „Im übrigen kann ich tun und lassen, was ich will. Abends gehe ich oft an den Strand tanzen. Manchmal hätte ich gern mein kleines Schwesterchen hier. Auch er stellt sie sich im Sand buddelnd vor mit den Kindern. Na – es ist noch nicht aller Tage Abend. Bisher erreichte ich immer, was ich wollte. Man muss den Mut und die Geistesgegenwart zu allem haben, was der Augenblick bietet.“

---

[13] Vgl. Lechter an Hoffmann: „Wir wohnen bei unserer lieben dreiundsiebzigjährigen Freundin Signora Cortese, die uns auch in Berlin besuchte, in ihrem schönen Pineta-Parke, sehr fürsorglich aufgehoben. Vom Gartenwald aus können wir gleich ans Meerbad hinunter“ (*Hoffmann*, Weg mit Lechter, S. 204) und *Jakob Johann von Uexküll*, Niegeschaute Welten. Die Umwelten meiner Freunde. Ein Erinnerungsbuch (1936) S. 271 („eine kluge und temperamentvolle Hanseatin“) sowie Gustav Radbruch an Hermann Stolterfoht im November 1938 über seinen Aufenthalt auf der Insel: „Auch Ischia lebte eine zweite Lübeckerin, die 80jährige Signora Cortese, deren Mädchenname ich leider nicht behalten habe“ (Gustav Radbruch, Briefe II [1919–1949] bearb. von Spendel, Günter, 1995, S. 152).

Abb. 6: Hildegund Rogner auf der Insel Ischia im Jahr 1932 (privat)

Vermutlich träumte Hildegund Rogner im Sommer 1932 auf Ischia davon, im kommenden Jahr als kleine „Familie" mit Ottokar Menzel und ihrer Schwester Ingeborg wieder nach Ischia zu reisen. Die Reise blieb jedoch ihre zweite und letzte Italienreise und es sollten noch über sechs Jahre vergehen, bis sie ihren Freund heiraten konnte.

Auf Ischia vergnügte sie sich ihrem Alter entsprechend und Melchior Lechter musste sich mit der Situation arrangieren:

„Währenddessen ist Lechter allein schreibend oder lesend an einem grossen Marmortisch vor dem Hause in der Pineta. Und wenn wir heimkommen, bringen wir immer eine Flasche Malvasier, d.i. ein vino dolce der Insel mit, um ihn zu erheitern. Dann singen wir durch die Nacht – und er ist versöhnt. Schön ist diese Insel, schöner als alle meine Träume."

Dass Hildegund glücklich war und selbstbewusster als drei Jahre zuvor, blieb auch Marguerite Hoffmann nicht verborgen, denn sie fuhr nicht nach Ischia, um ihren alten Freund zu besuchen, aber dann ergriff Hildegund die Initiative und reiste allein nach Capri, um Hoffmann zu einem Besuch bei Lechter zu überreden: „Ich fand sie schöner und reifer als vor 3 Jahren und freute mich, mit ihr zu sprechen", hielt Hoffmann im ungedruckten Teil ihrer Erinnerungen fest[14].

Wenn man Hildegunds Postkarten an ihre Eltern mit dem überspannt-schwülstigen „Tagebuch unserer Südenfahrt 1929" von Elisabeth Waldmann vergleicht, erkennt man, wie unterschiedlich diese beiden jungen Frauen gewesen sein müssen, denn Hildegund suchte die Gesellschaft von Gleichaltrigen und ihrem Alter entsprechende Vergnügungen und berichtete davon mit einem gewissen Übermut, aber nicht ‚literarisch überhöht'. Sie verehrte Melchior Lechter und wusste, was sie ihm verdankte, aber sie suchte sicher keine Liebesbeziehung mit ihm.

Wie schon im Jahr 1929 führte am Ende der Reise Lechters Rückweg von Italien über München zu seinem Freund Heinrich Heim und er nahm seine Begleiterin dorthin mit.

Heinrich („Heinz") Heim (1900–1988)[15] stammte aus einer angesehenen Münchner Juristenfamilie und studierte ebenfalls Jura. Durch seine Bekanntschaft mit Rudolf Hess trat er der nationalsozialistischen Bewegung näher, aber ob er tatsächlich schon 1920 NSDAP-Mitglied wurde, ist umstritten. Jedenfalls ließ er sich nach seinem juristischen Examen in München nieder und wohnte zunächst in der Giselastraße 21, bis er 1935 in die vornehmere Königinstraße umzog. Er unterhielt eine Bürogemeinschaft mit Hans Frank (1900–1946), der Adolf Hitler als Rechtsanwalt vertrat und schließlich nach 1933 die Gleichschaltung der Justiz in Bayern und im gesamten Reich organisierte. Nach Ausbruch des Krieges wurde Frank schließlich Generalgouverneur in Polen und organisierte die Deportation der dortigen Juden. Heinrich Heim machte mit Hilfe seines Studienfreundes Rudolf Hess (1894–1987) Karriere, denn nachdem dieser im April 1933 von Hitler zu seinem Stellvertreter als Führer der NSDAP ernannt worden war, begannen Hess und Martin Bormann (1900–1945) mit dem Aufbau einer Parteizentrale. Von August 1933 an arbeitete Heim im Stab des Stellvertreters des Führers. Als erste Aufgabe für die Partei erarbeitete er im August 1933, als die Münchner Gewerbepolizei die Hilfskasse der NSDAP als steuerpflichtigen Betrieb einschätzen wollte, ein Gutachten, durch das dieser Versuch abgewehrt werden

---

14 *Hoffmann*, Erinnerungen an Lechter, S. 741.

15 Vgl. zu Heim *Longerich*, Hitlers Stellvertreter, S. 11 und *Nilsson*, Hitler Redux, S. XII f. zu seinem Protokoll von Hitlers sog. Tischgesprächen sowie *Ziegler*, Das stille Tal, zur Freundschaft zwischen Heim, Albert Jung und Lechter.

konnte. Bereits 1936 war Heim Regierungsrat und nach Kriegsausbruch bis zum Herbst 1942 fungierte er als Adjutant Bormanns in Hitlers jeweiligen Hauptquartieren. Vom 5. Juli 1941 bis zum 7. September 1942 protokollierte er die sog. Tischgespräche Hitlers, deren Texte noch lange nach dem Krieg als authentische Worte des Führers galten.

Angesichts von Lechters Abneigung gegen die Nationalsozialisten aufgrund seiner jüdischen Gönner und Freunde ist diese Freundschaft bemerkenswert, aber sie hielt ein Leben lang, wie die heute im Getty Research Institute in Los Angeles verwahrte Korrespondenz zwischen Lechter und Heim beweist, und die Tatsache, dass der Künstler viele seiner kostbaren Buchausgaben seinem Freund Heinz mit Widmungen schenkte[16].

Kennengelernt hatten Lechter und Heim sich über den gemeinsamen Freund Albert Jung (1899–1970), den langjährigen Kapellmeister von Bad Orb im Spessart, wo Lechter oft Urlaub machte[17]. Jung, der im Jahr 1927 eine „Festmusik Op. 6" komponiert hatte, pflegte ebenfalls enge Kontakte zum Regime und seine Festmusik wurde zur Eröffnungsmusik der Parteikongresse der NSDAP[18].

Dass Hildegund bei diesem München-Aufenthalt die Bekanntschaft von Heinrich Heim machte, beweist eine Postkarte, die wohl Teil eines längeren Berichts an die Eltern war und mindestens fünf Karten umfasst haben muss, von denen allein die vierte Karte erhalten geblieben ist, die vermutlich vom September 1932 stammt:

„IV ... an folgende Anschrift: An Frl. Hildegund Rogner per Adr. Herrn Rechtsanwalt Heinz Heim München, Giselastr. 21. III. bitte meinen ganzen Vornamen, da der gute Mann mich nur unter diesem kennt. Ilse Waldmann kommt ungefähr am 20. d. M. nach Berlin. Vielleicht kommt sie einmal in den Grunewald, dann sagt bitte, wenn sie fragt, dass wir zum Anfang Oktober in Berlin wären. Wann genau, das läge noch nicht fest. ML und ich möchten keine Völkerwanderung am Bahnhof haben. Niemand weiss unsere ...".

Wie lange Melchior Lechter und Hildegund Rogner in München blieben und bei Heinrich Heim wohnten, ist nicht bekannt. Und Hildegund wollte ganz offenbar die Gesellschaft des Künstlers so lange wie möglich ohne

---

[16] Briefe Lechters an Jung und Heim liegen im Lechter-Nachlass im Getty Research Institute in Los Angeles; dort auch ein weiterer Bestand mit Briefen Lechters an Heim aus den Jahren 1924 bis 1936. Vgl. zum Lechter-Nachlass auch *Osterkamp*, Stilles Deutschland. Vgl. auch *Raub*, Melchior Lechter, S. 79, 94, 103, 104, 105, 106, 108 und 110 zu Buchausgaben von Lechters Werken, die Heim besaß (die Liste ist sicher nicht vollständig, weil Raub dies nur angibt, wenn er für seine Beschreibung auf eine Ausgabe aus dem Besitz von Heim zurückgreifen musste).

[17] Vgl. *Ziegler*, Das stille Tal, S. 19 f., 63 ff. und 106–108 zu Heim.

[18] Vgl. ebda. S. 44 ff. zu Jung als Komponist im Dritten Reich.

weitere „Adorantinnen" in Berlin genießen und deshalb den Tag ihrer Rückkehr nicht nennen.

Das Wintersemester, das auf diesen für Hildegund unvergesslichen Som-
merurlaub in Italien und München folgte, war das letzte vor der Machtergreifung der Nationalsozialisten, wodurch sich dann das Studium und Leben aller
Studenten grundlegend veränderte.

3. Die Suche nach der Nische:
‚Unpolitische' Dissertationsthemen

Seit dem Frühjahr 1933 veränderte sich die Atmosphäre an den Universitäten schnell: der Hitlergruß wurde eingeführt – und von Professoren wie
dem Berliner Slawisten Max Vasmer (1886–1962), der kein Hitlerbild in
seinem Zimmer aufhing, vermieden, indem er dafür sorgte, dass er immer
Bücher in beiden Händen trug[19]. Verbindungen zu Kollegen im Ausland
wurden erschwert und Habilitationen von Nicht-Parteimitgliedern bald unmöglich gemacht.

Was vor 1933 eine aufgrund von Ottokar Menzels Zweisprachigkeit er-
folgversprechende Fächerkombination zu sein schien, nämlich Slawische
Philologie und osteuropäische Geschichte, war es nach der Machtergreifung
nicht mehr, denn die Vertreter beider Fächer hatten mit Repressalien zu
kämpfen: Bereits im Sommer 1933 wurde Max Vasmers Assistent auf der
Straße von einem SA-Mann niedergeschlagen, weil er eine Fahne nicht gegrüßt hatte[20], und im Mai 1935 wurde der 59jährige Ordinarius Otto Hoetzsch
(1876–1946), der Nachfolger von Karl Stählin (1865–1939)[21], zwangspensi-
oniert; ihm wurde die Promotion eines Juden zum Verhängnis. Ottokar hatte
sowohl bei Stählin als auch bei Hoetzsch studiert und Seminararbeiten verfasst, die erhalten geblieben sind[22]. Unter den veränderten politischen Ver-

---

[19] Max Vasmer hat dies in einer „Rückschau" im Jahr 1948 geschildert und sich
auch zur Haltung der Kollegen wie Robert Holtzmann oder Nicolai Hartmann geäußert; diese Rückschau wurde herausgegeben von *Bott*, Haltung der Berliner Universität, S. 73, 104 und 162 zu Holtzmann, S. 73 und 171 zu Hartmann.

[20] *Vasmer*, Rückschau, ed. Bott, Haltung der Berliner Universität, S. 51 und 116
zum Übergriff auf seinen Assistenten Bernd von Arnim (1899–1946).

[21] Vgl. *Andreas*, Willy: Karl Stählin zum Gedächtnis, in: HZ 163 (1941) S. 82–99.

[22] Die Hausarbeit „Iwan IV. als Erwecker der russischen Weltmachtideen" mit
einer großen selbstgezeichneten Karte entstand wohl bei Stählin, der den Briefwechsel Iwans des Schrecklichen mit dem Fürsten Kurbsky aus dem Altrussischen herausgegeben hatte, woraus Ottokar in seiner Arbeit zitiert. In der Arbeit finden sich Blei-
stiftkorrekturen und Anmerkungen in Sütterlinschrift, die sicher von Stählin stammen.
Die beiden anderen Arbeiten, die sicher aus Seminaren von Otto Hoetzsch hervorge-
gangen waren, behandeln „Russland und England in Zentralasien" und den konserva-

hältnissen entschieden sich nicht mehr viele Studenten für diese Fächer, aber Ottokar sollten seine Russischkenntnisse nach Kriegsausbruch letztlich vor dem Fronteinsatz bewahren.

Otto Hoetzsch[23], der seit den 1920er Jahren dafür gesorgt hatte, dass Berlin zum Zentrum der Russland- und Osteuropastudien wurde, und der die „Deutsche Gesellschaft für das Studium Russlands" sowie die Zeitschrift „Osteuropa" gegründet hatte, war möglicherweise auch ein Grund für Ottokars Entscheidung gewesen, von Heidelberg nach Berlin zu wechseln und Slawistik sowie osteuropäische Geschichte zu studieren. Die Bemühungen von Hoetzsch um ein Verständnis für Russland und die Russische Kultur in Deutschland muss für Ottokar anziehend gewesen sein, und es ist nicht auszuschließen, dass auch Theodor Menzel den Berliner Ordinarius kannte. Der Nachfolger von Hoetzsch jedoch, der Österreicher Hans Uebersberger (1877–1962), war ein überzeugter Nationalsozialist und Antisemit und so dürfte es für Ottokar eine Umstellung gewesen sein, bei ihm das Rigorosum abzulegen[24].

Vermutlich war daher Ottokars Entscheidung, nicht in der Slawistik oder der osteuropäischen Geschichte eine Doktorarbeit zu schreiben, sondern sich der Mittelalterlichen Geschichte und den Historischen Hilfswissenschaften zuzuwenden, eine ähnlich bewusste Suche nach der ,unpolitischen Nische' wie die Entscheidung seiner Freundin Hildegund, die eine Dissertation in Philosophie über den spätmittelalterlichen Kardinal Nikolaus von Kues in Angriff nahm. Beide werden dies erst nach der Machtergreifung entschieden haben und das Mittelalter aus jeweils unterschiedlicher Perspektive zu behandeln, mag dabei für sie ein zusätzlicher Reiz gewesen sein.

Für das Sommersemester 1933 immatrikulierte Ottokar sich an der Münchner Universität[25]. Er versicherte aber Hildegund seine Liebe durch das Geschenk einer zweibändigen Hugo von Hofmannsthal-Ausgabe, die er mit hochemotionalen Widmungen versah[26]. Im September 1935 fragte er dann

---

tiven Journalisten Michail Katkov (1818–1887); dies waren beides Themen, die zu den besonderen Interessensgebieten von Hoetzsch gehörten.

[23] Vgl. zu Hoetzsch die Studie von *Schlögel*, Von der Vergeblichkeit eines Professorenlebens.

[24] Vgl. das Portrait von *Wakounig*, Hans Uebersberger.

[25] Dies geht aus seinen Promotionsunterlagen hervor (Berlin, Humboldt-Universität, Universitätsarchiv: HU UA Phil. Fak. 01 Nr. 818 S. 127; Promotionsunterlagen Ottokar Menzel) und Berlin, Landesarchiv, Bestand B Rep. 021 (Meldebescheinigung Ottokar Menzel).

[26] In die zweibändige Ausgabe der Kleinen Dramen Hugos von Hofmannsthal (erschienen 1907) kalligraphierte Ottokar in Stefan-George-Schrift in den ersten Band einen Vers von Friedrich Hölderlin: „Trunken dämmert die Seele mir von aller deiner Wonne" mit dem Zusatz „Hildegund in ewiger treuer Liebe" und in den zwei-

beim Dekanat der Philosophischen Fakultät nach, ob er als Nebenfach auch
Historische Hilfswissenschaften wählen könne, nachdem die philosophische
Pflichtprüfung abgeschafft worden war. Dies wurde allerdings umgehend
abgelehnt und so ließ er sich schließlich in Slawistik prüfen[27].

Als Ottokar sich an der Berliner Universität für Geschichte einschrieb und
seine Begeisterung für das Mittelalter, also die Zeit von 500 bis 1500 nach
Christus, entdeckte, waren dieses Fach und seine Vertreter hochangesehen.
Für eine wissenschaftliche Laufbahn in diesem Bereich waren gute Latein-
kenntnisse erforderlich und die Ausbildung in verschiedenen sog. Hilfswissenschaften, wozu beispielsweise die Paläographie gehörte, also die Fähig-
keit, mittelalterliche Schriften lesen zu können, Kenntnisse in der Urkunden-
lehre (Diplomatik), der Chronologie (Lehre von der Zeitrechnung) und anderen Teilbereichen. Gewissermaßen der ‚Olymp‘ der Mediävistik waren die
1819 in nationaler Begeisterung vom Reichsfreiherrn Karl vom und zum
Stein (1757–1831) gegründeten Monumenta Germaniae Historica (MGH),
deren Wahlspruch „Sanctus amor patriae dat animum" lautet und die sich,
ursprünglich als privater Verein gegründet, zum Ziel gesetzten hatten, alle
lateinischen Quellen des Mittelalters in gedruckten Bänden herauszugeben[28].
Zu Ottokars Studienzeiten waren die MGH längst kein privater Verein mehr,
sondern wurden vom Deutschen Bund mehr schlecht als recht finanziert, so
dass sie nach dem Ersten Weltkrieg und der Hyperinflation der Weimarer
Republik fast vor der Auflösung standen. Die Nationalsozialisten ‚beförderten‘ die MGH dann allerdings 1935 zum „Reichsinstitut für ältere deutsche
Geschichtskunde" und statteten das Institut etwas besser aus, weil sie die
mittelalterliche Geschichte für ihre Auffassung einer Kontinuität vom Reich
Karls des Großen bis zum „Dritten" Reich instrumentalisieren wollten[29]. Es
gab zwar auch jetzt keine etatisierten Stellen außer der des Präsidenten, sondern weiterhin nur schlecht bezahlte Stipendien der Deutschen Forschungsgemeinschaft, aber die Hoffnung, dass eine Zugehörigkeit zu diesem Reichsinstitut karrierefördernd sein würde, wenn es nach der Habilitation um
Lehrstuhlbesetzungen ging, sorgte dafür, dass genügend wissenschaftlicher
Nachwuchs da war, der es sich als Ehre anrechnete, Mitarbeiter des Reichs-

---

ten Band schrieb er „Und wenn Du Ein Wesen Lieb Hast/Sag Nie Mehr Bei Deiner
Seele!/Als Du Spürst, Bei Deiner Seele/Tu Nicht Eines Halms Gewicht/Mit Verstell-
tem Mund Hinzu. H. v. H" und bekräftigte diese Verse mit dem Zusatz „Nimm Dies
Als Bekenntnis, Hildegund, von Deinem Ottokar. 11. Juni 1933."

[27] Dies geht ebenfalls aus seinen Promotionsunterlagen hervor; Berlin, Humboldt-
Universität, Universitätsarchiv: HU UA Phil. Fak. 01 Nr. 818 S. 129 f.: Briefwechsel
vom 3. und 5. September 1935.

[28] Vgl. zu den MGH *Fuhrmann*, Sind eben alles Menschen gewesen.

[29] Vgl. dazu *Mentzel-Reuters*, Reichsinstitut.

instituts zu sein und die Herausgabe eines mittelalterlichen Textes zu übernehmen.

An der Berliner Universität lehrte seit 1930 der den MGH eng verbundene
Mediävist Robert Holtzmann[30], ein Sohn des Theologieprofessors Heinrich
Julius Holtzmann (1832–1910) und Schüler des jüdischen Gelehrten und
bedeutenden Monumentisten Harry Bresslau (1848–1926). Holtzmann war
damals ein einflussreicher Vertreter seines Faches mit einem großen Œuvre:
1930 publizierte er die Neuauflage von Bruno Gebhardts Handbuch der deutschen Geschichte; im gleichen Jahr wurde er auch Vorsitzender des Histori-
kerverbandes und acht Jahre später übernahm er die Neubearbeitung der
wichtigen und bekannten Quellenkunde von Wilhelm Wattenbach, die er allerdings nicht mehr vollenden konnte. Für die MGH gab er 1935 die immer
noch gültige Edition der bedeutenden Chronik Thietmars von Merseburg aus
dem 10./11. Jahrhundert heraus. Sein Berliner Kollege Fritz Hartung schätzte
ihn nicht besonders und verhinderte 1938/39 wie auch nochmals nach
Kriegsende Holtzmanns Aufnahme in die Preußische Akademie der Wissenschaften[31].

Robert Holtzmann war im Unterschied zu Hildegund Rogners Doktorvater
nicht ‚unpolitisch‘ und protestierte im November 1939 zusammen mit seinem slawistischen Kollegen Max Vasmer mit Erfolg gegen die Verhaftung
der Krakauer Professoren durch die SS und ihre Überstellung ins KZ Sach-
senhausen[32]. So klingt in seinem Tagebuch, das für die Jahre 1940 bis 1946
erhalten geblieben ist, die Kritik an den Nationalsozialisten immer wieder an,
wobei er einzelne Passagen ausgeschnitten hat, vermutlich weil sie ihm im
Nachhinein politisch zu heikel erschienen[33]. Holtzmann verstand sich offenbar gut mit dem 1933 durch die Nationalsozialisten an der Berliner Univer-

---

[30] Über Robert Holtzmann ist Ottokar Menzels Würdigung zum 70. Geburtstag
seines Doktorvaters in: Fortschritte und Forschungen 19 (1943) S. 309–311 umfas-
sender als die beiden Nachrufe von Holtzmanns Vetter Walther *Holtzmann*, in: Deutsches Archiv für Geschichte des Mittelalters 8, 1951, S. 256 f. und in der Savigny-
Zeitschrift für Rechtsgeschichte Germanistische Abteilung 65, 1947, S. 482–484.

[31] Vgl. die negativen Urteile von Fritz Hartung, Briefe, hg. von Kraus, Hans-
Christof, S. 210, 215, 217, 303 f., und S. 325 f., 432 (zu Holtzmann in der Nachkriegszeit).

[32] *Vasmer*, Rückschau, ed. Bott, Haltung der Berliner Universität, S. 151.

[33] Das handschriftliche Tagebuch von Robert Holtzmann für die Jahre 1941 bis
1946 ist im Nachlass seines Vetters Walther Holtzmann erhalten geblieben (Rom,
Deutsches Historisches Institut, Nachlass 12 Walther Holtzmann 91). Es lässt sich
leider nicht feststellen, was Holtzmann jeweils ausgeschnitten hat. Es liegt aber der
Verdacht nahe, dass es Eintragungen waren, die Kritik am Regime enthielten oder
heikle Mitteilungen, denn in einem Fall ist noch erkennbar, dass Holtzmann die Hin-
richtung von Max Plancks Sohn Erwin erwähnt hatte (Tagebuch zum 18. Februar
1945, S. 139).

sität berufenen Militärhistoriker Walter Elze (1891–1979), einem Mitglied des George-Kreises[34]: Im Oktober 1933 nahmen beide an der Eröffnungstagung der Deutschen Gesellschaft für Wehrpolitik und Wehrwissenschaft teil, deren Vorsitzer Generalleutnant Friedrich von Cochenhausen (1879–1946) wurde[35]. Als Teilnehmer am Ersten Weltkrieg, in dem Holtzmann schwer verwundet worden war, war er offenbar an Militärgeschichte interessiert. An der Berliner Universität wurde er jedoch zum frühestmöglichen Zeitpunkt emeritiert, da seine politische Haltung und sein Engagement wie im Fall der Krakauer Professoren bei der neuen Regierung nicht gut ankam.

Von seinem Schüler Ottokar Menzel war Holtzmann sehr angetan, wie sein Gutachten über die Dissertation, „Untersuchungen zur mittelalterlichen Geschichtsschreibung des Bistums Halberstadt", zeigt, die er mit „valde laudabile" bewertete[36]. Auch das Rigorosum bestand Ottokar mit Auszeichnung, wobei Max Vasmer ihn in Slawistik prüfte und Hans Uebersberger in osteuropäischer Geschichte[37]. Im Rigorosum stellte Holtzmann bei den angehenden Doktoren große Ansprüche, wie wir aus den Briefen von Ottokars späterem Kollegen Felix Hartlaub erfahren, der 1939 von ihm geprüft wurde und sich mit einem Repetitor darauf vorbereitet hatte; er beschrieb seinem Vater Gustav alles, was er gefragt worden war, und fand Holtzmann „reizend, aber sehr genau"[38].

---

34 Vgl. zu Walter Elze *Vitzthum*, Wolfgang Graf: Ein Preusse im George-Kreis, in: Caspari, Volker: Theorie und Geschichte der Wirtschaft. Festschrift für Bertram Schefold, Marburg 2009, S. 331–357, sowie *Vitzthum*, Wolfgang Graf: „Als das Sein das Wesentliche war" – Der Historiker Walter Elze im Gespräch, in: Stefan George – Dichtung – Ethos – Staat, hg. von Bruno Pieger und Bertram Schefold, Berlin 2010, S. 264–286 und *Wolfram Pyta*, Walter Elze und Preußen – Preußische Geschichte aus dem Geiste des George-Kreises, in: Das Thema „Preußen" in Wissenschaft und Wissenschaftspolitik vor und nach 1945, hg. von Hans-Christof Kraus, (Forschungen zur Preußischen und Brandenburgischen Geschichte N. F. 12, Berlin 2013, S. 119–132).

35 Vgl. *Bracher/Sauer/Schulz*, Machtergreifung, S. 816.

36 Berlin, Humboldt-Universität, Universitätsarchiv: HU UA Phil. Fak. 01 Nr. 818 S. 127a: die Gutachten von Robert Holtzmann und Fritz Rörig, der Zweitgutachter war, von Dezember 1935.

37 Berlin, Humboldt-Universität, Universitätsarchiv: HU UA Phil. Fak. 01 Nr. 818 S. 125 zu den einzelnen Professoren, bei denen Ottokar in Berlin Veranstaltungen besuchte, und S. 128 zum Rigorosum.

38 Felix Hartlaub an Gustav Hartlaub am 17. Februar 1939: „Holtzmann war reizend, aber sehr genau, ich war ihm nur durch den Repetitor gewachsen. Mit Elze und Pinder war es besserer Kaffeetratsch" (*Ewenz*, In den eigenen Umriss gebannt, 1 S. 315) und Felix Hartlaub an Gustav und Erika Hartlaub am 22. Februar 1939 zu den einzelnen Fragen, die Holtzmann im Rigorosum gestellt hatte (ebda. 1 S. 316 f.).

Am 18. Juni 1936 konnte bereits die feierliche Promotion von Ottokar Walter Michael Menzel stattfinden, da der Doktorvater eine Publikation der Dissertation in der Zeitschrift „Sachsen und Anhalt“ vermittelt hatte[39].

*

Vier Tage nach Ottokars feierlicher Promotion, am 22. Juni 1936, reichte seine zwei Jahre ältere Freundin Hildegund ihre Dissertation über „Die Erkenntnisbewegung und ihre ontologischen Voraussetzungen in der Philosophie des Nicolaus Cusanus“ beim Philosophen Nicolai Hartmann ein[40]. Schon die Tatsache, dass Ottokar seine Doktorarbeit zwei Semester früher einreichen konnte, obwohl er zwei Jahre jünger war als seine Freundin, zeigt, dass Frauen intensive Studienleistungen vorweisen und eine sehr gute Arbeit vorlegen mussten, um zur Promotion zugelassen zu werden.

Während Hildegunds Studienjahren gab es an der Berliner Universität drei Philosophenschulen[41], was die Studierenden dazu zwang, sich zu entscheiden: eine „politisch-pragmatische Richtung der völkischen Existenzphilosophie“ vertrat Alfred Baeumler (1887–1968), Philosoph und Pädagoge, der sich früh zum Nationalsozialismus bekannt hatte und ohne Beteiligung der Fakultät zum Berliner Ordinarius berufen wurde: seit den 1930er Jahren mit Hitler und Rosenberg bekannt, war er Mitbegründer des völkisch-antisemitischen Kampfbundes für deutsche Kultur und versuchte, sein Fach nationalsozialistisch auszurichten. Der Erfolg war begrenzt und der Schülerkreis überschaubar, außerdem war Baeumler frauenfeindlich, so dass er schon aus diesem Grund nicht als Doktorvater in Frage kam[42]. Sein ‚Hauptwidersacher‘ war Eduard Spranger (1882–1963), Philosoph, Pädagoge und Psychologe sowie Vertreter einer geistesgeschichtlichen Schule[43]. Die Etablierung der Pädagogik als eigenständiges Fach ist Spranger zu verdanken, da er nach dem Krieg die Lehrerausbildung maßgeblich beeinflusste. Während des Dritten Reiches geriet er allerdings wiederholt in Konfrontation zu Baeumler, aber auch zum Regime. Seit 1934 Mitglied der sog. Mittwochsgesellschaft,

---

[39] *Ottokar Menzel*, Untersuchungen zur mittelalterlichen Geschichtsschreibung des Bistums Halberstadt, Sachsen und Anhalt, in: Jahrbuch der historischen Kommission für die Provinz Sachsen und für Anhalt 12 (1936) S. 95–178.

[40] Berlin, Humboldt-Universität, Universitätsarchiv: HU UA Phil. Fak. 01 Nr. 854 (Promotionsunterlagen Hildegund Rogner).

[41] Vgl. zu Nicolai Hartmann und Hildegunds Dissertation *Tilitzki*, Universitätsphilosophie, 2 S. 1001–1004 (zu Hildegund S. 1002) sowie zu Hartmann *ders.*, Zeitkindschaft, bes. S. 111 ff.

[42] Vgl. zu Baeumler *Wistrich*, Wer war wer, S. 19 und *Heiber*, Walter Frank, S. 586 ff. (zu seiner Frauenfeindlichkeit S. 588).

[43] Vgl. zu Spranger *Klee*, Personenlexikon, S. 592 und siehe die folgende Anm.

verteidigte Spranger die Freiheit der Wissenschaft und hatte in Berlin zahlreiche Schüler, darunter elf Ausländer und zwei Juden. Spranger schätzte allerdings ebenfalls das Studium von Frauen wenig und so blieb letztlich nur
Nicolai Hartmann (1882–1950) übrig, der Vertreter der problemgeschicht-
lichen Berliner Schule, der auch Frauen promovierte und in dieser Frage
aufgeschlossener war[44].

Der in Sankt Petersburg geborene Hartmann hatte seit 1931 nach Stationen
in Marburg und Köln den Lehrstuhl für theoretische Philosophie inne und
verfasste Schriften zur Metaphysik und Ontologie. Nach Erinnerungen seiner
Schüler führte er ein „gegen die Tagesaktualitäten abgekapseltes Gelehrten-
dasein" und erschien auch nach schweren Luftangriffen im schwarzen Geh-
rock zu seiner Vorlesung[45]. Politisch versuchte er „durchzukommen": Die
bei ihm angefertigten Dissertationen hatten einen „hermetisch-unpolitischen
Charakter", wie auch die von Hildegund Rogner, und durch Übernahme der
Koreferate für Dissertationen, die bei Baeumler entstanden waren, erreichte
Hartmann, dass dieser seinen Schülern und Schülerinnen keine Hindernisse
in den Weg legte. Die „weltanschauliche Befragung" im Rigorosum, die im
Jahr 1935 Vorschrift wurde, führte er „nicht mit allzu großer Gewissenhaftig-
keit durch, denn einem Teil seiner Doktoranden ersparte er sie, bei anderen
integrierte er sie in die philosophische Prüfung"[46]. Max Vasmer hat nach
dem Krieg eine Einschätzung seiner Kollegen im Hinblick auf ihre Nähe
oder Ferne zum Regime verfasst und sowohl Eduard Spranger als auch Nicolai Hartmann als „zu still" bezeichnet[47], was vermutlich eine gute Charakterisierung ist, denn auf den Protest der Zeit nach der Machtergreifung folgte
eine gewisse Anpassung, zu der auch gehört, dass Nicolai Hartmann 1942
das Sammelwerk „Systematische Philosophie" im „Kriegseinsatz der Geisteswissenschaften" herausgab. Außerdem legte er einer Doktorandin nahe,
das Zitat einer Rezension des jüdischen, 1933 emigrierten Philosophen Ernst
Cassirer (1874–1945) wieder zu streichen, nachdem Baeumler dies gefordert
hatte[48].

Nicolai Hartmanns Gutachten über die Dissertation vom 23. Oktober 1936,
in der er Hildegund – im Unterschied zum Zweitgutachter Baeumler – als
„Hildegard Rogner" bezeichnete, beginnt mit den Worten: „Das Thema ist

---

44 Vgl. zu Spranger und Hartmann *Tilitzki*, Universitätsphilosophie, 2 S. 999 ff.
und 1001 ff.

45 *Tilitzki*, Zeitkindschaft, S. 112.

46 Ebda. S. 125 f.: Hartmann nahm im November 1944 auch an der Tagung der
vom Amt Rosenberg ins Leben gerufenen „Arbeitsgemeinschaft zur Bekämpfung der
bolschewistischen Weltgefahr" in Zagreb teil.

47 Siehe oben S. 46 Anm. 19.

48 *Tilitzki*, Universitätsphilosophie, S. 1002 Anm. 325.

nicht von mir gestellt, ich habe es nur ein wenig eingrenzen helfen. Die Verfasserin wählte es sich aus eigenem Interesse am Werk des Cusaners; sie fand selbständig heraus, dass die Arbeit der Geschichtsforschung an der eigenartigen Lehrauffassung des Cusaners von Erkenntnis und Sein beträchtliche Lücken, zum Teil auch direkt Fehlurteile aufweist, und in diese Lücke suchte sie zu springen. Es wurde dabei freilich nötig, auch die metaphysischen Dinge mit zu entwickeln …"[49].

Sicher hatte auch die Beziehung zu Ottokar die Wahl eines Themas aus der Philosophie des Mittelalters mitbestimmt, da auch er sich nach seiner Dissertation über ein frühmittelalterliches Thema dem Spätmittelalter zuwandte.

Nicolai Hartmann schrieb am Ende seines Gutachtens: „Im Ganzen eine erfreuliche Arbeit mit recht positiven Resultaten. Ich würde für sie ein laudabile vorschlagen, wenn die vom Herrn Dekan gewünschte Herabsetzung der Prüfung nicht ein idoneum daraus machte", worauf der Dekan verzichtete. Auch Alfred Baeumler schloss sich dieser Note an, gab ihr allerdings in der mündlichen Prüfung nur ein „gut", während sie in allen anderen Prüfungen ein „sehr gut" erhielt. Auch bei Hildegund prüfte Hartmann die „weltanschaulichen Fragen" und im Protokoll des Rigorosums, das am 3. Dezember 1936 stattfand, sind sie aufgelistet: „Völkische Bedeutung einer erbbiologischen Gesetzgebung; Begriff der erbfernen Eigenschaften: Mendelsche Gesetze; Gemeinschaftsethik und Persönlichkeit; der Staat als höhere Lebensform; Idee des Führertums". Nur bei der Beantwortung der letzten Frage ist „bestanden mit Hilfe" vermerkt[50].

Der Promotionsakte kann man außerdem entnehmen, dass Hildegund, vermutlich auf Vermittlung von Alfred Baeumler im Januar 1937 vom Verlag Junker und Dünnhaupt eine Kalkulation für den Druck ihrer Arbeit über 444 Reichsmark erhielt. Hier erschienen zwar in jenen Jahren auch philosophische Werke, da einer der beiden Verlagsgründer, Paul W. Junker, Philosophie studiert hatte und Geschäftsführer der Philosophischen Gesellschaft war, aber eben auch Werke überzeugter Nationalsozialisten zur Judenfrage oder zur SS, weshalb der Verlag 1945 von den Alliierten verboten wurde[51]. Hildegund Rogner beantragte bei der Fakultät einen Druckkostenzuschuss und fügte hinzu, dass ein „politisches Gutachten" von Dr. Steinbeck folgen werde[52]. Da zunächst die Mittel für Druckkostenzuschüsse erschöpft waren,

---

49 Berlin, Humboldt-Universität, Universitätsarchiv: HU UA Phil. Fak. 01 Nr. 854 S. 154, S. 155 Baeumlers Gutachten; beide schlugen als Note „laudabile" vor.

50 Ebda. S. 156 f.

51 Vgl. zum Verlag *Körner*, Klaus: Verlorene Siege (I): Der Junker und Dünnhaupt Verlag 1927–1945, in: Aus dem Antiquariat. Beilage zum Börsenblatt für den Deutschen Buchhandel Nr. 3, 2002, S. 130–141.

52 Siehe zu Wolfram Steinbeck unten S. 60 mit Anm. 69.

wurde erst ihr erneuter Antrag im folgenden Semester positiv beschieden, doch bereits im Mai 1937 legte sie der Fakultät dann eine Bescheinigung vor, dass ihre Arbeit in Carl Winter's Universitätsbuchhandlung erscheinen werde, was Ottokars Freund Ernst Hoffmann in Heidelberg vermittelt haben dürfte. Im Vorwort des im gleichen Jahr erschienenen Buches[53] bedankte Hildegund sich bei ihrem Doktorvater Nicolai Hartmann und bei Ernst Hoffmann, nicht aber beim Zweitgutachter Alfred Baeumler.

Zu dieser Zeit kämpfte Theodor Menzel bereits seit über einem Jahr darum, seinen Lehrstuhl in Kiel nicht zu verlieren. Ende 1936 verlor er diesen Kampf und dies hatte Konsequenzen für die Beziehung von Ottokar und Hildegund und ihre beruflichen Entscheidungen.

4. Die Folgen der Machtergreifung für die Familie Menzel und für Hildegund Rogner

Fotografien von Ottokars Vater aus den Kieler Jahren vor 1933 zeigen einen sehr selbstbewussten und, wenn man sie mit dem Bild des jungen Rechtsreferendars aus der Anfangszeit in Odessa vergleicht, recht korpulenten älteren Herrn[54]. Offenbar ging er zunächst in Kiel mit großem Engagement in Forschung und Lehre auf: Über seine Forschungsreise in den Orient wurde in den Kieler Zeitungen wiederholt berichtet; von 1934 bis 1936 war er Dekan der Philosophischen Fakultät und auch Vorsitzender des Kieler Studentenwerks[55].

Offenbar war er einigen Kollegen jedoch zu selbstbewusst, so dass sie nach und nach versuchten, ihn loszuwerden[56]. Seine ,Demontage' begann

---

53 *Rogner*, Hildegund: Die Bewegung des Erkennens und das Sein in der Philosophie des Nikolaus von Cues, Carl Winter Verlag Heidelberg 1937.

54 Auf dem Umschlag der 2017 publizierten Ausgabe des Berichts über den Turkologen-Kongress in Baku 1926 (*Menzel*, Theodor: 1926 Bakü 1. Türkoloji Kongresi – die türkische Fassung von: Der 1. Turkologische Kongress in Baku. 26. II. bis 6. III. 1926, in: Der Islam. Zeitschrift für Geschichte und Kultur des islamischen Orients 16 [1927] S. 1–76 und 167–228) ist ein Foto von Theodor Menzel im Kreis seiner Kollegen abgebildet. In den Unterlagen für die von der Notgemeinschaft finanzierten Türkeireisen sind auch die Kieler Zeitungsartikel über seine Reisen und Forschungsergebnisse enthalten (Bundesarchiv-Lichterfelde R 73/16819).

55 Vgl. *Rypka*, In memoriam Theodor Menzel, S. X. Dass der Rückzug sowohl vom Dekanat als auch vom Vorsitz des Studentenwerks und von seinem Lehrstuhl nicht freiwillig erfolgte, thematisiert Menzels Freund Jan Rypka nicht.

56 *Heiber*, Hohe Schulen, 2 S. 412 f. schildert, wie Menzel 1934 versuchte, den Rektor der Kieler Universität gegen den Rektor der Hamburger Universität zu instrumentalisieren, weil er die Ehre der Kieler Universität durch einen Zeitungsartikel verletzt sah; er konnte jedoch nicht ahnen, dass beide Rektoren befreundet waren und so endete das Ganze mit einer Demütigung für Menzel, der mit seiner Aktion eigent-

Ende 1934, denn am 10. Dezember 1934 nötigte der Kieler Rektor Lothar
Wolf (1901–1967) Theodor Menzel zum Rücktritt vom Vorsitz des Studentenwerks; ihm wurde in einem Schreiben für seine Arbeit gedankt und am
15. Dezember ernannte man ihn immerhin zum Ehrenmitglied[57]. Mit einem
Schreiben des Reichswissenschaftsministeriums vom 18. März 1936 wurde
Theodor Menzel dann „auf eigene Bitte", wie es darin heißt, vom Amt des
Dekans der Philosophischen Fakultät entbunden. Letztlich ging diese ‚Ab-
dankung' der vorzeitigen Versetzung in den Ruhestand nur neun Monate
voraus. Dafür nutzte man in Kiel offenbar auch die Tatsache aus, dass Menzel aufgrund der Revolutionswirren in Russland nicht imstande war, alle für
den Ariernachweis erforderlichen Geburtsurkunden zu beschaffen, denn spätestens seit den Nürnberger Rassegesetzen von September 1935 war dieser
Nachweis nicht nur für Professoren verpflichtend.

Bereits ab Februar 1935 bemühte sich Theodor Menzel, wie Dokumente
im Familienarchiv belegen, von der schon vor seiner Heirat in Odessa verstorbenen Schwiegermutter Dorothea Hierburger geb. Eisenbarth (1840–
1883) über das Deutsche Konsulat in Odessa eine Geburtsurkunde zu beschaffen, nachdem er die Bescheinigungen für seine Frau und seinen Schwiegervater problemlos erhalten hatte. Bis zum Herbst 1936 blieben jedoch alle
Bemühungen erfolglos und am 23. September 1936, also ein Jahr nach den
Nürnberger Gesetzen, wandte er sich dann in einem langen Brief an das
Auswärtige Amt und den zuständigen Minister Konstantin von Neurath,
schilderte ihm seine Lage und bat ihn, sich dafür einzusetzen, dass das deutsche Konsulat in Odessa nochmals tätig würde, um die erforderlichen Unterlagen zu beschaffen: „Da der Ahnennachweis für mich als Staatsbeamten
(ich bin o. Universitätsprofessor für orientalische Philologie an der Universität Kiel) und für meinen Sohn, der z. Zt. Assistent an der Universität Berlin
ist, unbedingt erforderlich ist, wäre ich Ihnen, Herr Minister, zu größtem
Dank verpflichtet, wenn Sie die Freundlichkeit hätten, das deutsche Konsulat
in Odessa für meinen Fall nachhaltig zu interessieren, um die unter heutigen
Umständen doppelt schwierigen Nachforschungen erfolgreich durchzuführen
und die nötigen Urkunden zu beschaffen"[58].

Was Theodor Menzel nicht ahnen konnte, war, dass es schon mindestens
seit dem 10. August 1936 im Reichswissenschaftsministerium Bestrebungen
gab, seinen Lehrstuhl abzuschaffen, denn von diesem Tag datiert ein Schreiben aus dem Ministerium an den seit 1935 amtierenden Kieler Rektor Georg
Dahm (1904–1963), einen der prominentesten Vertreter des nationalsozialis-

---

lich nur das Engagement der Universität Kiel im Sinne des Nationalsozialismus un-
terstreichen wollte.

[57] Der Schriftwechsel mit der Universität ist im Familienarchiv Menzel erhalten.

[58] Alle Briefe und Unterlagen befinden sich ebenfalls im Familienarchiv Menzel.

tischen Strafrechts, der energisch versuchte, alle an der Universität Kiel tätigen jüdischen Wissenschaftler zu vertreiben[59]. Den Vorwand für Dahms Aktion gegen Theodor Menzel lieferte der Vorstoß des Ministeriums, den Landesbischof der Evangelischen Landeskirche Nassau-Hessen, Ernst Ludwig Dietrich (1897–1974), einen nicht-habilitierten Schüler des Bonner Orientalisten Paul Kahle (1875–1964), auf einen neuen Lehrstuhl für Orientalistik zu berufen und dafür den Lehrstuhl von Theodor Menzel einzuziehen. Die Universität lehnte diesen Vorschlag nach einigem Hin und Her zunächst ab mit einer Begründung, die Theodor Menzel selbst in einem ausführlichen Schreiben vom 16. Oktober 1936 an den Rektor und den Dekan geliefert hatte; damit ging er dem Rektor letztlich in die Falle, weil die Argumentation gegen ihn verwendet werden konnte. Menzel hatte nämlich geschrieben, dass die Hörerzahl in der Orientalistik in Kiel zu gering sei für eine zweite Professur und dass der ins Auge gefasste Kandidat nicht geeignet wäre. Von der „sehr geringen Hörerzahl (1–3 eingeschriebene Hörer)" ist auch im Brief des Dekans Ferdinand Weinhandl (1896–1973) die Rede und das machte es dem Rektor nun leicht, Theodor Menzel endgültig loszuwerden: Am 20. Oktober 1936 teilte Dahm Menzel „vertraulich" mit, dass die Universität im Ministerium gegen einen zweiten Lehrstuhl votiert habe und setzte hinzu: „Ich hoffe, dass die Angelegenheit damit erledigt ist", bat jedoch am gleichen Tag den Minister in einem Schreiben, „so bald wie möglich" die bestehende Orientalistik-Professur umzuwandeln in einen Lehrstuhl für Nordische Kultur- und Geistesgeschichte. Am 23. Dezember 1936 stimmte die Fakultät schließlich zu, das Ordinariat für Orientalistik in eine Professur für Bauernrecht umzuwandeln, die dann Martin Busse (1906–1945) erhielt, der seit 1935 Dozent in Kiel war, aber erst im Februar 1937 seine Habilitationsschrift einreichte; er gehörte zum sogenannten „Stoßtrupp" der juristischen Fakultät und war zeitweise Stabsleiter des Reichsbauernführers[60].

Die Fakultät bat zwar das Ministerium darum, für Theodor Menzel an einer anderen Universität eine Professur zu finden, aber vom 8. April 1937 datiert die von Adolf Hitler und Hermann Göring unterzeichnete Entlassungsurkunde[61].

---

[59] Vgl. zum Kieler Rektor Dahm *Mish*, Führer der Universität, S. 38–42. Vgl. zu seinen Bestrebungen, Theodor Menzels Lehrstuhl umzuwidmen, die Unterlagen im Landesarchiv Schleswig-Holstein, Archiv der Christian-Albrechts-Universität Abt. 47 Nr. 1591 („Anträge auf Errichtung neuer Professuren, Wiederbesetzung von Professuren").

[60] Neben den Fakultätsunterlagen im Archiv der Universität (siehe die vorige Anm.) wird die Angelegenheit auch behandelt von *Hofmann*, Orientalistik, S. 181–183.

[61] Die Urkunde befindet sich im Familienarchiv Menzel.

Abb. 7: Theodor Menzel senior (privat)

Zu Fall gebracht hatte Theodor Menzel vor allem der Ehrgeiz des Rektors Dahm, der die Chance witterte, die juristische Fakultät um einen weiteren Lehrstuhl zu vergrößern. Erleichtert worden war dies zudem durch die offenbar sehr geringe Hörerzahl in der Orientalistik. Damit war aber die Angelegenheit des fehlenden Ariernachweises noch nicht erledigt, denn diesen benötigte nicht zuletzt Ottokar für seine weitere akademische Karriere, worauf der Vater in seinem Schreiben an das Auswärtige Amt hingewiesen hatte. Am 15. Oktober 1937, also ungefähr sechs Monate nach seiner Emeritierung, erhielt Theodor Menzel von der Universität ein Schreiben mit folgendem Wortlaut: „Auf Veranlassung des Herrn Reichserziehungsministers ersuche ich um Ausfüllung des beiliegenden Fragebogens 2. Auf diesem Formblatt bitte ich gegebenenfalls folgende Erklärung abzugeben: ‚Mir ist nicht be-

kannt, dass meine Ehefrau von jüdischen Eltern oder Großeltern ab-
stammt' "[62].

Offenbar war man jetzt, nachdem Theodor Menzel in den Ruhestand verabschiedet worden war, ,großzügig' und machte von der Möglichkeit Ge-
brauch, die im Falle von Schwierigkeiten oder Aussichtslosigkeit bei der
Beschaffung von Geburts- und Heiratsurkunden aus dem Ausland ganz offiziell vorgesehen war, nämlich eine Bescheinigung auszustellen, die die nicht
beschaffbaren Dokumente kompensierte und wofür die Erklärung im genannten Fragebogen die Voraussetzung war. Für Ottokar Menzel und Hildegund
Rogner bedeutete dies, dass sie nun endlich heiraten konnten und so verlobten sie sich im März 1938[63], sechs Jahre nachdem sie sich kennengelernt
hatten.

Aus allen Briefen von Theodor Menzel spricht die selbstverständliche
Überzeugung, dass die Frage des Ariernachweises lediglich an der Beschaff-
barkeit der Dokumente scheitere, nicht aber an der Tatsache, dass seine
Schwiegermutter jüdischer Herkunft gewesen sein könnte. Und auch die
Begründung auf der von Hitler und Göring unterzeichneten Entlassungsur-
kunde spricht von „Sparmaßnahmen", nachdem bei der Entscheidung der
Fakultät die außerordentlich geringe Zahl von Hörern Theodor Menzels ins
Feld geführt worden war.

Daher ist in diesem Zusammenhang die Äußerung eines Kollegen von
Theodor Menzel interessant, bleibt aber rätselhaft: Der jüdische Orientalist
Karl Süßheim (1878–1947) aus Nürnberg konnte 1941 gerade noch rechtzeitig mit seiner Familie aus Deutschland in die Türkei emigrieren[64]. Er führte
ein Tagebuch in verschiedenen Sprachen, nämlich Italienisch, Türkisch und
Arabisch; seit 2002 liegt es in einer kritischen Edition mit englischer Übersetzung vor. Süßheim, der wie Menzel ein Schüler von Georg Jacob war,
lehrte und lebte, bevor er in die Türkei floh, in München. Dort erreichte ihn
im März 1939 ein Brief von Luise Menzel, die ihn davon unterrichtete, dass
ihr Mann am 10. März gestorben sei. Sein Tagebucheintrag zeugt davon,
dass er die Familie Menzel gut kannte, denn er erwähnte den Werdegang
seines gleichaltrigen Kollegen und Konkurrenten, wusste, dass er zwei Söhne
hatte, wovon der ältere gestorben war, und notierte mit großer Selbstver-
ständlichkeit im Tagebuch: „He [Theodor Menzel] had been pensioned off in
the first part of 1937 or earlier because of his marriage to a woman of Jewish
origin. They had married around 1903. She was rich. He had made her

---

[62] Dieses Schreiben befindet sich ebenfalls im Familienarchiv Menzel.

[63] Die Verlobungsanzeige in Stefan-George-Schrift hat sich im Nachlass von Hermann Heimpel erhalten (Göttingen, Niedersächsische Staats- und Universitätsbibliothek Cod. Ms. H. Heimpel E4: 21).

[64] Siehe zu Süßheim oben S. 15 mit Anm. 18.

aquaintance when he passed through Odessa in 1903 on his way to Istanbul. They lived in various cities at that time. I made her aquaintance in Munich. At the beginning of the World War in 1914, they were in Odessa. The Russians took him as a prisoner from Odessa to the Ural Mountains where he stayed until the end of the war. They confiscated his wife's property and library; it took him two years to get his books back, but his wife's property was lost"[65].

Außer diesem Tagebucheintrag Süßheims gibt es keine weitere Quelle über eine jüdische Abstammung von Ottokars Mutter[66] und auch im Familienarchiv findet sich kein Beleg, aber ist es denkbar, dass ausgerechnet ein jüdischer Kollege, der so viele Details über die Familie seines Kollegen kannte, sich bei seinem Tagebuch-Eintrag geirrt haben sollte?

5. Chancenlos an der Berliner Universität

Noch vor seiner feierlichen Promotion wurde Ottokar zum 1. April 1936 Assistent von Robert Holtzmann[67]. Das Verhältnis zu seinem Doktorvater war bis zu seinem Tod von großer Verehrung geprägt und vermutlich hätte er sich ihm noch enger angeschlossen, wenn Robert Holtzmann und seine Frau Charlotte häufiger in Berlin gewesen wären, aber sie waren während des Krieges dauernd auf Reisen. In Holtzmanns Tagebuch liegen drei Blätter, auf denen er für die Jahre 1941 bis 1945 alle Reisen mit den Daten aufgelistet hat: Für 1941 bis 1944 sind pro Jahr Reisen in 11 bis 19 Städte verzeichnet von Straßburg über Baden-Baden bis zu Halle, Leipzig und Dresden, in denen sich die Holtzmanns jeweils mehrere Tage oder auch Wochen aufhielten. Erst im Sommer 1944, als die Möglichkeit, in Hotels zu übernachten, aus Kriegsgründen stark eingeschränkt wurde, hörte dies auf[68]. Nur selten ver-

---

[65] Karl Süßheim, Tagebuch, hg. von Flemming/Schmidt, S. 266. Siehe auch oben S. 15.

[66] In der Enzyklopädie des Islam online unter https://islamansiklopedisi.org.tr/ menzel-theodor (Autor des Artikels: A. Azmī BİLGİN) wird dagegen behauptet, Theodor sei selbst jüdischer Abstammung gewesen. In verschiedenen deutschsprachigen Darstellungen zur Geschichte der Orientalistik wie *Hönerbach*, Das Orientalische Seminar, S. 48, *Hanisch*, Ludmilla: Ausgegrenzte Kompetenz. Portraits vertriebener Orientalisten (2001) S. 61; *Ellinger*, Orientalistik im Zeitalter des Nationalsozialismus, S. 441, und *Maas*, Lutz: Verfolgung und Auswanderung deutschsprachiger Sprachforscher (https://zflprojekte.de/sprachforscher-im-exil) ist davon nicht die Rede – Hönerbach unterschlägt Theodor Menzel in seiner Darstellung der Kieler Orientalistik komplett.

[67] Vgl. Berlin, Humboldt-Universität, Universitätsarchiv: HU UA NS-Doz. 2, Nr. ZD I 0695 S. 001 (Akte Ottokar Menzel beim NS-Dozentenbund).

[68] In Robert Holtzmanns Tagebuch sind die Blätter mit der Auflistung der Reisen von 1940 bis 1945 vor S. 127 eingelegt.

brachte das Ehepaar einen ganzen Monat in Berlin, oft waren es nur wenige Tage. Während der Abwesenheiten ließ sich Robert Holtzmann von Ottokar oder von Nachbarn brieflich oder telefonisch darüber informieren, ob das Haus am Schlachtensee die Bombenangriffe unbeschadet überstanden hatte oder ob Schäden zu beheben waren. So wusste der Schüler meist, wann sein Lehrer in Berlin war, und man traf sich in Nikolassee oder Wilmersdorf.

Anfang Februar 1936 hatte Ottokar den Antrag auf Aufnahme in den NS-Dozentenbund gestellt, der als „Schrecken der Universität" nach der Machtergreifung galt, an dem aber niemand mehr vorbeikam, der Assistent oder Dozent werden wollte. Er wurde zu einem Gespräch mit Dr. Wolfram Steinbeck (1905–1988) vom Institut für politische Pädagogik geladen, der seine politische Einstellung zu überprüfen hatte[69].

Dabei war natürlich die Tatsache, dass Ottokar in der Rubrik Mitgliedschaften in NS-nahen Organisationen lediglich angeben konnte, seit Juni 1933 Mitglied des im gleichen Jahr gegründeten Deutschen Luftsportvereins (DLV) mit dem Dienstgrad „Luftsportwart (Gefreiter)" zu sein, ungenügend[70]. 1937 wurde dann der DLV aufgelöst und das Nationalsozialistische Fliegerkorps gegründet, das als Körperschaft dem Reichsluftfahrtminister Hermann Göring unterstand.

Ottokar hatte die Assistentenstelle bei Robert Holtzmann nur bis zum Herbst 1937 inne und bewarb sich 1937 um ein Stipendium bei der Deutschen Forschungsgemeinschaft, um „Volontär-Mitarbeiter" beim Reichsinstitut für ältere deutsche Geschichtskunde zu werden[71], da ihm im Laufe des Jahres 1936 klar geworden sein muss, wie schlecht seine Chancen auf eine Habilitation an der Berliner Universität standen. So suchte er nach Alternativen und bewarb sich im Herbst 1936 auch in München für den Bayerischen Bibliotheksdienst. Diese Bewerbung blieb allerdings zunächst ohne Antwort[72].

---

[69] Vgl. Berlin, Humboldt-Universität, Universitätsarchiv: HU UA NS-Doz. 2, Nr. ZD I 0695 S. 005 (Akte Ottokar Menzel beim NS-Dozentenbund) und vgl. *Nagel*, Schrecken der Universität. Vgl. zu Steinbeck, der nach dem Krieg Studienrat in Hagen war, *Ilse Korotin*, Deutsche Philosophen aus der Sicht des Sicherheitsdienstes des Reichsführers SS – Dossier Wolfram Steinbeck. In: Jahrbuch für Soziologiegeschichte 1999, S. 273–280 und *Ekkehard Henschke*, Rosenbergs Elite und ihr Nachleben. Akademiker im Dritten Reich und nach 1945 (2020) S. 222 f.

[70] Berlin, Humboldt-Universität, Universitätsarchiv: HU UA NS-Doz. 2, Nr. ZD I 0695 S. 002.

[71] So die Formulierung von *Stengel*, Edmund E.: Jahresbericht für 1937, in: Deutsches Archiv für Geschichte des Mittelalters 2, 1938, S. VII.

[72] Dies geht hervor aus Ottokar Menzels Brief an Hermann Heimpel vom 10. April 1938, denn eine Zusage erhielt er erst im März 1938, als die Bewerbung schon lange zurücklag (Göttingen, Niedersächsische Staats- und Universitätsbibliothek Cod.

Er ahnte offenbar angesichts der veränderten politischen Situation an den Universitäten, dass seine weitere Beschäftigung an der Universität schwierig werden würde, denn am 2. Februar 1937 hatte der Vertreter des NS-Dozentenbundes dem Rektor mitgeteilt, dass man zwar der Beschäftigungsverlängerung des „Hilfsassistenten Dr. Ottokar Menzel" zustimme, aber schon jetzt darauf hinweise, „dass bei einem ev. späteren Antrag auf Erteilung der Dozentur durch die völlige politische Passivität des Herrn Dr. Menzel sich Schwierigkeiten ergeben können"[73]. In der Tat hatte Ottokar – ähnlich wie seine Freundin Hildegund – keinerlei Mitgliedschaft in NS-Organisationen aufzuweisen. Hinzu kam die vorzeitige Emeritierung seines Vaters in Kiel und der damals immer noch fehlende Ariernachweis.

Ende 1937 erhielt der Gaudozentenbundführer Willi Willing (1907–1983) von einem namentlich nicht genannten „Gewährsmann" noch eine Beurteilung Menzels, die zunächst sein Promotionsthema und seine derzeitigen Forschungsvorhaben nennt, und dann mit der Bemerkung fortfährt: „Seine wissenschaftliche Begabung steht ausser Zweifel, wenn auch noch keineswegs sichtbar ist, inwieweit er die engen methodischen und geistigen Grenzen zu überwinden vermag, die ihm bis heute gesetzt sind"[74]. Dieser Satz dürfte auch als Kritik an Robert Holtzmann zu verstehen sein, der ein konservativer Fachvertreter war und blieb und mit den Nationalsozialisten eben nicht „kooperierte" und daher nach Erreichen der Altersgrenze sofort die Lehrerlaubnis verlor[75]. Dann folgt in dem Schreiben der Satz: „M. ist charakterlich durchaus einwandfrei. Da er noch nicht voll ausgereift ist, schwankt er häufig zwischen Selbstbewusstsein und Weichheit. Fleissig, zuverlässig, manchmal etwas berechnend, doch ehrlich im Grunde seines Herzens, gewann er als Hilfsassistent am Historischen Seminar die Anerkennung der Studenten." Die Beurteilung endet mit dem Satz: „Politisch hat M. nie Anlass zu Beanstandungen gegeben. Ohne nach Herkunft und Veranlagung wahrhafter Nationalsozialist zu sein, hat er sich doch um eine einwandfreie Haltung bemüht"[76].

Ottokar Menzel bemühte sich auch in wissenschaftlicher Hinsicht um eine gewisse Anpassung: Vermutlich durch Vermittlung von Walter Elze und sei-

---

Ms. H. Heimpel E 4: 21; handschriftlich). In seinem Lebenslauf für die Habilitation in Kiel 1943 erwähnte er dieses Volontariat nicht.

[73] Vgl. die zitierten Schreiben in Berlin, Humboldt-Universität, Universitätsarchiv: HU UA NS-Doz. 2, Nr. ZD I 0695 S. 006.

[74] Berlin, Humboldt-Universität, Universitätsarchiv: HU UA NS-Doz. 2, Nr. ZD I 0695 S. 008.

[75] Vgl. dazu *Fritz Hartung*, Briefe, hg. von Hans-Christof Kraus, S. S. 210, 215, 217, 303 f., und S. 325 f., 432.

[76] Berlin, Humboldt-Universität, Universitätsarchiv: HU UA NS-Doz. 2, Nr. ZD I 0695 S. 008.

nem Studienfreund Wilhelm Heinrich Scheidt[77] publizierte er 1936 in der
Kriegsgeschichtlichen Bücherei, einer damals erfolgreichen Reihe kleiner
Bücher mit militärgeschichtlichen Texten, Brunos Buch vom Sachsenkrieg in
deutscher Übersetzung, eine Quelle zu den Kämpfen Kaiser Heinrichs IV.
gegen die aufständischen Sachsen im 11. Jahrhundert[78]. Auch im ebenfalls
1936 von Generalleutnant Friedrich von Cochenhausen, dem Gründer der
Deutschen Gesellschaft für Wehrpolitik und Wehrwissenschaft, herausgegebenen Band über die „Schicksalsschlachten der Völker" publizierte er einen
Beitrag über die Eroberung Konstantinopels (1453)[79]. Ottokar hatte also
zumindest zwei im weiteren Sinne militärgeschichtliche Publikationen aufzuweisen, als er 1941 bei der Kriegsgeschichtlichen Abteilung im OKW angestellt wurde. Zugleich zeigte er, dass er – wie dann auch während seiner
Tätigkeit für das Reichsinstitut – imstande und willens war, sich auf die nun
gewünschten wissenschaftlichen Themen einzulassen.

6. Mitarbeiter des neuen Reichsinstituts
für ältere deutsche Geschichtskunde

Im März 1936, also kurz bevor Ottokar nach seiner Promotion zunächst
Assistent von Robert Holtzmann an der Berliner Universität wurde, machte
man den damals 31jährigen thüringischen Archivar Wilhelm Engel (1905–
1964) zum kommissarischen Leiter des neuen Reichsinstituts für ältere deutsche Geschichtskunde, die MGH[80]. Engel war im Mai 1933 in die NSDAP
eingetreten und hatte 1935 im Reichserziehungsministerium schnell Karriere
gemacht. Er hegte die Hoffnung, dauerhaft die Leitung des Reichsinstituts zu
erhalten und wollte durch verschiedene Veränderungen bei den MGH beweisen, dass er für diese Aufgabe geeignet war, auch wenn seine wissenschaftliche Reputation und sein Schriftenverzeichnis sehr überschaubar waren.

So begründete Engel gleich eine neue wissenschaftliche Zeitschrift, das
„Deutsche Archiv für Geschichte des Mittelalters", das die bisherige Zeitschrift, das „Neue Archiv der Gesellschaft für ältere deutsche Geschichts-

---

[77] Siehe zu ihm unten S. 98 f.

[78] Brun von Merseburg, Das Buch vom Sachsenkrieg, hg. von Menzel, Ottokar,
Kriegsgeschichtliche Bücherei Bd. 18, Berlin 1936.

[79] *Menzel*, Die Eroberung Konstantinopels, S. 83–93.

[80] Vgl. zu Engel *Bünz*, Enno: Ein Historiker zwischen Wissenschaft und Weltan-
schauung. Wilhelm Engel (1905–1964), in: Die Universität Würzburg in den Krisen
der ersten Hälfte des 20. Jahrhunderts. Biographisch-systematische Studien zu ihrer
Geschichte zwischen dem Ersten Weltkrieg und dem Neubeginn 1945, hg. von Baum-
gart, Peter, Quellen und Forschungen zur Geschichte des Bistums und Hochstifts
Würzburg 58, Würzburg 2002, S. 252–318 und die allzu positive Sichtweise korrigie-
rend *Mentzel-Reuters*, Reichsinstitut S. 18 f.

kunde" nach fünfzig Jahren ablöste. In seinem Vorwort zum ersten Band bekannte er sich unter anderem zu einer völkischen Geschichtsschreibung[81]. Er begründete auch neue Editionsreihen, nämlich die Reihe „Deutsches Mittelalter. Kritische Studientexte", in der im Jahr 1937 gleich drei Bände erschienen, und die „Staatsschriften des späteren Mittelalters"[82].

Im Vorwort zum ersten Band der neuen Reihe „Deutsches Mittelalter", der die Briefe Kaiser Heinrichs IV. aus dem 11. Jahrhundert enthielt, skizzierte Engel den Auftrag des neuen Reichsinstituts: „Daher ist hehres und hohes Ziel des Reichsinstituts, Wesen und Wert der mittelalterlichen deutschen Vergangenheit als eine Quelle des völkischen Geschichtsbewusstseins unserer Zeit zu erforschen und für die Gegenwart fruchtbar zu machen." Und er beschrieb auch, was die in der neuen Reihe erscheinenden Bände und ihre Editoren leisten sollten, nämlich „die hohe kulturpolitische Sendung der MGH vertiefend und erweiternd, werbend und wirkend zu erfüllen", denn auch über diesen Bände stehe „der alte Leitspruch: Sanctus amor patriae dat animum"[83].

Robert Holtzmann, der jeden zweiten oder dritten Tag bei den „M.G." war, wie er in seinem Tagebuch festhielt, dürfte den Kontakt zwischen Wilhelm Engel und Ottokar Menzel vermittelt haben und dieser übernahm sogleich ein Projekt in der von Engel gegründeten neuen Reihe. Er schloss die kleine Textausgabe innerhalb sehr kurzer Zeit ab, was ihm nicht schwerfiel, weil das Thema aus dem Umkreis seiner Dissertation stammte. Vielleicht hatte Menzel sogar selbst Engel das Projekt vorgeschlagen, da die Sachsen in karolingischer Zeit im Dritten Reich ein besonders beliebtes Thema waren und so edierte er die Vita der Liutbirg[84].

Sein Engagement und seine Fähigkeiten trugen ihm den Respekt des wichtigsten Mitarbeiters im Reichsinstitut ein, nämlich den von Carl Erdmann (1898–1945), der urteilte, Ottokar Menzel sei „der einzige befähigte Mann, der seit Kehrschen Zeiten hinzugekommen sei"[85]. Erdmann und Menzel ver-

---

[81] *Engel*, Wilhelm: Deutsches Mittelalter. Aufgabe und Weg seiner Erforschung, in: Deutsches Archiv für Geschichte des Mittelalters 1, 1937, S. 3–10.

[82] Vgl. dazu *Mentzel-Reuters*, Reichsinstitut, S. 39: diese Reihen „politisieren den Arbeitsauftrag an das Reichsinstitut, indem sie – lange vor Ulrich von Hutten und Luther – eine ‚germanische Opposition' gegen den (aus NS-Sicht) volkszersetzenden christlich-romanischen Einfluss ausmachen wollen".

[83] Die Briefe Heinrichs IV., hg. von Erdmann, Carl, MGH Deutsches Mittelalter. Kritische Studientexte 1, 1937) S. VII f. „Zur Einführung" von Wilhelm Engel.

[84] *Menzel*, Ottokar (Hg.): Das Leben der Liutbirg. Eine Quelle zur Geschichte der Sachsen in karolingischer Zeit (MGH Deutsches Mittelalter. Kritische Studientexte 3, 1937).

[85] Carl Erdmann an Gerd Tellenbach am 10. April 1938, hg. von Reichert, Fackel in der Finsternis, 2 S. 182; vgl. auch *ders.*, Fackel in der Finsternis, 1: Biographie.

standen sich aber offenbar auch persönlich gut und hielten nach Ottokars Zeit im Reichsinstitut den Kontakt: selbst im Sommer 1944, als er oft nur wenige Tage von Berchtesgaden aus nach Berlin kam, traf Ottokar sich mit Carl Erdmann und sie besuchten zusammen Robert Holtzmann[86]. Ein wesentlicher Grund dafür, dass der eher verschlossene Erdmann sich mit dem jüngeren Kollegen gut verstand, dürfte die Herkunft der beiden gewesen sein: Carl Erdmann war baltendeutscher Herkunft und Ottokar Menzel war in Odessa geboren und hatte bis zu seinem zehnten Lebensjahr in Russland gelebt. Sie dürften über ihre Kindheitserfahrungen gesprochen haben und waren sicher über die deutsche Kultur und das Leben von Deutschen im Russischen Reich einer Meinung.

Außerdem freundete Ottokar Menzel sich mit dem Mittellateiner Norbert Fickermann (1905–1995) an, der dann auch das Wortregister für seine Edition anfertigte[87]. Fickermann stand wie Erdmann den Nationalsozialisten kritisch gegenüber. Auch zu ihm hielt Ottokar den Kontakt, nachdem er bei den MGH ausgeschieden war. Seine Edition erarbeitete Ottokar ohne eine Finanzierung durch das Reichsinstitut oder die Deutsche Forschungsgemeinschaft, obwohl er seit dem Sommer darauf gehofft hatte und auch den kommissarischen Leiter Wilhelm Engel immer wieder mahnte, zu intervenieren[88], denn dieser hatte ihn als Mitarbeiter für eine geplante neue Reihe des Reichsinstituts empfohlen[89].

Bereits am 19. Juli 1937 hatte Hermann Heimpel einen Antrag bei der DFG für ein Stipendium für Ottokar Menzel gestellt[90], denn die zweite von

---

Mit „Kehrschen Zeiten" war die Amtszeit von Paul Fridolin Kehr (1860–1944) als Leiter der MGH gemeint, der strenge Maßstäbe bei der Auswahl der MGH-Mitarbeiter anlegte.

[86] Vgl. *Holtzmann*, Tagebuch zum 6. Juli 1944, S. 112: „Abends läuten Erdmann u. Menzel an, dieser nur kurz hier aus dem Hauptquartier". Es war das letzte Treffen von Ottokar Menzel und Carl Erdmann; vgl. zu ihm und seiner Herkunft *Reichert*, Fackel in der Finsternis, 1 S. 31 ff.

[87] Vgl. zu Fickermann *Boese*, Helmut: Nachruf Norbert Eickermann, in: Deutsches Archiv für Erforschung des Mittelalters 51, 1995, S. 723–726 und *Löer*, Ulrich: Ein Gelehrtenleben für das Latein des Mittelalters: Norbert Eickermann (Fickermann). Ein Beitrag zur Geschichte der Monumenta Germaniae Historica, in: Mittellateinisches Jahrbuch 31, 1996, S. 3–19. Siehe auch unten im Anhang S. 192 f. Ottokars Brief an Fickermann.

[88] Ottokar Menzel an Hermann Heimpel am 8. September 1937 und am 12. September 1937 (Göttingen, Niedersächsische Staats- und Universitätsbibliothek Cod. Ms. H. Heimpel Cod. E 1: 981).

[89] Hermann Heimpel an Edmund E. Stengel am 2. November 1937 (München, MGH-Archiv B 557 Bl. 296).

[90] Bundesarchiv-Lichterfelde R 26/III: Reichsforschungsrat Karteikarte „Ottokar Menzel".

Engel auf den Weg gebrachte Reihe des neuen Reichsinstituts, die „Staats-schriften des späteren Mittelalters", waren vermutlich weniger seine Idee gewesen als die von Hermann Heimpel (1901–1988), einem der damals füh-renden jungen Mediävisten, der sich in Freiburg habilitiert hatte und seit 1934 in Leipzig lehrte. Heimpel hatte, wie Ottokars Vater, die Machtüber-nahme der Nationalsozialisten begrüßt und zog in seinen Reden und Publi-kationen Entwicklungslinien vom Mittelalter bis zum Dritten Reich, das er als Fortsetzung des mittelalterlichen Reiches ansah, in der „Einheit, Herr-schaft des Führers und abendländischen Sendung"[91]. Der Leipziger Ordina-rius hatte Menzel dafür gewonnen, die Schriften des spätmittelalterlichen Gelehrten Engelbert von Admont (1250–1331) herauszugeben – ein Thema, das so umfangreich war, dass es außerdem genug Stoff für eine Habilitation lieferte.

Dass Ottokar Menzel dieses Stipendium erst zum 1. Januar 1938 erhielt, und dann zunächst nur mit einer Bewilligung für drei Monate[92], lag daran, dass sich im Sommer 1937 das Tauziehen um die Leitung des Reichsinstituts für ältere deutsche Geschichtskunde auf höchster Ebene zuspitzte und schließlich zum Rückzug von Wilhelm Engel führte. Um die Leitung war ein Konflikt entbrannt zwischen dem Reichsführer SS Heinrich Himmler auf der einen Seite, der den Rechtshistoriker Karl August Eckhardt als Leiter favori-sierte, und Alfred Rosenberg auf der anderen Seite. Dass Wilhelm Engel sich gut mit Walter Frank, dem Leiter des Reichsinstituts für Geschichte des Neuen Deutschland, verstand, gegen den Himmler agierte, führte schließlich zu seiner Abberufung und zur Einsetzung von Edmund Ernst Stengel (1879–1968). Stengel, bislang Ordinarius in Marburg und akademischer Lehrer von Wilhelm Engel, erhielt nun den Titel „Präsident" und übernahm zum 1. De-zember 1937 die Leitung des Reichsinstituts für ältere deutsche Geschichts-kunde[93].

Heimpel, der im August und im Oktober wegen der Bewilligung der Sti-pendien, die er für Ottokar Menzel und Rolf Most beantragt hatte, bei der

---

[91] Vgl. zu Heimpel im Dritten Reich *Rexroth*, Frank: Geschichte schreiben im Zeitalter der Extreme. Die Göttinger Historiker Percy Ernst Schramm, Hermann Heimpel und Alfred Heuß in: Starck, Christian/Schönhammer, Kurt: Sie befruchtet und ziert. Die Geschichte der Akademie der Wissenschaften zu Göttingen, Berlin 2013, S. 265–299 und *Wolf*, Ursula: Litteris et patriae. Das Janusgesicht der Historie, Stuttgart 1996, S. 253 und öfter.

[92] Vgl. Bundesarchiv-Lichterfelde R 73/13067 Stipendien der Notgemeinschaft für die Deutsche Wissenschaft vom 1.1.1938 bis 31.3.1938 und vom 1.4.1938 bis 31.3.1939. Von dem Stipendienantrag ist auch in Ottokars Briefwechsel mit Hermann Heimpel mehrfach die Rede.

[93] Vgl. dazu *Mentzel-Reuters*, Reichsinstitut, S. 32 ff.

Forschungsgemeinschaft nachfragte[94], hatte den Zusammenhang erkannt, als er am 2. November 1937 an Stengel schrieb, es sei wieder still geworden um die Stipendien, wohl „wegen der bevorstehenden Veränderungen in den Monumenten", aber es hingen daran „ein halbes Dutzend Schicksale", für die er sich verantwortlich fühle[95].

Noch bevor er das Stipendium erhielt, hatte Menzel bereits mit großem Eifer begonnen, die Handschriften zusammenzutragen für die einzelnen Schriften Engelberts von Admont und die Editionstexte herzustellen[96].

Allerdings änderten sich dann seine Lebensumstände schnell und dies hing mit dem neuen Präsidenten des Reichsinstituts zusammen: Edmund E. Stengel, damals 57 Jahre alt und damit 25 Jahre älter als Wilhelm Engel, war sehr von sich überzeugt und strebte große Veränderungen an; im Umgang mit den Mitarbeitern des Instituts war er aber mehr als ungeschickt, so dass Carl Erdmann seine Leitung als „Regime" bezeichnete. Er schaffte es, dass ein Jahr nach seinem Amtsantritt fast alle bis auf Carl Erdmann Reißaus genommen hatten – selbst der langjährige Bürobote kündigte[97]. Bei den beiden Stipendiaten der Forschungsgemeinschaft, Ottokar Menzel und Rolf Most (1911–1941), versuchte er, ein Beschäftigungsverhältnis mit strengen Dienstzeiten und verschiedenen Verpflichtungen einzuführen, was Ottokar zu einem wütenden Brief an Hermann Heimpel veranlasste[98], der einmal mehr zeigt, dass er inzwischen ein selbstbewusster junger Gelehrter geworden war und nicht bereit, sich etwas gefallen zu lassen. Auch Carl Erdmann war empört über Stengels Verhalten und protestierte dagegen[99].

---

94 Bundesarchiv-Lichterfelde R 26/III: Reichsforschungsrat Karteikarte „Ottokar Menzel".

95 Hermann Heimpel an Edmund E. Stengel am 2. November 1937 (München, MGH-Archiv B 557 Bl. 296).

96 Dies geht aus seinen Briefen an Hermann Heimpel von 1937 und 1938 hervor (Göttingen, Niedersächsische Staats- und Universitätsbibliothek Cod. Ms. H. Heimpel Cod. E 1: 981).

97 Dies geht aus einem Brief von Carl Erdmann an Gerd Tellenbach vom 5. Juni 1938 hervor: „Ich schrieb Ihnen schon, daß zum 1. April Menzel fortgegangen ist ... Zum 1. Juli ist Gläser ausgeschieden, unser Bürogehilfe, der acht Jahre lang unter allgemeinster Zufriedenheit seinen Posten versehen hatte, durch Stengels Regime aber die Lust an diesem Institut verloren hat ... Er (= Stengel) hat sich in der letzten Zeit dermaßen von allen guten Geistern verlassen gezeigt, daß ich es für möglich halte, daß er noch nicht gemerkt hat, daß der Bestand der MG in schwerster Gefahr ist", hg. von Reichert, Fackel in der Finsternis, 2 S. 191.

98 Ottokar Menzel an Hermann Heimpel am 30. April 1938 (Göttingen, Niedersächsische Staats- und Universitätsbibliothek Cod. Ms. H. Heimpel E 4: 21); siehe den Brief unten im Anhang S. 184 f.

99 Carl Erdmann an Gerd Tellenbach am 10. April 1938: „Neulich war Stengel im Begriff, uns auch noch einen Achtstundentag (ohne Einrechnung der Mittagspause)

In dieser für ihn als unhaltbar empfundenen Situation nahm Ottokar das plötzlich eintreffende Angebot der „Aufnahme in den bayerischen Bibliotheksdienst" an, was er selbst als „Flucht in die Bibliothek" bezeichnete. Bei Hermann Heimpel warb er um Verständnis für diesen Schritt und bekräftigte, an den Editionsplänen festzuhalten, zumal die Forschungsgemeinschaft ihm das Stipendium trotzdem bis zum 31. März 1939 verlängert habe[100].

Offenbar empfanden Ottokar Menzel und Edmund Stengel schnell eine heftige Abneigung gegen einander, denn der Präsident machte die Mitarbeiter des Reichsinstituts zum Gespött bei den anderen Einrichtungen, so Carl Erdmann in einem Brief[101], und dies war nun nicht karrierefördernd. Menzels Eintritt in den Bibliotheksdienst im Frühjahr 1938 veranlasste dann Stengel in einem Brief an Hermann Heimpel zu der hämischen Bemerkung: „Die Tage seiner wissenschaftlichen Arbeit dürften damit gezählt sein[102]" – womit er sich gründlich täuschen sollte. Vermutlich war Stengel auf Engels und Heimpels Geschick, junge Gelehrte für die Forschung zu begeistern, eifersüchtig. Letztlich scheiterte Stengel als Präsident des Reichsinstituts, da er sich auch im Umgang mit anderen als ungeschickt und undiplomatisch erwies, und kehrte in einer erstaunlichen Rochade auf seinen Lehrstuhl nach Marburg zurück, denn Stengels Marburger Nachfolger Theodor Mayer (1883–1972) wurde 1942 Präsident des Reichsinstituts[103].

7. Eine promovierte Philosophin bei der Deutschen Versuchsanstalt für Luftfahrt

Ob Hildegund Rogner nach ihrer Promotion in Philosophie im Jahr 1936 eine Stelle als Mathematikerin bei der Deutschen Versuchsanstalt für Luftfahrt (DVL) angenommen hätte, wenn sie Ottokar Menzel damals hätte heiraten können, ist ungewiss. Da sie aber wegen des fehlenden Ariernachweises

---

per Betriebsordnung aufzuhängen, obgleich wir doch nur Stipendiaten sind, d. h. also ohne das Minimum von Rechten mit dem Maximum von Verpflichtungen zu vereinigen. Daraufhin habe ich allerdings eine Demarche bei ihm unternommen und ihm offen gesagt, daß wir bei Außenstehenden bereits ein Gegenstand des Gespötts sind wegen der Gedrücktheit unserer Stellung …", hg. von Reichert, Fackel in der Finsternis 2 S. 182.

[100] Ottokar Menzel an Hermann Heimpel am 10. April 1938 (Göttingen, Niedersächsische Staats- und Universitätsbibliothek Cod. Ms. H. Heimpel E 4: 21); siehe diesen Brief unten im Anhang S. 183 f.

[101] Siehe oben Anm. 99.

[102] Edmund E. Stengel an Hermann Heimpel am 19. November 1938 (München, MGH-Archiv B 557 Bl. 263).

[103] Vgl. zu dem Rückberufungsverfahren Stengels nach Marburg *Heinzel*, Theodor Mayer, S. 173–177.

nicht heiraten konnten[104], stellte sich die Frage nicht, aber es bot sich ihr aufgrund ihrer großen Fähigkeiten als Mathematikerin die Möglichkeit, bei der DVL anzufangen. So begann die promovierte Philosophin am 1. August 1937 als Wissenschaftlerin bei der DVL[105] und zog in die Volkswohlstraße 86 (heute Anna-Seghers-Straße). Ottokar meldete sich am 27. Juli 1937 aus der Winklerstraße 4 im Grunewald ab, wo er seit 1934 unweit von Hildegunds Elternhaus gewohnt hatte, und zog ebenfalls nach Adlershof, nämlich in die Silbergerstraße 16. Seine Wohnung und die von Hildegund lagen nur wenige hundert Meter voneinander entfernt[106].

Von August 1937, als sie in Adlershof ihre Stelle antrat, hat sich ein Foto von Hildegund erhalten, auf dem sie sehr jung und wenig glücklich aussieht[107]. Es könnte darauf hinweisen, dass sie angespannt war wegen der für sie neuen Situation als berufstätige Frau in einem ungeliebten Beruf. Eigentlich hatte sie damit einen erfolgversprechenden Weg gewählt, denn die Nationalsozialisten förderten die Luftfahrt nicht zuletzt zur Kriegsvorbereitung mit enormen Geldsummen. Im Oktober 1933 wurden für die DVL 5, 4 Millionen Reichsmark bewilligt, die Zahl der Mitarbeiterinnen und Mitarbeiter betrug circa 500, im Jahr 1936 waren es dann schon fast 1.600 Beschäftigte und im ersten Kriegsjahr 1939 schließlich 2.000[108]. In einer Gruppe um den Mathematiker Friedrich Lösch (1903–1982), der 1939 dann Professor in Rostock wurde, untersuchte Hildegund mit ihm und zwei weiteren Mitarbeitern das Verhalten von Leitwerkprofilen bei Flugzeugen. Ihre mit vielen Formeln gespickte Untersuchung erschien im Jahrbuch „Luftfahrtforschung" von 1940 unter dem Titel: „Das Geschwindigkeitsfeld in der Umgebung eines Leitwerkprofils endlicher Dicke verschwindenden Spalts" und unter dem Namen „Hildegund Menzel-Rogner"[109], was damals

---

104 Siehe oben S. 55 ff.

105 Beginn und Ende von Hildegunds Tätigkeit bei der DVL in Adlershof geht aus dem Brief von Joseph Ehrenfried Hofmann vom 28. Februar 1940 in der Personalakte Menzel der Leibniz-Ausgabe der Preußischen Akademie hervor (Berlin, Archiv der Berlin-Brandenburgischen Akademie der Wissenschaften, Leibniz-Ausgabe, Personalakte Nr. 776: Menzel).

106 Die Adressen von Hildegund und Ottokar gehen aus der Verlobungsanzeige hervor, die sich im Nachlass Hermann Heimpel gefunden hat (Göttingen, Niedersächsische Staats- und Universitätsbibliothek Cod. Ms. H). Heimpel E4: 21), außerdem aus ihren Promotionsunterlagen (Berlin, Humboldt-Universität, Universitätsarchiv: HU UA Phil. Fak. 01 Nr. 854) und seiner Meldebescheinigung (Berlin, Landesarchiv, Bestand B Rep. 021).

107 Das Foto ist in Familienbesitz.

108 Vgl. zum Ausbau der DVL in diesen Jahren *Medicus*, Thomas: Melitta von Stauffenberg. Ein deutsches Leben, Berlin 2012, bes. S. 115 ff. mit weiterer Literatur.

109 *Menzel-Rogner*, Hildegund: Das Geschwindigkeitsfeld in der Umgebung eines Leitwerkprofils endlicher Dicke verschwindenden Spalts, in: Luftfahrtforschung 70,

noch ungewöhnlich war. Den Doppelnamen führte sie nur in ihren Publikationen.

Man kann spekulieren, ob es vielleicht kein Zufall war, dass Hildegund eine Stelle bei der DVL annahm, denn ihr späterer Trauzeuge, Helmut Matthaei (1908–1942) aus Thorn, war Abteilungsleiter beim Aeroclub Deutschland und im Krieg bei der Luftwaffe; am 22. Juli 1942 stürzte er mit seinem Flugzeug bei Nowotscherkassk in Russland ab[110]. Und Ottokars einzige Aktivität in einer NS-nahen Organisation war seit Juni 1933 die Funktion eines Luftsportwarts im Deutschen Luftsportverein (DLV).

8. Der Tod von Melchior Lechter

Im Laufe der Jahre war durch Hildegunds Beziehung zu Ottokar Menzel und ihre Promotion sowie ihre Berufstätigkeit bei der DVL das Verhältnis zu Melchior Lechter lockerer geworden, aber nie ganz abgerissen. Auch wenn Lechters Freundin auf Capri, Marguerite Hoffmann, in ihren Erinnerungen von einer großen Entfremdung zwischen beiden schrieb und versteckt als Begründung dafür angab, Hildegund habe sich wie Elisabeth Waldmann zum Nationalsozialismus bekannt[111], gibt es Indizien, die das widerlegen. Hatte Lechter Hildegund 1933 mit wertvollen Büchern von Stefan George und Novalis beschenkt[112] sowie einer „Capri-Kette", die Marguerite Hoffmann auf der Insel anfertigen lassen und nach Berlin schicken musste[113], war es dann zu Weihnachten 1935 ein besonders wertvolles Geschenk, das Hildegund von ihm erhielt: Im Werkverzeichnis Melchior Lechters von Wolfhard Raub ist das letzte verzeichnete Opus die „Erste Wallfahrt zum Grabe von Rainer Maria Rilke und zum Château de Muzot am 29. September 1935. Dargestellt in 17 Bildern nach eigenen Naturaufnahmen. Zum Buch als Kunstwerk einmalig vom Pilger geformt im December-Mond 1935". Das wertvolle Buch ist „ein Unikat auf gelblichem Büttenkarton mit Fotos, einem Präludium über Rilkes Grabspruch (mit eingefügtem Rosenblatt vom

---

1940, S. 11–17, ist der Beitrag, den sie im Rahmen des Forschungsprojekts unter der Leitung von Lösch verfasst hat. Vgl. zu Friedrich Lösch den Eintrag im Catalogus Professorum Rostochiensium (http://cpr.uni-rostock.de//resolve/id/cpr_person_0000 1322, abgerufen am 5.4.2022).

[110] Mitteilung von Corinna Rogner aufgrund eines Mailwechsels mit Volker Kraft, dem Enkel von Helmut Matthaei, am 10. Dezember 2021. Im Stadtadressbuch von Berlin ist Helmut Matthaei 1938 unter der Adresse Watzmannstr. 17 in Berlin-Mariendorf gemeldet.

[111] Vgl. *Hoffmann*, Weg mit Lechter, S. 216.

[112] Fotos von den Widmungen der Bücher, die inzwischen in den Antiquariatshandel gelangt sind, sind im Besitz der Autorin.

[113] *Hoffmann*, Erinnerungen an Lechter, S. 748 f.

Grabe Rilkes)". Der Einband besteht aus weißem Saffianleder mit Goldprägung. Auf Blatt 3 trägt es eine „ganzseitige Widmung an Hildegund Rogner", so Wolfhard Raub, der es wegen seiner Außergewöhnlichkeit genauer beschreibt: „ein Fotoalbum, wenn man so will, bei dem man fragen mag, was das noch mit Buchkunst zu tun hat. Doch Lechter selbst nennt es ein Buch … Es ist äußerlich ganz den späten Drucken der Einhorn-Presse angeglichen"[114].

Lechter war es gelungen, in den Jahren 1935 und 1937 durch Bilderverkäufe zwei Reisen ins Wallis zu finanzieren, wo Rilke seine letzten Lebensjahre verbracht hatte. Beim ersten Aufenthalt entstanden die Fotos, mit denen er dann das Buch für Hildegund gestaltete. Obwohl Marguerite Hoffmann in ihren Erinnerungen immer wieder Lechters und ihre Verehrung für Rilke betont und mitteilt, sie habe 1935 ihren Freund gebeten, für sie eine Blume auf das Grab des Dichters in Raron zu legen[115], schenkte Lechter dieses Fotoalbum nicht Marguerite Hoffmann, sondern Hildegund Rogner, was die enge Beziehung zwischen beiden unterstreicht. Mit der übrigen Erbschaft der Menzels kam auch dieses wertvolle Buch an das Historische Seminar in Kiel, aber Karl Jordan gab es weiter an die Germanisten, wo es derzeit nicht auffindbar ist[116].

Lechters zweiter Aufenthalt im Wallis endete am 8. Oktober 1937 mit seinem Tod, kurz bevor er nach Deutschland hätte zurückkehren sollen. Johanna (Hanna) Bauer-Hilsdorf (1900–1997), die Tochter seines Freundes, des Münchner Fotografen Theodor Hilsdorf, der auch berühmte Portraitaufnahmen von Stefan George gemacht hatte[117], fand ihn morgens tot in seinem Zimmer. Bei dieser Reise hatte sie den alten Künstler begleitet und versorgt, so wie es 1932 Hildegund auf Ischia getan hatte. Nun verfasste Hanna Bauer-Hilsdorf unter dem Titel „Melchior Lechters letzte Tage" eine kleine Schrift, vervielfältigte sie und schickte sie an die Freunde des Künstlers[118].

---

114 *Raub*, Melchior Lechter, Werkverzeichnis S. 111 zu A 130: „Bl. (3) ganzseitige Widmung an Hildegund Rogner" und ebda. S. 50 (Beschreibung dieses Fotoalbums).

115 *Hoffmann*, Erinnerungen an Lechter, S. 805.

116 Dass sich dieses wertvolle Buch in Kiel befand oder befindet, geht aus *Raub*, Melchior Lechter, S. 111 hervor: „Vorlage, Institut für Literaturwissenschaft, Kiel".

117 Vgl. *Birgit Wägenbaur*, Theodor Hilsdorf, in: Aurnhammer, Stefan George-Handbuch 3 (2016) Sp. 1438–1441 (zu den Kindern Sp. 1438) und *Koetzle/Pohlmann*, Der Fotograf Theodor Hilsdorf.

118 Vgl. *Bauer-Hilsdorf*, Melchior Lechters letzte Tage. Diese Schrift widerlegt die phantasievolle aber unrichtige Erzählung über Lechters letzte Lebenstage in der Schweiz durch Marguerite Hoffmann, wie sie Werner Helwig (1900–1985), der Chronist des Wandervogels, nach einem Besuch bei ihr auf Capri schildert; vgl. *Helwig*, Werner: Die unsichtbare Insel, in: Frankfurter Allgemeine Zeitung 28.7.1967, S. 28.

Die Schrift erreichte zum Weihnachtsfest 1937 auch Hildegund Rogner, die die Tage mit Ottokar in Kiel im Hause ihrer künftigen Schwiegereltern verbrachte. So erwähnte sie in ihrem Dankschreiben an die Autorin die „Irrfahrten", bis die Schrift in ihre Hände gelangte[119].

Vermutlich kannte Hildegund die Familie Hilsdorf seit ihrem Aufenthalt in München mit Melchior Lechter im Herbst 1932, denn es gibt zwei Portraitaufnahmen von ihr aus dem berühmten Foto-Atelier Müller-Hilsdorf in Schwabing, die vermutlich 1938 oder später entstanden sind und auf denen sie ein sehr elegantes weißes Kleid mit Stola trägt[120]. Vielleicht wurden sie nach ihrer Hochzeit bei einem Besuch in München gemacht.

Hildegund Rogner dankte der Autorin des Berichts für die Zusendung mit einer Charakterisierung des kleinen Werkes in der bezeichnenden, in diesem Kreis geprägten emotionalen Sprache: „Ihre schöne Sendung, die so recht dazu angetan ist, noch einmal das Hohe und Reine des Künstlerlebens ausstrahlen zu lassen, mit einer Inbrunst, die nur aus innigster Seelenverwandtschaft herrühren kann" und nennt die Schrift „eine Gabe Ihres mitfühlenden Herzens"[121].

Mit Melchior Lechters Tod verlor sie einen Freund, der sie als Heranwachsende stark geprägt und ihr etwas von der Welt gezeigt hatte. Noch Jahre später erinnerte sie sich an die Zeit mit ihm[122].

---

[119] Hildegund Rogners Dankbrief liegt in Stuttgart, Stefan-George-Archiv, Sondersammlung A, 0485. Ich danke Dr. Maik Bozza (Stefan-George-Archiv), der mich auf den Brief aufmerksam gemacht und mir ein Digitalisat geschickt hat. Siehe den Brief im Anhang S. 199.

[120] Die Fotos befinden sich im Familienarchiv Rogner; siehe unten S. 73.

[121] Siehe oben Anm. 117.

[122] Marianne Feuersenger an Charlotte und Eva Feuersenger am 24./25. September 1943 (München, IfZ Nachlass Marianne Feuersenger ED 344-20-45 bis ED 344-20-48); siehe unten im Anhang S. 205 f.

IV. Das Wissenschaftler-Ehepaar Menzel

1. Heirat und Ehe

Gut ein Jahr später, am 22. Dezember 1938, heirateten Ottokar Menzel und Hildegund Rogner auf dem Standesamt von Berlin-Treptow[1], sechseinhalb Jahre nach dem Beginn ihrer Liebesbeziehung und ein halbes Jahr nach ihrer Verlobung. Der schon erwähnte Helmut Matthaei[2] war Hildegunds Trauzeuge – also niemand aus ihrer Familie, während Theodor Menzel Ottokars Trauzeuge war. Zu einer kirchlichen Hochzeit gibt es keine Quellen und da die Braut evangelisch und der Bräutigam katholisch war, haben beide sicher darauf verzichtet. Als sie sich im Frühjahr 1932 kennengelernt hatten, war Ottokar gerade zwanzig und Hildegund zweiundzwanzig Jahre alt gewesen. In all den Jahren hatten die beiden trotz vieler Probleme an ihrer Beziehung festgehalten. Es kann gerade für Hildegund nicht immer einfach gewesen sein, zu sehen, wie ihre Freundinnen heirateten, denn als sie Ottokar das Ja-Wort geben konnte, war ihre Freundin Elisabeth Waldmann bereits seit vier Jahren verheiratet und hatte ein Kind.

Einblick in die Beziehung zwischen Ottokar und Hildegund gibt Marianne Feuersenger, eine Kollegin von ihm, von der noch ausführlich die Rede sein wird[3]. Sie wohnte im September 1943, als ihre Wohnung durch einen Bombenschaden unbewohnbar wurde, beim Ehepaar Menzel und berichtete in einem Brief an Mutter und Schwester von Gesprächen mit der Frau ihres Kollegen[4]. Damals arbeitete Hildegund schon seit vier Jahren als freie Mitarbeiterin für die Heidelberger Akademie[5], nachdem sie die Stelle bei der DVL in Adlershof ein halbes Jahr nach ihrer Heirat aufgegeben hatte. Entsprach diese Entscheidung der Ideologie des Dritten Reiches, nach der eine Ehefrau der Rolle als Ehefrau und Mutter zu entsprechen hatte und daher nicht berufstätig sein sollte, so änderte sich die Politik nach Kriegsbeginn und erst

---

[1] Berlin, Landesarchiv P Rep. 641 Nr. 156 (Heiratsurkunde Ottokar Menzel und Hildegund Rogner, Berlin Adlershof Nr. 239 vom 22. Dezember 1938).

[2] Siehe zu ihm oben S. 69 Anm. 110.

[3] Siehe zu ihr unten S. 100 f.

[4] Marianne Feuersenger an Charlotte und Eva Feuersenger am 24./25. September 1943 (München, IfZ Nachlass Marianne Feuersenger ED 344-20-45 bis ED 344-20-48); siehe unten S. 205 f.

[5] Siehe dazu unten S. 81 f.

Abb. 8: Portraitaufnahme von Hildegund Menzel
aus dem Atelier Müller-Hilsdorf in München (privat)

recht im Jahr 1943, als im ‚totalen Krieg' die Arbeit auch von Müttern bis
45 Jahre, selbst wenn sie schulpflichtige Kinder hatten, verpflichtend wurde[6].
Dass die wissenschaftliche Tätigkeit von Hildegund, die keine Kinder zu ver-
sorgen hatte, als ‚Beruf' anerkannt wurde, ist bemerkenswert. Aus Marianne
Feuersengers Brief kann man allerdings herauslesen, dass Hildegund im
September 1943 keine Haushaltshilfe mehr hatte, was früher offenbar der
Fall gewesen war. Dies war vermutlich eine Umstellung für sie, denn sie
besaß offenbar keine hauswirtschaftlichen Kenntnisse, wie im Brief berichtet

---

[6] Vgl. *Eichholtz*, Dietrich: Geschichte der deutschen Kriegswirtschaft 1939 bis
1945, Berlin/Boston 2015, S. 228: am 27. Januar 1943 wurde die Meldepflicht für
Frauen, die nicht berufstätig waren, von 50 auf 45 Jahre herabgesetzt.

wird: „Das Kochen hat ihr auch übrigens erst ihr Mann beigebracht". Die Ehe von Ottokar und Hildegund entsprach also nicht den damals üblichen Konventionen, denn es gab vermutlich wenige junge Gelehrte, deren Ehefrau promoviert war und die die uneingeschränkte Anerkennung ihres Mannes für ihre wissenschaftliche Tätigkeit erfuhr: „Er (= Ottokar) freut sich über eine gelungene Arbeit von ihr mehr als wenn sie ihm noch so fabelhafte Speisen und Gerichte vorsetzen würde"[7], teilte Marianne Feuersenger, die ihren Kollegen bewunderte, Mutter und Schwester mit.

2. Veränderungen

Ottokar war bereits im September 1938 in die erste gemeinsame Wohnung in Adlershof, Adlergestell 235[8], eingezogen, nachdem er Ende August seine Stelle im Bayerischen Bibliotheksdienst in München aufgegeben hatte, die er erst zum 1. April 1938 angetreten hatte[9]. Seine berufliche und finanzielle Zukunft war also alles andere als gesichert, als die beiden sich verlobten und heirateten, allerdings waren seine Eltern ja nicht unvermögend.

Offenbar hatte Hildegund gehandelt, als sie sah, dass Ottokar in München im Bibliotheksvolontariat nicht glücklich war, was sicher auch für sie galt, denn die räumliche Trennung war wohl für beide schwer. Wolfgang Reichardt (1880–1943), der Stiefvater von Hildegunds Freundin Elisabeth Waldmann, wurde 1933 Präsident des Statistischen Reichsamts[10] und er wird nicht undankbar gewesen sein für einen „wissenschaftlichen Hilfsarbeiter", der über Sprachkenntnisse in Russisch und vermutlich in Polnisch verfügte, und so nahm Ottokar zum 1. September 1938 eine Stelle in der Ostabteilung an und verschaffte außerdem noch seinem früheren Kollegen beim Reichsinstitut, dem früheren Geschäftsführer der MGH, Hans-Eberhard Lohmann, eine Stelle[11],

---

[7] Siehe Anm. 205 f.

[8] Berlin, Landesarchiv, Bestand B Rep. 021 (Meldebescheinigung Ottokar Menzel).

[9] Siehe oben S. 67.

[10] Vgl. zu ihm *Jutta Wietog/Wolfram Fischer*, Volkszählungen unter dem Nationalsozialismus. Eine Dokumentation zur Bevölkerungsstatistik im Dritten Reich, Berlin 2001, S. 242–244 (Kurzbiographie) und öfter sowie Wirtschaftspolitik in Deutschland 1917–1990 Bd. 1, hg. von Abelshauser, Werner/Fisch, Hans u. a. Bd. 1: Das Reichswirtschaftsministerium der Weimarer Republik und seine Vorläufer. Strukturen, Akteure, Handlungsfelder, hg. von Holtfrerich, Carl-Ludwig, Berlin/Boston 2016, S. 259 und öfter: Reichardt trat nie in die NSDAP ein und äußerte sich wiederholt kritisch zur politischen Einflussnahme auf die Arbeit des Statistischen Reichsamts, 1940 ging er auf eigenen Antrag vorzeitig in den Ruhestand.

[11] Vgl. zu Lohmann, der Schüler von Perels war, *Oberling*, Ines: Ernst Perels (1882–1945). Lehrer und Forscher an der Berliner Universität, Bielefeld 2005, S. 289 f.

denn der suchte, wie die meisten Mitarbeiter, nach einer Alternative, weil er ebenfalls mit dem neuen Präsidenten Stengel nicht zurechtkam.

Das Statistische Reichsamt lag in Berlin-Mitte am Rande des Tiergartens an der Neuen Königstraße 27–37 (heute Otto-Braun-Straße) und erarbeitete in jedem Jahr das Statistische Jahrbuch, das Statistiken zur deutschen Bevölkerung, zur Landwirtschaft, der Bautätigkeit und dem Verkehr sowie zur industriellen Produktion enthielt. Außerdem wurde die Zeitschrift „Wirtschaft und Statistik" herausgegeben. In seinem Lebenslauf für die Habilitation in Kiel 1943 gab Ottokar an, er sei während seiner Zeit im Reichsamt mit „wehrwissenschaftlichen Fragen" befasst gewesen[12].

Am 10. März 1939, also keine drei Monate nach der Hochzeit von Hildegund und Ottokar, starb Theodor Menzel unerwartet im Alter von 61 Jahren an einem Herzinfarkt[13].

Zum 30. Juni 1939, vielleicht als der Weggang des Projektleiters Friedrich Lösch von Adlershof nach Rostock bevorstand, gab Hildegund ihre Stelle bei der DVL auf und zog mit Ottokar kurz darauf von Adlershof nach Wilmersdorf in die Rüdesheimer Straße 25a in eine im dritten Stock gelegene Neubauwohnung[14]. Damit verkürzte sich sowohl der Weg zum Statistischen Reichsamt als auch zur Staatsbibliothek und zur Universität, denn Hildegund arbeitete wieder als Privatgelehrte für die Heidelberger Akademie, entweder auf Honorarbasis oder ohne Gehalt, und Ottokar wollte neben der Tätigkeit im Statistischen Reichsamt seine Habilition vorantreiben. Anfang 1940 ergaben sich dann allerdings für beide andere berufliche Chancen[15].

3. „Es sprechen keine weltanschaulichen Gründe dagegen": Die Leibniz-Ausgabe der Preußischen Akademie

Die Gleichschaltung der Preußischen Akademie der Wissenschaften, die in den Jahren 1937 bis 1939 erfolgte[16], war die Voraussetzung für die beruf-

---

12 Kiel, Landesarchiv Schleswig, Archiv der Christian-Albrechts-Universität Abt. 47 Nr. 6862 (Personalakte Ottokar Menzel, unpaginiert).

13 Siehe dazu unten im Anhang S. 186.

14 Der Wohnungswechsel geht aus Ottokar Menzels Meldebescheinigung hervor (Berlin, Landesarchiv, Bestand B Rep. 021) und das Ausscheiden Hildegunds Menzels bei der DVL aus einem Brief von Ernst Schulz (siehe unten S. 203 f.).

15 Vgl. zu Hildegunds Tätigkeit als freie Mitarbeiterin der Heidelberger Akademie *Dibelius*, Martin: Die Cusanus-Edition der Heidelberger Akademie der Wissenschaften. Jahresbericht 1943/55, S. 34 f. und Nikolaus von Kues: Der Laie über Versuche mit der Waage. Idiota de staticis experimentis, hg. von Menzel-Rogner, Hildegund, Heidelberg 1942.

16 Vgl. dazu *Folkerts*, Leibniz-Edition, S. 26 ff.

liche Veränderung, die sich bald nach Kriegsausbruch, im Frühjahr 1940, für Ottokar und Hildegund ergab: Nachdem 1937 der Mathematiker Theodor Vahlen (1869–1945), der im Ministerium für Erziehung und Wissenschaft die Umgestaltung des Wissenschaftsbetriebs organisiert hatte, nicht ohne Druck des Ministeriums zum Akademie-Mitglied gewählt worden war, machte man ihn Anfang 1939 zum Präsidenten der Preußischen Akademie der Wissenschaften; Vizepräsident wurde der Ägyptologe Hermann Grapow (1885–1967), Sekretär der Philosophisch-Historischen Klasse wurde der Mathematiker Ludwig Bieberbach (1886–1982), der die Rassenlehre auf die Mathematik anwenden wollte; neu geschaffen wurde der Posten eines Direktors der Akademie, den im Oktober 1938 der Orientalist Helmuth Scheel (1895–1967) erhielt, der Amtsrat im Ministerium Rust und Parteianwärter gewesen war und Theodor Menzel gut gekannt hatte[17]. Damit hatte das Reichserziehungsministerium „faktisch im Handstreich eine fast gänzlich aus NS-Aktivisten bestehende Akademieführung installiert"[18].

Helmuth Scheel wurde dann 1939 auch Geschäftsführer der Deutschen Morgenländischen Gesellschaft in Nachfolge des aus politischen Gründen nach England emigrierten Paul Kahle (1875–1964); die Gesellschaft war die älteste wissenschaftliche Vereinigung deutscher Orientalisten und gab auch eine Fachzeitschrift heraus. Scheel hatte Ottokar vermutlich schon als Heranwachsenden im Haus der Eltern kennengelernt, denn nach Kriegsende erinnerte er sich in einem Brief an Ottokars Mutter an Besuche im Hause Menzel in Kiel.

Im Oktober 1939 beauftragte die Akademiespitze den habilitierten Mathematikhistoriker Joseph Ehrenfried Hofmann (1900–1973) mit der Leitung der Ausgabe der Schriften des Universalgelehrten Gottfried Wilhelm Leibniz (1646–1716)[19]. Zukünftig sollten vor allem die mathematischen Schriften herausgegeben werden, was auf die Initiative des Präsidenten Vahlen und seines Sekretärs Bieberbach zurückging. Der langjährige Leiter der Ausgabe, Paul Ritter (1872–1954), war 1937 in den Ruhestand getreten, aber der Vorschlag des Kommissionsvorsitzenden Nicolai Hartmann, Hildegunds Doktorvater, nun Ritters Mitarbeiter Kurt Dülfer (1908–1973) zum Nachfolger zu machen, wurde vom Ministerium mit der bezeichnenden Begründung abge-

---

17 Vgl. zu Helmuth Scheel *Stern*, Die Berliner Akademie, S. 69, 72 sowie 290 f. und öfter sowie *Fischer/Hohlfeld/Nötzoldt*, Die Preußische Akademie der Wissenschaften S. 111 f. und öfter sowie *Ewald Wagner*, Nachruf auf Helmuth Scheel, in: Zeitschrift der Deutschen Morgenländischen Gesellschaft 118 (1968) S. 5–15, insbesondere zu seinem Engagement für junge Wissenschaftler, außerdem *Folkerts*, Leibniz-Edition, S. 27 mit Anm. 11.

18 Vgl. *Fischer/Hohlfeld/Nötzoldt*, Die Preußische Akademie S. 556.

19 Vgl. *Folkerts*, Leibniz-Edition, S. 31 f.

lehnt, dieser erfülle „nicht die politischen Voraussetzungen"; die Kommission wurde aufgelöst[20].

Der neue Leiter Hofmann legte sogleich Denkschriften zur Umgestaltung der Leibniz-Ausgabe vor, die unter anderem die Trennung von einigen langjährigen Mitarbeitern vorsah, denn im November 1939 hatte der zuständige Minister Rust seinen Unmut darüber bekundet, dass es mit der kritischen Ausgabe der Briefe und Schriften des Universalgelehrten Leibniz nicht voranginge[21], und so bekamen die neuen Verantwortlichen von Vahlen über Bieberbach bis zu Scheel und Hofmann jetzt Rückendeckung für ihre inhaltlichen und personellen Umgestaltungspläne.

Am 28. Februar 1940 schrieb dann Joseph Ehrenfried Hofmann einen Brief an den Akademie-Präsidenten Theodor Vahlen zugunsten von Ottokar und Hildegund: er sei „in zwei längeren Unterredungen mit den beiden jungen, sympathischen und begeisterungsfähigen Menschen" zu der Überzeugung gekommen, in ihnen „tüchtige Mitarbeiter für die Leibniz-Ausgabe gewonnen" zu haben[22]. Der kurze wissenschaftliche Lebenslauf, den Hofmann im Anschluss von dem Wissenschaftler-Ehepaar gibt, enthält wenig, was nicht auch aus anderen Quellen hervorgeht, aber seine Mitteilung, Ottokar habe die Dolmetscherprüfung für die russische Sprache abgelegt und werde nur in dieser Funktion eingezogen, falls er an die Front müsse, findet sich sonst nirgends. Die von Hildegund bearbeitete Ausgabe der kommentierten Übersetzung des Cusanus-Dialogs „De staticis experimentis" für die Heidelberger Akademie wurde von Hofmann als „beinahe abgeschlossen" bezeichnet, was vielleicht etwas zu optimistisch war. Außerdem teilte Hofmann dem Akademiepräsidenten mit, Helmuth Scheel habe ihn auf das Ehepaar aufmerksam gemacht und mitgeteilt, es sprächen „keine weltanschaulichen oder andere Gründe" gegen die Einstellung der beiden. Die Fürsprache von Scheel, dessen Stimme auch bei Minister Rust Gewicht hatte, dürfte für die Beschäftigung bei der Akademie den Ausschlag gegeben haben. Offenbar hatten Ottokar und Hildegund inzwischen gelernt, sich in solchen Gesprächen geschickt zu präsentieren und sich anzupassen, so dass der Eindruck der Gesprächspartner nun ein anderer war als 1936 bei Ottokars Terminen mit den Vertretern des NS-Dozentenbundes. Hofmanns Eindruck war, dass beide „das nötige Maß an umfassendem allgemeinen Wissen, an spezieller

---

[20] Vgl. *Stern*, Berliner Akademie der Wissenschaften, 3 S. 289 ff. und *Tilitzki*, Zeitkindschaft, S. 199: Nach Kriegsende wurde Hartmann wieder zum Vorsitzenden der Kommission gewählt.

[21] Vgl. *Folkerts*, Leibniz-Edition, S. 34.

[22] Joseph Ehrenfried Hofmann an Theodor Vahlen am 28. Februar 1940 (Berlin, Archiv der Berlin-Brandenburgischen Akademie der Wissenschaften, Leibniz-Ausgabe, Personalakte Nr. 776: Menzel); vgl. auch *Folkerts*, Leibniz-Ausgabe, S. 37.

philologischer Arbeitstechnik, an Schwungkraft und Elastizität des Geistes und an kameradschaftlichem Sinn" für die Tätigkeit mitbrächten.

Zum 1. April 1940 wurde Hildegund Menzel auf Honorarbasis für die mathematische Reihe der Leibniz-Ausgabe eingestellt, wobei aus den Akten nicht hervorgeht, welche Vergütung sie für ihre Tätigkeit erhielt, und zum gleichen Datum wurde Ottokar Angestellter der Preußischen Akademie für die Leibniz-Ausgabe. Nach dem Willen von Joseph Ehrenfried Hofmann sollte er sich „in erster Linie mit den historischen Sonderfragen befassen. Zu einem späterem Zeitpunkt soll er die historischen Schriften selbständig übernehmen"[23]. In einem Bericht über den Stand der Leibniz-Ausgabe schrieb Hofmann dann knapp ein Jahr später, am 18. März 1941, er habe Ottokar Menzel zu seinem „ständigen Stellvertreter" bestellt, „der mich in allen editionstechnischen Fragen berät und als Bearbeiter für die historisch-politischen Briefe vorgesehen ist"[24]. Doch daraus wurde nichts, denn fast auf den Tag genau zwei Monate später, am 19. Mai 1941, endete Ottokars Tätigkeit für die Leibniz-Ausgabe, weil er zur Flak in Berlin eingezogen wurde[25].

In den 13 Monaten, die Ottokar Menzel Mitarbeiter der Akademie war, hat er durchaus im Sinne der neuen nationalsozialistischen Akademieleitung gehandelt und es wird deutlich, dass er entschlossen war, die Aufgaben zu erfüllen, die von ihm erwartet wurden. Dies bedeutete zunächst, bei der Verdrängung der alten, verdienten Mitarbeiter mitzuhelfen: Bereits Anfang Juni 1940 hatte Hofmann ein von Menzel verfasstes und mitunterschriebenes Gutachten vorgelegt über den bereits im Druck befindlichen Band VI, 2, den der Philosoph Willy Kabitz (1876–1942) erarbeitet hatte. Kabitz hatte im Grunde sein ganzes Leben der Erforschung von Leibniz' Werk gewidmet und war immerhin seit 1901 bei der Ausgabe beschäftigt, aber Ottokar ließ an dem Band kein gutes Haar, sowohl was die Handschriftenbeschreibungen anbelangt, als auch hinsichtlich Texterstellung, Variantenapparat und Kommentar. Abschließend empfahl er, den Band neu zu machen, was vermutlich mit Hofmann so abgesprochen worden war[26]. Willy Kabitz schied dann 1942

---

23 Ebda.

24 Joseph Ehrenfried Hofmann am 18. März 1941 (Berlin-Brandenburgische Akademie der Wissenschaften II–VIII, 188).

25 Auf dem Schreiben des Reichsministeriums für Wissenschaft und Erziehung an die Akademie vom 6. Mai 1941 (Berlin, Archiv der Berlin-Brandenburgischen Akademie der Wissenschaften, Leibniz-Ausgabe, Personalakte Nr. 776: Menzel) ist handschriftlich vermerkt: „Am 19.V. wurde Herr Menzel eingezogen". Außerdem teilte Carl Erdmann am 25. Mai 1941 Helmut Beumann in einem Brief mit, Menzel sei „seit acht Tagen" eingezogen „bei der Flak hier in Berlin"; *Reichert*, Fackel in der Finsternis, 2 S. 249.

26 Gutachten Joseph Ehrenfried Hofmanns vom 2. Juli 1940 (unterschrieben von Hofmann und Menzel) (Berlin-Brandenburgische Akademie der Wissenschaften II–VIII, 187).

aus der Leibniz-Ausgabe aus und starb im Juli des gleichen Jahres in Münster. Nach dem Krieg gab der Philosophiehistoriker Heinrich Schepers den Band heraus, bei dem Kabitz als erster Herausgeber genannt ist[27], so dass man davon ausgehen muss, dass das Gutachten von Ottokar Menzel wohl vor allem dazu dienen sollte, seinen Arbeitsstellenleiter zufriedenstellen.

Zum Jahresende 1940 und zum Jahresbeginn 1941 sind weitere Aktivitäten für die Leibniz-Ausgabe bezeugt, und zwar im Rahmen der euphemistisch als „Archiv- und Bibliotheksschutz" genannten Aktivitäten der zuständigen Abteilung des Auswärtigen Amtes und dem sog. Einsatzstab Reichsleiter Rosenberg, der den Raub von Kulturgütern in den besetzten Gebieten betrieb: In der Zeit zwischen dem Abschluss des deutsch-sowjetischen Nichtangriffspaktes im Sommer 1939 und dem Beginn der deutschen Invasion in der Sowjetunion im Juni 1941 konzentrierte man sich auf die Erfassung und Sammlung von Leibniz-Handschriften in den von der deutschen Wehrmacht besetzten Ländern und so bat Hofmann am 6. Januar 1941 den Akademiepräsidenten, Ottokar einen vierwöchigen Aufenthalt in Paris zu ermöglichen, damit dieser aus vier Aktenbündeln für die Leibniz-Ausgabe Auszüge machen könne[28]. Ob diese Reise stattgefunden hat, ist unklar, denn weitere Unterlagen dazu sind in der Personalakte Menzel nicht enthalten.

Mit Sicherheit unternommen hat er dagegen eine Archivreise nach Böhmen und Mähren, von der der Bericht des Präsidenten des Reichsinstituts, Edmund E. Stengel, für 1940 Kenntnis gibt, denn dieser teilt mit, Ottokar Menzel habe „auf einer Archivreise bei einem kurzen Aufenthalt in Brünn im Landes- und Stadtarchiv die sieben dort erhaltenen Handschriften (des Brünner Schöffenbuches) durchgesehen und darüber berichtet[29]".

Die wertvollste illuminierte Handschrift des sog. Brünner Schöffenbuches, das als Zeugnis des mittelalterlichen Deutschtums in Mähren angesehen wurde, hatte die neue nationalsozialistische Stadtregierung von Brünn im März 1939 Adolf Hitler bei seinem Besuch der Stadt geschenkt. Der Diktator hatte die Handschrift allerdings nicht mitgenommen, sondern in Brünn belassen. Stengel bat dann im Kriegsjahr 1942 Adolf Hitler persönlich in einem Brief um eine Summe von 28.000 Reichsmark für eine Faksimile-Ausgabe dieser Handschrift, weil er hoffte, mit dieser Ausgabe und der geplanten

---

27 Gottfried Wilhelm Leibniz, Philosophische Schriften VI, 2: 1663–1672, hg. von Kabitz, Willy und Schepers, Heinrich, Darmstadt 1966, und VI, 3: 1672–1676, hg. von Schepers, Heinrich/Schneiders, Werner/Kabitz, Willy, Darmstadt 1980.

28 Joseph Ehrenfried Hofmann an Theodor Vahlen am 6. Januar 1941 (Berlin, Archiv der Berlin-Brandenburgischen Akademie der Wissenschaften, Leibniz-Ausgabe, Personalakte Nr. 776: Menzel).

29 *Edmund E. Stengel*, Jahresbericht 1940, in: Deutsches Archiv für Geschichte des Mittelalters 5, 1941, S. XII.

Edition dieser Quelle Hitlers Aufmerksamkeit auf das Reichsinstitut zu lenken[30]. Ottokar Menzel sah vermutlich die Chance, sich für Stengel unentbehrlich zu machen, denn dieser berichtete außerdem, Menzel sei im gleichen Jahr für die MGH auch in Prag und Wien gewesen. Vermutlich wird er die Recherchen für die MGH ,miterledigt' haben, als er Leibniziana in den genannten Städten gesucht hat. So war der ungeliebte Mitarbeiter, dessen Abschied aus der Wissenschaft Stengel 1938 mit höhnischen Worten seinem Kollegen Hermann Heimpel angekündigt hatte[31], gewissermaßen durch die Hintertür doch wieder ins Reichsinstitut hineinspaziert.

Schon seit Sommer 1940 gab es außerdem Bestrebungen, Ottokar auf die Suche nach Leibniz-Handschriften in die Moskauer Archive zu schicken[32]. Die Moskauer Archivverwaltung wehrte sich jedoch energisch, da sie die Entfremdung der Handschriften befürchtete, und versuchte dies zu verhindern, wie ein Schriftwechsel zwischen dem Reichsministerium für Erziehung und Wissenschaft, der Preußischen Akademie, der Deutschen Botschaft in Moskau und der Moskauer Archivverwaltung dokumentiert. Ottokars Stellungnahme, die er am 8. Januar 1941 wegen der Ablehnung seines Besuches durch die Moskauer Archivverwaltung für das Ministerium verfasste, ist in ziemlich hochfahrendem Ton geschrieben[33]: die Archivverwaltung in Moskau habe „nicht begriffen ..., worum es der Akademie der Wissenschaften" bei der Leibniz-Ausgabe gehe, die von der Archivverwaltung als ausreichend für die Edition angegebene Literatur, in der die Leibniz-Briefe in Russland zitiert würden, seien nicht nur „längst überholt, sondern ... überhaupt nicht als ernste wissenschaftliche Literatur anzusprechen; entgangen sei ihr (d. h. der Archivverwaltung) sogar neuere Literatur, die aber ebenfalls veraltet und unvollständig sei. Der Brief endet mit der Feststellung, dass „der Fortgang der großen Leibniz-Ausgabe ... gefährdet" sei ohne seine Reise in die UdSSR[34].

Am 6. Mai 1941 wurden daraufhin Ottokars Personaldaten nach Moskau geschickt, aber die Angelegenheit erledigte sich dann in doppelter Hinsicht von selbst: am 19. Mai 1941 wurde er, wie schon erwähnt, zur Flak in Berlin eingezogen und am 30. Juni 1941, also acht Tage nach dem Angriff Deutsch-

---

30 Vgl. die Korrespondenz zum Brünner Schöffenbuch in München, MGH-Archiv B 557 Blatt 127–142.

31 Siehe oben S. 67.

32 Vgl. dazu *Thiel*, Jens: In der Grauzone des Kulturgutraubs. Die Leibniz-Edition und die Akquise von Leibnitiana im Zweiten Weltkrieg, in: Komma und Kathedrale. Tradition, Bedeutung und Herausforderung der Leibniz-Edition, hg. von Li, Wenchao, Berlin 2012, S. 37–58, zu Menzel S. 53.

33 Siehe den Brief unten im Anhang S. 193 f.

34 Alle Briefe in Berlin, Archiv der Berlin-Brandenburgischen Akademie der Wissenschaften, Leibniz-Ausgabe, Personalakte Nr. 776: Menzel.

lands auf die Sowjetunion, teilte die Deutsche Botschaft in Moskau mit, sie halte die Reise nun für „überflüssig", wie ein handschriftlicher Vermerk auf dem Schreiben des Ministeriums belegt. Im weiteren Kriegsverlauf bemühten sich Joseph Ehrenfried Hofmann und Helmuth Scheel mehr oder weniger erfolgreich um Leibniziana aus Polen und Russland.

4. Neue berufliche Perspektiven

Bis zu Ottokars Abkommandierung war der Leiter der Leibniz-Ausgabe, Joseph Hofmann, mit seinem Mitarbeiter und dessen Arbeit offenbar so zufrieden, dass er ihn tatsächlich zu seinem Stellvertreter machte. Nach seiner Rückkehr von der Front verschlechterten sich die Beziehungen zwischen beiden jedoch sehr schnell und der Grund dafür war Hildegunds Arbeitsverhältnis bei der Akademie[35]: Am 25. September 1941 schrieb sie einen ausführlichen Brief an Hofmann, in dem sie sich dafür rechtfertigte, in der Woche, nachdem ihr Mann von der Front zurückgekehrt sei, sowie im September zu Hause und nicht in der Akademie gearbeitet zu haben, was sie aber ordnungsgemäß in der Akademie mitgeteilt habe. Sie hielt damit die Angelegenheit für erledigt, was sich jedoch als Irrtum erweisen sollte. Der zweiseitige Antwortbrief Hofmanns vom 28. September war rechthaberisch und wenig freundlich und er bestand darauf, Hildegund habe in der Akademie zu arbeiten und nicht zu Hause, obwohl sie im Gegensatz zu Ottokar keine Stelle, sondern lediglich einen Honorarvertrag hatte. Ottokar vertrat nun sehr energisch die Interessen seiner Frau und erklärte, „eine Präsenzpflicht im Sinne der Anwesenheitsverpflichtung für eine gewisse Dienstzeit für unvereinbar mit dem Begriff des Honorarvertrages". Hofmann blieb bei seiner Forderung und in den folgenden Monaten gestaltete sich das Verhältnis offenbar so unerfreulich, dass Hildegund ihrem Chef bewusst aus dem Weg ging und schließlich am 1. Februar 1942 den Honorarvertrag zum Quartalsende kündigte. Am 31. März lieferte sie alle ihre Arbeitsmaterialien und Unterlagen ab und legte einen Bericht über ihre geleistete Arbeit vor. Bei Helmuth Scheel bedankte sie sich für seine Unterstützung[36].

Möglicherweise hing Ottokars selbstbewusstes Auftreten gegenüber dem gemeinsamen Arbeitsstellenleiter auch damit zusammen, dass er nun eine Anstellung in der Kriegsgeschichtlichen Abteilung beim Oberkommando der

---

[35] Alle im Folgenden erwähnten Briefe finden sich in Berlin, Archiv der Berlin-Brandenburgischen Akademie der Wissenschaften, Leibniz-Ausgabe, Personalakte Nr. 776: Menzel.

[36] Ebda.

Abb. 9: Hildegund und Ottokar in der Wohnung in Wilmersdorf (privat)

Wehrmacht erhalten hatte und meinte, sich von Hofmann nichts mehr sagen lassen zu müssen[37].

Hildegund wurde nach ihrem Ausscheiden bei der Preußischen Akademie wieder für die Heidelberger Akademie und die Cusanus-Ausgabe tätig, denn im Jahr zuvor war der Philosoph Martin Honecker (1888–1941) im Alter von nur 53 Jahren gestorben. Er hätte für die Cusanus-Ausgabe die Schrift „Der Laie über den Geist (Idiota de mente)" in Übersetzung und mit Erläuterungen herausgeben sollen. Hildegund Menzel übernahm es nun, die Schrift

---

[37] Siehe dazu unten S. 93 ff.

fertigzustellen und vollendete sie in den ihr noch verbleibenden Lebensjahren: Sie verfasste eine fast 50seitige Einführung und kommentierte den Text ausgiebig, denn „für die Kommentierung lagen nur einige wenige Notizen vor", wie sie in ihrer leider nicht datierten Vorbemerkung schrieb[38].

Am 17. April 1942, also fast ein halbes Jahr, nachdem er als Mitarbeiter in der Kriegsgeschichtlichen Abteilung angefangen hatte, übergab dann nach einigem Drängen des Arbeitsstellenleiters auch Ottokar seine Materialien, darunter befand sich „Vorbereitungsmaterial Menzel für die geplante archivalische Nachsuche in Rußland"[39]. Erstaunlicherweise unterzeichnete er aber noch den im Oktober 1943 in „Forschungen und Fortschritte" publizierten Geburtstagsartikel für seinen Lehrer Robert Holtzmann mit „Ottokar Menzel Preußische Akademie der Wissenschaften, Berlin"[40].

Die Tätigkeit bei der Akademie hatte ihm jedenfalls wieder den Freiraum zum wissenschaftlichen Arbeiten und Publizieren verschafft, den er seit Kriegsausbruch im Statistischen Reichsamt nicht mehr gehabt hatte: nachdem seine letzte Publikation 1938 erschienen war, waren es 1941 dann insgesamt vier Publikationen[41]. Der Wissenschaftler Ottokar Menzel war zurück.

---

[38] Siehe oben Anm. 15 und Nikolaus von Kues, Der Laie über den Geist. Idiota de mente, hg. von Honecker, Martin (†) und Menzel-Rogner, Hildegund (†) (1949); vgl. hier die Vorbemerkung von ihr und von Ernst *Hoffmann* S. V f.

[39] Die Auflistungen der zu unterschiedlichen Zeitpunkten von Hildegund und Ottokar Menzel übergebenen Materialien findet sich Berlin, Archiv der Berlin-Brandenburgischen Akademie der Wissenschaften, Leibniz-Ausgabe, Personalakte Nr. 776: Menzel.

[40] Fortschritte und Forschungen 19 (1943) S. 309–311, hier S. 311.

[41] Johannes Kymeus, Des Babsts Hercules wider die Deudschen, Wittenberg 1538. Als Beitrag zum Nachleben des Nikolaus von Cues im 16. Jahrhundert eingeleitet und hg. von Ottokar Menzel, Sitzungsberichte der Heidelberger Akademie der Wissenschaften, phil-hist. Kl. Jg. 1940/41 = Cusanus-Studien 6, Heidelberg 1941; Nikolaus von Cues im 16. Jahrhundert. Neue Beobachtungen zu den Wirkungen des Cusanischen Werkes, in: Forschungen und Fortschritte 17 (1941) S. 283–284; Bemerkungen zur Staatslehre Engelberts von Admont und ihrer Wirkung, in: Corona Quernea, Festgabe Karl Strecker zum 80. Geburtstage dargebracht, Schriften des Reichsinstituts für ältere deutsche Geschichtskunde. Monumenta Germaniae Historica Bd. 6, 1941, S. 390–408; Meddah, Schattentheater und Orta ojunu. Eine kritische Übersicht über die Ergebnisse der jüngeren Forschung nebst neuen Beiträgen, hg. von Ottokar Menzel (Prag, Orientalisches Institut 1941) (diese Publikation enthält den Nachruf von Jan Rypka).

5. Der Rezensent Ottokar Menzel: Die Bewertung des deutschen Eroberungskrieges im Osten

Wie Ottokar Menzel zum Eroberungskrieg der deutschen Wehrmacht im Osten stand, lässt sich nicht aus Briefen von ihm erschließen, aber aus seinen Buchbesprechungen, da er aufgrund seiner Herkunft aus Odessa und seinen Studienfächern wiederholt Publikationen zur osteuropäischen Geschichte rezensierte. Aus denen, die er für das Historische Jahrbuch der Görres-Gesellschaft schrieb, lässt sich seine Einstellung zur politischen Lage gut erkennen, obwohl sich ansonsten in dieser Zeitschrift nur wenige Besprechungen dieser ‚Tonlage' finden[42], weshalb das Historische Jahrbuch 1942 auch sein Erscheinen bis Kriegsende einstellen musste. Als Rezensent war Menzel wohl vom damaligen Herausgeber, dem Privatdozenten Johannes Spörl (1904–1977), gewonnen worden, den er, wie Robert Holtzmann in seinem Tagebuch festgehalten hat, persönlich kannte und auch nach Hause einlud[43]. In Ottokars Besprechungen ist immer wieder von der kulturellen Überlegenheit der Deutschen die Rede, von ihren wirtschaftlichen und politischen Leistungen im Osten und ihrem zu Recht dominierenden Einfluss. Besonders deutlich spricht er dies im Historischen Jahrbuch für 1939 aus, in dem er Albert Brackmanns Werk „Krisis und Aufbau in Osteuropa" besprach, das im gleichen Jahr in der Stiftung des SS-Ahnenerbes erschienen war; auch das Buch „Das Deutschtum in Polen", herausgegeben vom Volkstumsforscher und Akteur der Völkischen Wissenschaften Viktor Kauder (1899–1985) rezensierte er für diesen Jahrgang[44]. Die Rezension macht deutlich, wie der in Odessa als Kind deutscher Eltern geborene Ottokar die sich abzeichnende „politische Neugestaltung des Ostens" beurteilte. Seine offenbar nach Kriegsausbruch geschriebene Besprechung beginnt mit den Worten: „Das Jahr 1939

---

[42] Vgl. dazu bes. *Wiggershaus-Müller*, Ursula: Nationalsozialismus und Geschichtswissenschaft. Die Geschichte der Historischen Zeitschrift und des Historischen Jahrbuchs 1933–1945, Hamburg 1998, S. 194 ff., die explizit auf die Besprechungen von Ottokar Menzel zur Ostforschung eingeht, die angesichts der sonstigen Besprechungen im Historischen Jahrbuch auffällig seien.

[43] Vgl. *Holtzmann*, Tagebuch zum 27. Juli 1942, S. 39, und zu Johannes Spörl *Boehm*, Laetitia: Johannes Spörl † (1904–1977). In mutabilitate temporum initium conversationis. Zum Gedenken an den Herausgeber des Historischen Jahrbuchs, in: Historisches Jahrbuch der Görres-Gesellschaft Bd. 97/98 (1978) S. 1–54 (der Beitrag ist allerdings im Hinblick auf Spörls Tätigkeiten während des Krieges wenig ergiebig und bietet Mitteilungen ohne Belege, auf mündlicher Überlieferung basierend). Johannes Spörl besprach dann Ottokar Menzels Beitrag über Engelbert von Admont in der Strecker-Festschrift in: Historisches Jahrbuch der Görres-Gesellschaft 61, 1941, S. 441.

[44] *Ottokar Menzel*, in: Historisches Jahrbuch der Görres-Gesellschaft 59, 1939, S. 475 f.

hat für den Osten Europas schicksalsschwere Ereignisse heraufgeführt. Die jahrhundertealte Auseinandersetzung um die Gestaltung des osteuropäischen Raumes ist in ein entscheidendes Stadium getreten", und fasste den Ertrag von Brackmanns Studie mit dem Satz zusammen: „Sie ist besonders berufen, die sich durch ein Jahrtausend immer wieder erneuernde und bewährende kulturelle Leistung des deutschen Volkes im Osten allen vor Augen zu stellen, die mit wachen Sinnen die geschichtlichen Vorgänge der Gegenwart verfolgen". Auch die Besprechung des Kauder-Buches hat eine ganz ähnliche Quintessenz: Ottokar erwähnt zunächst „die Bestimmungen des Versailler Diktats und ihre Folgen", die „dann dem Deutschtum große Verluste und ein schweres Schicksal gebracht" hätten und beschließt seine Besprechung mit dem Satz „Der reiche … Band vermag ausgezeichnet das Werden des Deutschtums zu veranschaulichen und seinen Stand in der Zeit festzuhalten, ehe die großen Veränderungen der gegenwärtigen Tage begannen. Er ist ein Beweis für die Leistung der Deutschen im ehemaligen Polen und für ihren Willen zum Volkstum". Weitere Formulierungen zeigen seine Einstellung: „In unserer Zeit, in der der Gedanke des Volkstums mächtig geworden ist" und es „wird deutlich, wie viel und wie Wesentliches das Lettentum den Deutschen im Baltikum und im Reich verdankt und mit welcher Verantwortung die Deutschen das in ihre Obhut gegebene fremde Volkstum gehütet haben".

Offenbar sah Ottokar Menzel die „Neugestaltung des Ostens" vor allem als Chance, dass das Deutschtum dort wieder mehr zur Geltung kommen werde und befürwortete sowohl den Angriff auf Polen als auch den auf die Sowjetunion im Juni 1941. Damit war er selbstverständlich keine Ausnahme in der damaligen Zeit: „Die vollständige Identifikation mit dem im Krieg befindlichen und als bedrängt angesehenen Deutschland verlor ihre Bindungskraft erst in der letzten Kriegsphase, als die drohende Niederlage und die fortschreitende Zerstörung Deutschlands Hitlers Kriegspolitik widerlegte", so Ulrich Herbert[45].

Menzels Artikel zum 70. Geburtstag seines akademischen Lehrers Robert Holtzmann in „Forschungen und Fortschritte" von Oktober 1943 enthält den Schlusssatz „In der Zeit charakterlicher Bewährung ist er, sich selbst treu, den Weg gegangen, den ihm innere Verantwortung wies: als Forscher, dem Geschichte inneres Erleben und Ringen um Wahrheit ist, als Lehrer einer Jugend, die es der Sendung des deutschen Volkes zu verpflichten galt, wie

---

[45] *Herbert*, Ulrich: Der deutsche Professor im Dritten Reich. Vier biographische Skizzen, in: Die Deutsche Forschungsgemeinschaft 1920–1970. Forschungsförderung im Spannungsfeld von Wissenschaft und Politik, hg. von Karin Orth/Willi Oberkrome, Stuttgart 2010, S. 483–502, hier S. 489.

als Kämpfer auf den Schlachtfeldern des Weltkrieges bei der Verteidigung der engeren Heimat wie des großen Reiches"[46].

6. Freundschaft mit dem Privatgelehrten Ernst Schulz

Als Hildegunds Tätigkeit bei der DVL in Adlershof am 30. Juni 1939 endete, erhielt sie am Tag zuvor einen sehr liebenswürdigen Brief von Ottokars Münchner Freund Ernst Schulz (1897–1944)[47]. Er gratulierte ihr zu ihrem „Befreiungstag", der ihr in Zukunft mehr Zeit lassen würde, um sich „auf dem Divan der venatio sapientiae", also der Jagd nach der Weisheit, widmen zu können. Seine Anspielungen im Brief sind verschlüsselt, vielleicht nicht ohne Grund, da Hildegund die ,kriegswichtige Tätigkeit' bei der DVL aufgab, um sich wieder der mittelalterlichen Philosophie widmen zu können. Mit dem Brief zusammen erhielt sie eine Urkunde des spätmittelalterlichen Kardinals Nikolaus von Kues zum Geschenk[48], da sie sich nun wieder der Beschäftigung mit seinem Werk zuwandte. Schulz hatte sie, wie er schreibt, in seiner Zeit als Angestellter im Antiquariat von Jacques Rosenthal in München erworben und schenkte sie nun weiter, woraus deutlich wird, dass er inzwischen nicht nur mit Ottokar, sondern auch mit Hildegund befreundet war. Aus seinem Brief wird deutlich, dass er genau über die private und berufliche Situation seiner Freunde in Berlin unterrichtet war.

Ernst Schulz[49] war ,Privatgelehrter': 15 Jahre älter als Ottokar Menzel war er 1897 in Danzig als Sohn eines Arztes geboren worden und litt unter einer angeborenen Gehbehinderung. Er studierte unter anderem in Kiel und promovierte schließlich bei Bernhard Schmeidler (1879–1959) in Erlangen, der dort den Lehrstuhl für mittelalterliche Geschichte und historische Hilfswissenschaften innehatte, bis er 1936, nachdem er an einer Hitler-Rede Kritik geübt und denunziert worden war, in den vorzeitigen Ruhestand versetzt wurde[50].

---

46 Siehe oben S. 49 mit Anm. 30 zu Ottokar Menzels Würdigung und den Nachrufen auf Robert Holtzmann durch seinen Vetter Walther Holtzmann.

47 Ernst Schulz an Hildegund Menzel am 29. Juni 1939 (Kiel, Historisches Seminar der Universität); siehe unten im Anhang S. 203 f.

48 Auch die Urkunde befindet sich im Besitz des Kieler Historischen Seminars. Die Urkunde ist regestiert von *Meuthen*, Erich (Hg.): Acta Cusana. Quellen zur Lebensgeschichte des Nikolaus von Kues Band I Lieferung 3b: 1451 September–1452 März, Hamburg 1996, S. 1317 Nr. 2054, wo unter Berufung auf Äußerungen von Karl Jordan und Helmut G. Walther behauptet wird, die Urkunde sei dem Historischen Seminar Kiel geschenkt worden. Dies entspricht allerdings nicht der Wahrheit; siehe dazu unten S. 166 f.

49 Vgl. das Portrait von *Löffelmeier*, Ernst Schulz S. 144–147 (mit Foto) und unten S. 87 mit Anm. 51.

Nach seiner Promotion wurde Ernst Schulz 1922 Mitarbeiter des berühmten Antiquariats von Jacques Rosenthal in der Brienner Straße in München[51] und machte sich innerhalb kurzer Zeit einen Namen als Kenner der mittelalterlichen Geistesgeschichte wie auch von Handschriften und Inkunabeln. Als er sich 1924 auf eigenen Wunsch als „Paläograph und Mediävist" selbstständig machte, um das Leben eines Privatgelehrten führen zu können, blieb er als Berater dem Antiquariat Rosenthal verbunden und gab 1925 und 1928 zwei Antiquariatskataloge in hervorragender Ausstattung heraus, die zu einem großen Verkaufserfolg wurden[52]. Schulz publizierte sehr scharfsinnige Aufsätze zu mittelalterlichen Quellen und arbeitete für Antiquariate und Verlage, womit er erfolgreich seinen Lebensunterhalt bestritten zu haben scheint. Daneben publizierte er wissenschaftliche Aufsätze und blieb mit den früheren Kollegen im Antiquariat befreundet, die er an seinem großen Wissen teilhaben ließ, so dass sie ihm anerkennend den Spitznamen „Meister E. S." verliehen nach dem berühmten Kupferstecher aus der ersten Hälfte des 15. Jahrhunderts. Auch der später bedeutende Paläograf Bernhard Bischoff (1906–1991) zählte zu den engen Freunden von Ernst Schulz[53], genau wie Ottokar und Hildegund Menzel[54]. Ein Foto aus dem Jahr 1928, auf dem Schulz mit den Söhnen eines Kollegen abgebildet ist, zeigt einen liebenswürdigen und heiter wirkenden Menschen, an dem seine Kollegen den Gleichmut und die Gelassenheit in schwierigen Situationen rühmten.

Schulz, der in der europäischen Literatur und Geistesgeschichte außerordentlich bewandert war, besaß auch eine hervorragende Bibliothek, an der er sehr hing. So hatte er sich 1943 aus der Schweiz das in Zürich erschienene „Glasperlenspiel" von Hermann Hesse besorgt und gelesen, dessen Erschei-

---

50 Vgl. *Jochen Thies*, Architekt der Weltherrschaft. Die „Endziele" Hitlers (1976) S. 23: Schmeidler hatte Kritik an Hitlers Auffassung geübt, das deutsche Volk sei von allen Völkern der Welt am meisten prädestiniert, die Weltherrschaft auszuüben.

51 Vgl. Die Rosenthals. Der Aufstieg einer jüdischen Antiquarsfamilie zu Weltruhm mit Beiträgen von Elisabeth Angermair, Jens Koch, Anton Löffelmeier, Eva Ohlen und Ingo Schwab (2002).

52 Einhundert Handschriften des abendländischen Mittelalters vom neunten bis zum fünfzehnten Jahrhundert (Rosenthal-Katalog 83, 1925) und Einhundert Handschriften des abendländischen Mittelalters vom neunten bis zum fünfzehnten Jahrhundert (Rosenthal-Katalog 90, 1928).

53 Im Nachlass von Bernhard Bischoff bei den MGH in München gibt es einen Krypto-Nachlass Ernst Schulz, da Bischoff 1944 der Haupterbe von Schulz war (München, MGH-Archiv K 195/32).

54 Da Ottokar Menzel die Bekanntschaft mit Ernst Schulz erstmals Ende 1938 in einem Brief an Hermann Heimpel erwähnt, hat er ihn vermutlich während seiner Ausbildungszeit in der Bayerischen Staatsbibliothek kennengelernt; siehe den Brief unten S. 187.

nen in Deutschland verboten worden war[55]. Ottokar wurde vielleicht auch an die große Bibliothek der Weltliteratur, die sein Vater sich in Odessa aufgebaut hatte, erinnert, so dass das Ehepaar Menzel mit dem Freund sicher nicht nur über das Mittelalter, sondern auch über Literatur und Dichtung sprach.

Dass die Nationalsozialisten diesem schöngeistigen Gelehrten zuwider waren, erstaunt nicht und so zog er sich nach der Machtergreifung wohl mehr und mehr in seine Wohnung im dritten Stock der Steinsdorfstraße 8 nahe der Isar zurück. Kontakte pflegte er nur noch zu engen Freunden. In den Kriegsjahren soll er geäußert haben, dass er ohne seine Bibliothek schon „längst Schluss gemacht" hätte[56], so dass eine Neigung zum Suizid schon länger vorhanden war.

Die Freunde hielten in den Kriegsjahren wohl brieflich guten Kontakt und als Ottokar im Sommer 1944 in Berchtesgaden stationiert war, gab er der Schwester einer Kollegin, als sie nach München zurückfuhr, eine Flasche Wein für Schulz mit[57]. Wie viel ihm dieser Freund bedeutete, zeigte sich dann allerdings erst Ende 1944/Anfang 1945.

7. Habilitation des Kriegsverwaltungsrats Ottokar Menzel 1943 in Kiel

Ottokars Tätigkeit in der Kriegsgeschichtlichen Abteilung beim Oberkommando der Wehrmacht ließ ihm anfangs offensichtlich durchaus Freiräume für eigene Forschungen: So berichtet Robert Holtzmann in seinem Tagebuch zum 24. Aug. 1942 offenbar überrascht, er habe seinen Schüler, der krankgeschrieben war, in der Bibliothek getroffen[58].

Offenbar hatte er gegen Jahresende 1942 dann den Eindruck, für eine Habilitation Vorzeigbares über den spätmittelalterlichen Gelehrten Engelbert von Admont erarbeitet zu haben, denn zum 27. Dezember 1942, einem Sonntag, findet sich in Holtzmanns Tagebuch der Eintrag: „Vormittags bei Menzel, der mich zur Habilitation kontaktiert; ich rate zu Kiel, wo Jordan willig ist"[59]. Offenbar hatte der Doktorvater bereits beim ehemaligen Mitarbeiter

---

[55] Ein weiterer Freund von Ernst Schulz, Hans Koch, hat persönliche Erinnerungen an ihn verfasst, die ungedruckt blieben; darin findet sich auch die Information über Hesses Glasperlenspiel. Ich danke Jens Koch, dem Sohn von Hans Koch, der mir diesen Bericht zugänglich gemacht hat.

[56] Vgl. dazu *Löffelmeier*, Ernst Schulz, S. 146.

[57] Marianne Feuersenger an Eva Feuersenger am 10. Januar 1945 (München IfZ, Nachlass Feuersenger ED 344-25 Blatt 51).

[58] *Holtzmann*, Tagebuch zum 24. August 1942, S. 41: „MG (= MGH), Bibliothek, wo ich Menzel treffe, der 14 Tage krank war (Furunkel)".

[59] *Holtzmann*, Tagebuch zum 27. Dezember 1942, S. 53.

des Reichsinstituts, Karl Jordan (1907–1984), wegen Ottokars Ambitionen vorgefühlt, denn woher hätte er sonst wissen können, dass der Kieler Ordinarius bereit war, Ottokars Ambitionen zu unterstützen, während ihm in Berlin nach der Emeritierung seines Doktorvaters ein Befürworter seiner Ambitionen fehlte. Offenbar wurde der Rat des Doktorvaters sehr schnell in die Tat umgesetzt, denn die Antragsformulare der Universität Kiel, unter anderem sein Lebenslauf mit Schriftenverzeichnis und Personalbogen, tragen das Datum des 10. Januar 1943[60]. Noch erstaunlicher aber ist, dass das zweieinhalbseitige Gutachten von Karl Jordan über Ottokars Habilitationsschrift vom 22. Januar 1943 stammt, also keine zwei Wochen nach der Antragstellung geschrieben wurde. Als Zweitgutachter schlug Jordan den Kollegen Otto Becker (1885–1955) vor.

Die Arbeit ist nicht erhalten, denn Ende September 1943 schickte Ottokar in drei versiegelten Paketen seine Engelbert-Materialien und sicher auch seine Habilitationsschrift ans Reichsinstitut zur Aufbewahrung, da er „Berlin für längere Zeit verlasse" – offenbar rechnete er damals mit seiner unmittelbar bevorstehenden Abkommandierung an die Front – und bat um eine Empfangsbestätigung, die ihm am 1. Oktober 1943 geschickt wurde, verbunden mit der Mitteilung, die Pakete seien nach Blankenburg im Harz zur Einlagerung im dortigen Heimatmuseum versandt worden[61]. Diese Materialien sind, wie zahlreiche andere, nach Kriegsende im Salzbergwerk von Stassfurt bei Magdeburg verbrannt, da man sie, um sie zu sichern, 1944 von Blankenburg dorthin gebracht hatte. Dies war eine gravierende Fehlentscheidung, denn die im Harz verbliebenen Materialien überstanden den Krieg unbeschadet, aber Ottokars Arbeitsunterlagen wurden vernichtet[62].

Dass es in Kriegszeiten kaum möglich war, die Textausgabe einer mittelalterlichen Quelle zu vollenden, lag vor allem daran, dass manche Bibliotheken nicht mehr zugänglich waren, allen voran die Abtei Admont, „die … seit dem Sommer – in der Auseinandersetzung zwischen Staat und katholischer Kirche in Österreich – geschlossen und versiegelt worden ist", wie Ottokar Ende Dezember 1938 an Hermann Heimpel schrieb und hinzufügte: „auf eine Klärung der Verhältnisse in Admont warte ich natürlich mit

---

[60] Die Akte zu Ottokars Habilitationsverfahren einschließlich der Gutachten findet sich in Kiel, Landesarchiv Schleswig, Archiv der Christian-Albrechts-Universität Abt. 47 Nr. 6862 (Personalakte Ottokar Menzel) unpaginiert.

[61] Ottokar Menzels Brief vom 30. September 1943, in dem er um eine Empfangsbestätigung für die versendeten Engelbert-Pakete bittet, und die Bestätigung der MGH vom 1. Oktober 1943 findet sich in München, MGH-Archiv B 569 Blatt 253 und 254.

[62] Vgl. dazu zuletzt *Martina Hartmann*, Margarete Kühn und die MGH-Materialien im Salzbergwerk von Staßfurt, in: Historiker zwischen den Zeiten. Festschrift für Karel Hruza zum 60. Geburtstag, hg. von Peter Elbl u. a. (2021) S. 349–356.

Ungeduld"[63]. Diesen Umstand stellte auch Karl Jordan in seinem Gutachten von Januar 1943 in Rechnung, betonte aber die Bedeutung des umfassenden Überblicks über Engelberts umfangreiches Werk, den Menzel gegeben habe, und zwar auf „S. 101–141" der Arbeit, also auf immerhin 40 Seiten; infolgedessen kann diese Habilitationsschrift nicht so dünn gewesen sein[64].

Wenn man bedenkt, dass Ottokars Vater in Kiel 1937 vorzeitig in den Ruhestand geschickt worden war, ist es erstaunlich, dass sein Sohn sich ausgerechnet an dieser Universität habilitieren wollte. Allerdings ist sein Lebenslauf ein besonderes ‚Kunststück‘, das zeigt, dass er sich der Tücken dieser Entscheidung bewusst war und sich sehr geschickt in ein gutes Licht zu setzen versuchte[65]: Angesichts der Tatsache, dass er am 31. Januar 1912 geboren wurde und somit bei Ausbruch des Ersten Weltkrieges gerade zweieinhalb Jahre alt war, mutet Ottokars Formulierung, er sei „während des Weltkrieges … in russischer Zivilgefangenschaft" in Tschorny Jar, Saratov und Noworossijsk gewesen, etwas seltsam an. Den Bibliotheksdienst, den er Anfang April 1938 in München aufgenommen und bereits Ende August wieder quittiert hatte, erwähnte er nicht, sehr wohl aber die Tätigkeit im Statistischen Reichsamt, zu der er erläutert, er sei mit wehrwissenschaftlichen Fragen beschäftigt gewesen. Dass er Angestellter der Akademie für die Herausgabe der Leibniz-Ausgabe eigentlich nur von April 1940 bis April 1942 gewesen war, weil er dann nach Streitigkeiten mit dem Arbeitsstellenleiter alle Materialien zurückgeben musste und auch kein Projekt mehr hatte[66], sagte er so nicht, sondern gab an, immer noch Angestellter der Preußischen Akademie zu sein und seit 1937 Mitarbeiter des Reichsinstituts für ältere deutsche Geschichtskunde. Ferner behauptete er, von Anfang 1941 bis zum Herbst „im Felde" gestanden zu haben, obwohl er erst am 19. Mai 1941 eingezogen worden war und bereits am 21. August wieder nach Berlin zurückkehrte[67]. Ottokars Lebenslauf endet mit den Sätzen: „Dann wurde ich in die kriegsgeschichtliche Abteilung des Oberkommandos der Wehrmacht zum Beauftragten des Füh-

---

63 Ottokar Menzel an Hermann Heimpel am 28. Dezember 1938; siehe unten im Anhang S. 186 f.

64 Das Gutachten Jordans ist auch in der Kieler Personalakte enthalten; siehe oben Anm. 60. Siehe auch unten S. 166: Jordan ließ das einzige Exemplar dieser Habilitationsschrift nach dem Krieg verschwinden. Der Beitrag von Menzel, Staatslehre Engelberts von Admont nennt zahlreiche Handschriften der verschiedenen Engelbertschriften.

65 Siehe Anm. 60.

66 Siehe oben S. 83.

67 Siehe oben S. 78 Anm. 25 zum 19. Mai 1941, dem Tag, als er eingezogen wurde. Der Tag seiner Rückkehr, der 21. August 1941, wird von Hildegund Menzel erwähnt in einem Brief an Joseph Ehrenfried Hofmann vom 25. September 1941 (Berlin, Archiv der Berlin-Brandenburgischen Akademie der Wissenschaften, Leibniz-Ausgabe, Personalakte Nr. 776 [Personalakte Menzel] unpaginiert).

rers für die militärische Geschichtsschreibung versetzt und am 21. November 1941 zum Kriegsverwaltungsrat befördert. Am 1. September 1942 wurde mir vom Chef des Oberkommandos der Wehrmacht das Kriegsverdienstkreuz II. Klasse mit Schwertern verliehen". Offenbar hoffte er, dass dieser Lebenslauf an der Universität Kiel Eindruck machen würde und auch den NS-Dozentenbund über seine fehlende Parteimitgliedschaft und fehlende Aktivitäten in NS-Organisationen hinwegsehen lassen würde.

Dass Ottokar keine zwei Monate, nachdem sein Doktorvater ihm zur Habilitation an der Universität Kiel geraten hatte, bereits seinen Habilitationsvortrag über „Leibniz als Erforscher des deutschen Mittelalters" hielt, nämlich am 25. Februar 1943, ist ein atemberaubendes Tempo. Wir wissen nicht, welche anderen Themen er der Fakultät zur Auswahl eingereicht hatte, aber seine Kollegin in der Kriegsgeschichtlichen Abteilung, die ihm den Vortrag von 25 Seiten getippt hatte, hielt in ihrem Tagebuch zum 19./20. Februar fest: „Gerade dieses Thema hielt er für gänzlich abwegig – es wurde gewählt"[68].

Die Lehrprobe zur Erlangung der Dozentur fand dann allerdings erst am 17. Dezember 1943 statt. Sie wurde auf eine Stunde verkürzt, wie der Dekan in seinem Schreiben zur Verleihung der Dozentur festhielt, „mit Rücksicht darauf, dass Dr. Menzel seit dem Frühjahr 1941 zum Wehrdienst einberufen ist"[69]. Als Thema wählte Ottokar Kaiser Karl IV. (1316–1378), denn er hatte zum 70. Geburtstag seines Doktorvaters die Autobiographie des Kaisers in einer Übersetzung mit Einleitung herausgegeben[70].

Vermutlich aber war es Ottokar möglich, dieses Büchlein, das in seinen am Jahresanfang 1943 für die Habilitation eingereichten Unterlagen bereits als „im Druck" bezeichnet wird, trotz Papierknappheit im Verlagsprogramm zu platzieren, weil, wie das Vorwort deutlich macht, der ‚deutsche' König und Kaiser Karl IV. mit seiner Herkunft aus Böhmen, seiner „Errichtung der ersten Universität auf Reichsboden in Prag (1348) den Deutschen" ein großes „Vermächtnis" hinterlassen habe und in einer Epoche lebte, „in der Entscheidendes im Werden unseres Volkes und Reiches geschah", wie Ottokar in der Einleitung schrieb[71].

Als er am 17. Dezember 1943 seine Lehrprobe in Kiel hielt, hatte er keine vier Wochen zuvor, nämlich am 22. November, bei einem erneuten Bombenangriff auf Berlin, der auch seine Wohnung traf, den wertvollsten Teil seiner

68 *Feuersenger*, Im Vorzimmer der Macht, S. 154.
69 Siehe oben Anm. 60.
70 Siehe dazu unten S. 92.
71 *Menzel*, Autobiographie Karls IV., S. 24 (die Widmung an Robert Holtzmann findet sich auf S. 6).

Bücher verloren; auch seine Dienststelle war ausgebombt worden, so dass im zerstörten Berlin nach einem Ausweichquartier gesucht werden musste[72]. Obwohl dies zusätzliche nervliche Belastungen gewesen sein müssen, war seine Lehrprobe offenbar glänzend, denn der Dekan bescheinigte Ottokar, einen „gut aufgebauten und sprachlich gewandten Vortrag" gehalten zu haben und ein „eindrucksvolles Bild von der Persönlichkeit und dem Werke Karls IV. gegeben" zu haben. Die Würdigung endet mit den Sätzen: „Die Lehrprobe zeigte die Begabung Menzels, die Grundlinien eines verwickelten politischen und geistigen Geschehens klar herauszuarbeiten und seine Hörer durch die eigene persönliche Verbundenheit mit seiner Aufgabe für die dargestellten Probleme zu interessieren und sie zu ihrer Beurteilung anzuregen. Auf Grund dieser Leistung verspricht Dr. Menzel eine fesselnde Lehrpersönlichkeit zu werden"[73].

Dass er nach Verleihung der Dozentur in Kiel gelehrt hat, ist aufgrund seiner Tätigkeit in der Kriegsgeschichtlichen Abteilung, die besonders im Jahr 1944 arbeitsintensiv war, auszuschließen, denn die anderen Mitarbeiter waren nach und nach abgezogen worden, so dass nur Ottokar Menzel zusammen mit der Abteilungssekretärin übrigblieb[74]. Daher sind seine Ausgabe der Autobiographie Karls IV. und die wissenschaftliche Würdigung seines Lehrers Robert Holtzmann die letzten wissenschaftlichen Werke aus seiner Feder.

---

[72] Siehe unten S. 126.

[73] Siehe oben Anm. 60.

[74] Siehe unten S. 120 f.

V. Ottokar Menzel in der Kriegsgeschichtlichen Abteilung im Oberkommando der Wehrmacht

1. Die „Kriegsgeschichtliche Abteilung im OKW"

Das Oberkommando der Wehrmacht (OKW), das Hitler 1938 als General-stab geschaffen hatte, war zusammen mit dem Oberkommando des Heeres, dem Oberkommando der Marine und dem Oberkommando der Luftwaffe die wichtigste militärische Organisation, die im Krieg die Planungsaufgaben übernahm und direkt dem Obersten Befehlshaber Adolf Hitler unterstellt war. An der Spitze standen die ihm ergebenen Generäle Wilhelm Keitel (1882–1946) und Alfred Jodl (1890–1946)[1].

Zum 1. Februar 1941 ließ Hitler dann im OKW eine kriegsgeschichtliche Abteilung einrichten[2], die unter Leitung von Oberst Walter Scherff (1898–1945) stand, der – ähnlich wie Jodl – Hitlers besonderes Vertrauen genoss. Diese Abteilung hat bislang in der Forschung wenig Aufmerksamkeit gefun-den. Gegründet wurde sie, als Hitler den Angriff auf die Sowjetunion bereits beschlossen hatte, und so zeigt sich einmal mehr, welch große Bedeutung die nationalsozialistische Führung der Geschichte und ihrer Instrumentalisierung zur Rechtfertigung und Verherrlichung der eigenen Politik zuwies.

Da der ‚Führer' diesen Krieg selbst als oberster Feldherr zu einem siegrei-chen Ende zu führen gedachte, suchte er nach einem geeigneten ‚Geschichts-schreiber', der dies mit literarischem Anspruch verherrlichen sollte. Protegiert durch General Jodl wurde Walter Scherff, seit 1938 als Generalstabsoffizier beim Oberkommando des Heeres und interessiert an Kriegsgeschichte, diese Rolle zuteil. Im September 1941 wurde er zum Oberst im Generalstab beför-dert und am 17. Mai 1942 wurde er durch einen Erlass Hitlers „Beauftragter

---

[1] Vgl. *Schott*, Franz Josef: Der Wehrmachtführungsstab im Führerhauptquartier 1939 bis 1945, Diss. phil. Bonn 1980.

[2] Vgl. zur Kriegsgeschichtlichen Abteilung *Pyta*, Hitler, S. 305–324, bes. S. 315 ff. zu Walter Scherff und seinen Mitarbeitern. Ein Plan, wie die Abteilung auf-gebaut und mit welchen Personen sie besetzt war, findet sich bei *Feuersenger*, Im Vorzimmer der Macht, S. 91–93 (Stand 1.12.1941) und, allerdings unvollständig und fehlerhaft, bei *Grimm*, Vier Jahre als Forscher, S. 25 f. (IfZ S. 33 f.), S. 65 (IfZ S. 73), S. 83 (IfZ S. 91), S. 118 (IfZ S. 126), S. 144 f. (IfZ S. 153 f.).

des Führers für die militärische Geschichtsschreibung", was seine Stellung im Generalstab stärkte[3].

Der Text dieses Führererlasses beginnt mit den Worten: „Wie das gewaltige Geschehen dieses Krieges eine Einheit darstellt, so muss seine Geschichte auch nach einheitlichen Gesichtspunkten geschrieben werden. Ich habe daher den Oberst d. G. Scherff mit der grundlegenden Darstellung des großdeutschen Freiheitskampfes beauftragt, ihn für die entsprechende Ausrichtung des gesamten militärischen Schrifttums verantwortlich gemacht und ihm zunächst das Ziel gesetzt, alle Grundlagen für diesen Zweck zu schaffen … Oberst Scherff führt unter Beibehalt seiner Stellung als Chef der Kriegsgeschichtlichen Abteilung des Oberkommandos der Wehrmacht die Dienstbezeichnung: Oberkommando der Wehrmacht. Der Beauftragte des Führers für die militärische Geschichtsschreibung"[4].

Im Juni 1942 wurden Scherff dann auch die Kriegsgeschichtliche Abteilung des Heeres, der Chef der Heeresarchive sowie der Chef der Heeresbüchereien untergeordnet und außerdem wurde ihm die Schriftleitung der vier Mal im Jahr erscheinenden Militärwissenschaftlichen Rundschau übertragen[5]. 1943 wurde er dann zum Generalmajor befördert und nahm an allen Lagebesprechungen Hitlers teil. Nachdem er beim Attentat vom 20. Juli 1944 schwer verwundet worden war, fiel er allerdings eine Zeitlang aus und wurde durch seinen Adjutanten, Rittmeister Wilhelm Heinrich Scheidt, vertreten[6].

Scherff benötigte zur Erfüllung seiner ihm von Hitler gestellten Aufgaben eine größere Gruppe von Mitarbeitern, die als Fachhistoriker und Archivare ausgebildet waren, da er selbst zwar gebildet, aber kein (Militär-)Historiker war. Außerdem fiel ihm das Schreiben nicht leicht, so dass er bis 1941 keine Aufsätze oder Abhandlungen verfasst hatte.

---

[3] Am ausführlichsten berichten *Grimm*, Vier Jahre als Forscher, und *Feuersenger*, Im Vorzimmer der Macht, über Scherff. Eine biographische Abhandlung über ihn fehlt bislang; seinen militärischen Werdegang zeichnet *Heiber*, Hitlers Lagebesprechungen, S. 39 nach.

[4] Vgl. *Moll*, Martin: Führer-Erlasse 1939–1945. Edition sämtlicher überlieferter, nicht im Reichsgesetzblatt abgedruckter, von Hitler während des Zweiten Weltkrieges schriftlich erteilter Direktiven aus den Bereichen Staat, Partei, Wirtschaft, Besatzungspolitik und Militärverwaltung, Stuttgart 1997, Nr. 161 (17. Mai 1942), S. 251 f.

[5] Vgl. *Poll*, Bernhard: Vom Schicksal der deutschen Heeresakten und der amtlichen Kriegsgeschichtsschreibung, in: Die Welt als Geschichte 12 (1952) S. 61–68, hier S. 65 f.

[6] Vgl. dazu *Feuersenger*, Im Vorzimmer der Macht, S. 233: „Scheidt erhielt sofort den Befehl, seinen Chef zu vertreten. Der Rittmeister d.R. (das war er inzwischen geworden) den Herrn Generalmajor!" und S. 235.

Wie der neue Beauftragte des Führers sich die Arbeit seiner Abteilung vorstellte, beschrieb der einzige von ihm selbst ausgesuchte Mitarbeiter, Claus Grimm, in seinen 1964 niedergeschriebenen Erinnerungen, da ihm Scherff in einem langen Gespräch in der Kleinen Reichskanzlei in Bischofswiesen Anfang Februar 1941 entfaltet hatte, wie er sich seine Mitarbeiter und die Arbeit seiner Abteilung vorstellte: Er werde in der kriegsgeschichtlichen Forschung „revolutionär ganz etwas Neues gestalten" und wolle als Mitarbeiter „nicht eng ausgebildete Militärs wählen, sondern vom militärischen Denken völlig unbelastete Zivilisten"; er wolle eine „neue, zeitgerechte, lebendige Form der Darstellung von Kriegsgeschichte kreieren" und damit die Skeptiker und Gegner Hitlers überzeugen. „Durch geschichtliche Vergleiche, insbesondere Zitate", so glaubte Scherff, „könne man diejenigen überzeugen, die noch nicht für den Führer und seine Politik begeistert seien. Insbesondere die Psychologie und die Literatur sei für die Arbeit und die Publikationen der Abteilung heranzuziehen. Absetzen wollte er sich damit von der militärgeschichtlichen Darstellung wie man sie von General Friedrich von Cochenhausen und anderen gewohnt sei[7].

Angesichts dieser besonderen Einstellung zur Militärgeschichtsschreibung wird Scherff gegen die Einstellung des begabten jungen Mediävisten Ottokar Menzel, der eine Professur anstrebte und kein begeisterter Soldat war, nichts einzuwenden gehabt haben, zumal sein Adjutant Scheidt ihn empfahl.

Die zwei wesentlichen Aufgaben der Kriegsgeschichtlichen Abteilung hat Wolfram Pyta, der sich vor wenigen Jahren ausführlicher mit ihr beschäftigt hat, benannt, nämlich zunächst Sammelstelle zu sein für alle schriftlichen Zeugnisse, die Hitlers militärische Führungsentscheidungen betrafen. Aus diesem Grund wurden in der Berliner Zentrale alle kriegshistorisch relevanten Unterlagen zusammengetragen und von den Mitarbeitern archiviert; dies war in all den Jahren der Schwerpunkt der Arbeit. Die zweite Aufgabe bestand nach Pyta in der Dokumentation der Geschichte des Krieges und ihrer literarischen Verarbeitung[8]. Daraus ergibt sich, dass es neben dem offiziellen Kriegstagebuch, welches zunächst von Helmuth Greiner (1892–1958) und ab März 1943 von Percy Ernst Schramm (1894–1970) geführt wurde[9], eine Darstellung geben sollte, die Hitler und sein Feldherren-Genie in den Mittelpunkt stellen und die Verdienste des Führers gebührend würdigen sollte. Von Hitlers Genie war Walter Scherff zutiefst überzeugt, genau wie Alfred Jodl, „ein Schreibtischgeneral, der in Plänen und Karten denkt, in großen Zahlen, wie der Chef vom Feldherrntum überzeugt", so die Abtei-

---

[7] Diese Ansichten Scherffs referiert *Grimm*, Vier Jahre als Forscher, S. 5 f. (IfZ S. 13 f.).

[8] Vgl. *Pyta*, Hitler, S. 313 ff.

[9] Siehe dazu unten S. 100.

lungssekretärin Marianne Feuersenger in ihrem Tagebuch[10]. Jodl ließ daher auch Scherff völlig freie Hand in der Führung der Abteilung.

Percy Ernst Schramm hat nach dem Krieg ein vernichtendes Urteil über die Kriegsgeschichtliche Abteilung gefällt, denn er hielt sie von Anfang an für eine „Fehlkonstruktion", da ihr Leiter Walter Scherff zwar ein „Wissensträger ersten Ranges" gewesen sei, dem aber jede historische Schulung gefehlt habe, und dem schließlich auch noch die Archivverwaltung der Wehrmacht unterstellt worden sei, ohne dass er je vorher damit zu tun gehabt hätte, so dass er „sich den Anschein großer Amtsbelastung" habe geben können und damit einen neuen Vorwand gehabt hätte, nichts niederzuschreiben[11]. Ob allerdings richtig ist, was Schramm behauptete, nämlich dass Scherff keine Aufzeichnungen machte, ist fraglich, denn Marianne Feuersenger hat heimlich von einigen Notizen ihres Chefs einen Durchschlag für sich angefertigt und 1982 in ihr Buch integriert[12].

Vieles, was in dieser Abteilung in den vier Jahren ihres Bestehens vom 1. Februar 1941 bis zum 1. Februar 1945 produziert wurde, ist jedoch verloren oder bewusst vernichtet worden, aber die Arbeit lässt sich aufgrund von Erinnerungen der Beteiligten ungefähr rekonstruieren, so dass in groben Zügen auch die Rolle von Ottokar Menzel erkennbar wird.

2. Dramatis personae

In der Abteilung war er der einzige Mediävist, denn alle anderen Kollegen waren promovierte Militärhistoriker und Schüler des Berliner Militärhistorikers Walter Elze. Grund dafür, dass er in der Abteilung angestellt wurde, war allein die Freundschaft Menzels zu Scherffs Adjutant Wilhelm Heinrich Scheidt. Offenbar führte diese Konstellation von vornherein zu Spannungen zwischen Scheidt und Grimm, der von Scherff ausgewählt worden war und sich als Außenseiter fühlte, weil er davon ausging, dass alle anderen Mitarbeiter immer auf Scheidts Seite sein würden, da sie ihm ihre Befreiung vom Fronteinsatz verdankten.

Claus Grimm (1909–1987)[13] hatte sich 1939 in Berlin mit einer Arbeit über „Jahre deutscher Entscheidung im Baltikum 1918/19" habilitiert und trat am 1. Februar 1941 seinen Dienst in der Abteilung an. Genau wie Ottokar Menzel sprach er Russisch, was angesichts der Aufgabe, Hitler als Feld-

---

10 *Feuersenger*, Im Vorzimmer der Macht, S. 106.
11 Vgl. *Schramm*, Kriegstagebuch IV, 2 S. 1773 f.
12 Vgl. *Feuersenger*, Im Vorzimmer der Macht, S. 106–110.
13 Vgl. zu Claus Grimm den Nachruf von Werner Dobras, der allerdings kaum auf die Kriegszeit eingeht.

herrn des Krieges gegen die Sowjetunion darzustellen, nicht unwichtig war. Damit gab es in der Abteilung zwei Mitarbeiter, die russischsprachige Dokumente lesen konnten, aber im Unterschied zu seinem Kollegen war Grimm ein begeisterter Soldat und erkannte klar, dass Scheidt Ottokar „in dieser kriegerischen Zeit eine sichere Oase verschafft" hatte, da er „Scheu vor dem Soldatenhandwerk" gehabt habe[14].

Erst 1964 schrieb er auf Anregung des Militärarchivs seine bis heute ungedruckten Erinnerungen unter dem Titel „Vier Jahre als Forscher in der kriegsgeschichtlichen Abteilung" nieder, die interessante Details über die Arbeit liefern, aber sehr tendenziös sind in der Charakterisierung von Kollegen und Vorgesetzten; außerdem erinnerte Grimm sich nicht in allen Punkten korrekt, so dass die Aufzeichnungen von Marianne Feuersenger als Ergänzung und Korrektur wertvoll sind. Über alle Kollegen bis auf Ottokar Menzel

Abb. 10: Ottokar in der Uniform des Kriegsverwaltungsrats 1942 (privat)

---

[14] *Grimm*, Vier Jahre als Forscher, S. 48 (IfZ S. 56).

fällte Grimm vernichtende Urteile, die zeigen, wie sehr er in der Abteilung Außenseiter war und blieb. Seine große Verehrung für Scherff und Jodl war auch 1964 noch ungebrochen[15].

Wilhelm Heinrich Scheidt (1912–1954) wurde im gleichen Jahr geboren wie Ottokar Menzel und promovierte 1937, also zwei Jahre nach ihm, bei Walter Elze. Der Titel seiner Dissertation lautete „Von der Weisheit Goethes über und für die Geschichte"[16]. Im Anschluss bewarb sich Scheidt erfolgreich bei der Deutschen Forschungsgemeinschaft um ein Stipendium[17]. Seine Arbeit galt einem militärgeschichtlichen Thema, nämlich der Biographie des Freiherrn Wilhelm Leopold Colmar von der Goltz (1843–1916), dem preußischen Generalfeldmarschall und Militärhistoriker, der sich an der Reorganisation der osmanischen Armee beteiligt hatte. Damals hoffte Scheidt noch auf eine akademische Karriere, pflegte Kontakte zum Reichsinstitut für ältere deutsche Geschichtskunde und übernahm 1937 auch zwei Buchbesprechungen für die Hauszeitschrift, das Deutsche Archiv für die Geschichte des Mittelalters[18]. Als er sah, dass er an der Berliner Universität nicht weiterkam, weil es Vorbehalte gegen seinen Lehrer Walter Elze gab, verlegte er, der 1933 in die SS eingetreten war, sich ab 1938 auf eine militärische Karriere, wurde Leutnant der Reserve und war beim Überfall der deutschen Wehrmacht auf Polen am 1. September 1939 und dem Einmarsch ins Sudetenland dabei[19]. Als Helmuth Greiner im August 1939 die Führung des Kriegstagebuches übernahm, wurde Scheidt sein Mitarbeiter. Im Februar 1941 wechselte er dann als Adjutant zu Walter Scherff, was einige Eifersüchteleien zwischen diesem und Scheidts Doktorvater Walter Elze auslöste, der ur-

---

15 Vgl. *Grimm*, Vier Jahre als Forscher, S. 15–17 (IfZ S. 23–25) über Scherff und S. 109–111 (IfZ S. 117–119) über Jodl.

16 Vgl. zu Wilhelm Heinrich Scheidt *Pyta*, Hitler, S. 317 f. Scheidts Dissertation „Von der Weisheit Goethes über und für die Geschichte" erschien 1937 im Verlag Junker und Dünnhaupt, 1936 gab Scheidt als Band 9 der „Kriegsgeschichtlichen Bücherei" den Band „Die Kanonade von Valmy 1792" heraus. Ausgesprochen negativ äußerten sich über Scheidt *Grimm*, Vier Jahre als Forscher, S. 27 (IfZ S. 35) und *Schramm*, Kriegstagebuch IV, 2 S. 1773 („Mann ohne Charakter") und S. 1819 f.

17 Bundesarchiv-Lichterfelde R73/14254: Scheidts Stipendienanträge für ein Projekt über Generalfeldmarschall Colmar Freiherr von der Goltz (Bewilligung von Stipendien für den Zeitraum vom 1.8.1937 bis 31.3.1938 und vom 1.4.1938 bis 31.3.1939).

18 Zwei Postkarten Scheidts an Hans-Eberhard Lohmann, den damaligen Geschäftsführer der MGH, liegen in München, MGH-Archiv B 572 Blatt 102–104 („herzlich grüßend in alter Herzlichkeit" … sehen wir uns bald mal wieder bei einem guten Trunk"); Scheidts Besprechungen, in: Deutsches Archiv für Geschichte des Mittelalters 2, 1938, S. 251 (*Viktor Poschenburg*, Die Schutz- und Trutzwaffen des Mittelalters, 1936) sowie S. 287 (*Hans Naumann*, Der staufische Ritter, 1936).

19 Vgl. seine Personalakte im Reichswissenschaftsministerium (Bundesarchiv-Lichterfelde R4901/13275), aus der sein Werdegang ablesbar ist.

sprünglich auch in der Abteilung mitarbeiten sollte, aber bereits im April 1941 wieder ausscheiden musste, da er mit seinen eigenen Ambitionen zur Verherrlichung des Führers Walter Scherff in die Quere gekommen war[20].

Scheidt wählte neben Ottokar Menzel als Mitarbeiter der Abteilung Heinrich Wiegand Petzet (1909–1997) aus, der 1938 mit einer Dissertation über „Tanger und die Britische Reichsbildung" promoviert worden war, Gerhard Fischer (??), der 1939 eine Arbeit mit dem Titel „Der junge Napoleon" abgeschlossen hatte, und Felix Hartlaub (1913–1945), der ebenfalls 1939 über „Don Juan d'Austria und die Schlacht bei Lepanto" seine Doktorarbeit vorgelegt hatte.

Während man über das weitere Schicksal von Gerhard Fischer kaum etwas weiß, überlebte der aus vermögendem Haus stammende Heinrich Wiegand Petzet (1909–1997)[21] den Krieg und wurde Schriftsteller. Er verfasste Bücher über den Dichter Rainer Maria Rilke und den Philosophen Martin Heidegger, bei dem er studiert hatte und mit dem er nach dem Krieg freundschaftlich verbunden war[22].

Der heute bekannteste von den Mitarbeitern der Abteilung aber, der allerdings nur kurze Zeit bei der Kriegsgeschichte arbeitete und dann für das Kriegstagebuch angefordert wurde, ist Felix Hartlaub (1913–1945)[23]. Er war der Sohn des Kunsthistorikers und Direktors der Mannheimer Kunsthalle Gustav Hartlaub (1884–1963), der den Begriff „Neue Sachlichkeit" im Zusammenhang mit einer Ausstellung über nach-expressionistische Künstler prägte. Nach der Machtergreifung der Nationalsozialisten wurde Gustav Hartlaub entlassen und lebte von kleinen Auftragsarbeiten und dem Vermögen der Schwiegereltern seiner zweiten Frau Erika, der Stiefmutter der drei Kinder Felix, Michael und Genovefa. Felix Hartlaub mit großem Talent zum Zeichnen und zum Schreiben, der seinen Eltern von klein an als Wunderkind galt, studierte Romanistik und Geschichte in Heidelberg und Berlin und promovierte, wie bereits erwähnt, bei Walter Elze. Bei Ausbruch des Zweiten

---

[20] Im Bundesarchiv – Freiburg RW9/29 liegt dazu eine Akte von Walter Scherff mit Gesprächsprotokollen und Aktennotizen vom März 1941 zu seiner Trennung von Walter Elze als Mitarbeiter der Abteilung vor. Vgl. zu Elze auch die oben S. 50 Anm. 34 genannte Literatur.

[21] Petzet wird oft erwähnt von *Feuersenger*, Im Vorzimmer der Macht; Felix Hartlaub schreibt an seinen Vater, dass Petzet wohlhabend war („Großkapitalist"; vgl. *Ewenz*, In den eigenen Umriss gebannt, 1 S. 534).

[22] Vgl. *Heinrich Wiegand Petzet*, Auf einen Stern zugehen. Begegnungen und Gespräche mit Martin Heidegger 1929–1976 (1983) und dazu *Vitzthum*, Der Historiker Walter Elze, S. 281.

[23] Vgl. zu Hartlaub die Biographien von *Monika Marose*, Unter der Tarnkappe, und *Matthias Weichelt*, Der verschwundene Zeuge, sowie die zweibändige Werkausgabe „In den eigenen Umriss gebannt" von *Gabriele Lieselotte Ewenz*.

Weltkrieges wurde er zur Wehrmacht eingezogen, aber im Dezember 1940 besorgte ihm sein Doktorvater eine Abkommandierung nach Paris in die sog. Archivschutzkommission, die dort beschlagnahmte Akten sichtete. Nach erneutem kurzem Fronteinsatz in Rumänien erhielt Felix Hartlaub durch Fürsprache von Wilhelm Scheidt die Stelle in der Abteilung Kriegsgeschichte[24], im Mai 1942 wurde er dann der Abteilung Kriegstagebuch zugeteilt und so der wichtigste Mitarbeiter von Percy Ernst Schramm, der Helmuth Greiner im März 1943 ablöste[25]. In seinen Briefen an den Vater und die Stiefmutter berichtete Felix Hartlaub wiederholt über Treffen mit seinem Kollegen Ottokar Menzel und erwähnt auch dessen Frau Hildegund[26]. Als die u.k.-Stellung von Felix Hartlaub im März 1945 aufgehoben wurde und er sich nach einem kurzen Urlaub Anfang April in der Kaserne melden sollte, verliert sich seine Spur am S-Bahnhof Nikolassee, denn in Spandau, wo er sich einfinden sollte, kam er nie an[27]. Ende 1955, nachdem die letzten deutschen Kriegsgefangenen aus Russland Deutschland zurückgekehrt waren, ließ die Familie, die bis dahin noch die Hoffnung gehabt hatte, Felix sei in Gefangenschaft geraten, ihn für tot erklären[28]. In den vergangenen Jahren sind sowohl seine Dissertation[29], als auch seine Briefe und fragmentarischen Schriften herausgegeben worden und er wurde als ‚Zeitzeuge‘ dieser Kriegsjahre entdeckt.

Neben den Schriften und Briefen von Felix Hartlaub und den nach dem Krieg verfassten Erinnerungen von Claus Grimm sind als Quelle für die Abteilung und für Ottokar Menzel die Tagebuchaufzeichnungen und Briefe der Abteilungssekretärin Marianne Feuersenger wichtig, da sie aus einer anderen Perspektive geschrieben sind, nicht aus der Perspektive eines Akademikers und Forschers der Abteilung, sondern der einer gut beobachtenden und klugen Sekretärin. Marianne Feuersenger[30] wurde 1919 in Potsdam geboren und stammte aus einer gebildeten, gutbürgerlichen Familie. 1934, als sie 15 Jahre alt war, wurde ihr Vater Otto Feuersenger, Lehrer und Erziehungsleiter des

---

24 Vgl. dazu *Ewenz*, In den eigenen Umriss gebannt, 2 S. 178 und 214: ein nicht in die Edition aufgenommener Brief von Scheidt an Hartlaub vom 11. März 1941.

25 Vgl. *Schramm*, Kriegstagebuch IV, 2, S. 1815 f. („Einschub: Dr. phil. Felix Hartlaub").

26 Siehe unten S. 112.

27 *Ewenz*, In den eigenen Umriss gebannt, 2 S. 321 f.

28 Ebda. S. 7 mit Anm. 3 und S. 43.

29 Die Dissertation von Felix Hartlaub wurde von Wolfram Pyta und Wolfgang M. Schwiedrzik mit Vor- und Nachwort versehen neu herausgegeben: *Felix Hartlaub*, Don Juan d'Austria und die Schlacht bei Lepanto (2017).

30 Vgl. zu Marianne Feuersenger den Artikel von *Anke Weschenfelder*, Marianne Feuersenger, in: Wilhelm Kosch, Deutsches Literaturlexikon. Das 20. Jahrhundert Bd. 8, 2005, S. 510 sowie vor allem ihr Zeitzeugeninterview vom 12.11.1997 (Haus der Bayerischen Geschichte, Bildarchiv), wo sie Kindheit und Jugend sowie ihren beruflichen Werdegang ausführlich dargestellt hat.

Großen Militärwaisenhauses in Potsdam, einer Einrichtung zur Erziehung und Ausbildung von Soldatenkindern und Militärwaisen, aus dem Beamtenverhältnis entlassen, weil er Freimaurer war wie auch andere Männer seiner Familie und dem NS-Regime von Anfang an kritisch gegenüberstand. Die Tochter weigerte sich, in den BDM einzutreten und wurde daher bei ihren Bewerbungen als Bibliothekarin und bei der Reichspost abgewiesen. Nicht gefragt nach einer Mitgliedschaft im BDM wurde dagegen ausgerechnet bei der Wehrmacht und so wurde Marianne Feuersenger zunächst Sekretärin beim Heereswaffenamt. Ihr Vater, der die Zeit nach seiner Zwangspensionierung nutzte, um eine Geschichte seines Regiments zu verfassen, hielt sich oft im Potsdamer Heeresarchiv auf und lernte dort Helmuth Greiner kennen, der die junge Frau, die nicht länger beim Heereswaffenamt tätig sein wollte, für die neue etablierte Abteilung empfahl und so war sie, als 1941 die Abteilung „Kriegsgeschichtsschreibung beim Oberkommando der Wehrmacht" eingerichtet wurde, von Anfang an als Sekretärin dabei. Für eine damals noch junge Frau, die bei Kriegsende erst 26 Jahre alt war, hatte sie einen kritischen Blick, was Vorgesetzte und Kollegen anbelangt, und ließ sich nicht über Gebühr beeindrucken. Allerdings zeigen ihre Aufzeichnungen, die sie 1982 erstmals publizierte[31], dass Ottokar Menzel für sie der wichtigste Kollege in der Abteilung war, dem sie vertraute und den sie bewunderte. Dies lag nicht nur daran, dass er fast als einziger bis zur Auflösung der Abteilung angestellt war und sie daher bis Ende Januar 1945 eng mit ihm zusammenarbeitete, während die anderen Mitarbeiter nach und nach eingezogen wurden oder wie Felix Hartlaub die Abteilung wechselten, sondern weil sie ihn für humorvoll, zuverlässig und hilfsbereit hielt.

3. Aufbau und Aufgaben der Kriegsgeschichtlichen Abteilung

Aus den Aufzeichnungen von Claus Grimm kann man sich ein ungefähres Bild machen, welche Aufgaben beim Aufbau dieser neuen Abteilung am Anfang standen und wofür die wissenschaftlichen „Hilfsarbeiter" wie Ottokar Menzel gebraucht wurden.

Zunächst musste eine Handbibliothek aufgebaut werden, d.h. es mussten Quellen und Literatur zu verschiedenen militärgeschichtlichen Themen beschafft werden. Claus Grimm schätzte, dass die Abteilungsbibliothek Ende 1941 über 2.000 Bände umfasste mit Lexika zur Kriegswissenschaft und zu Sprachen, „Veröffentlichungen des Generalstabes und die Klassiker der Kriegsgeschichte ... Werke der allgemeinen politischen Geschichte, der Erd-

---

31 *Marianne Feuersenger*, Mein Kriegstagebuch. Zwischen Führerhauptquartier und Berliner Wirklichkeit, Freiburg im Breisgau 1982; hier zitiert nach der Neuauflage von 1999: Im Vorzimmer der Macht.

kunde und Lexika der Literaturgeschichte. Es folgten Bücher schöngeistigen Inhalts ... und die gesammelten Werke von Nietzsche"[32]. Wenn die Abteilungsbibliothek das Benötigte nicht enthielt, wurde es aus der Berliner Universitäts- oder der Staatsbibliothek ausgeliehen. Als der für die Abteilungsbibliothek zuständige Mitarbeiter erfuhr, dass die SS in Berlin ein Depot mit tausenden von Büchern aus Russland angelegt hatte, versuchte er, aus diesem Bestand etwas zu bekommen, erhielt aber lediglich „die große Sowjetenzyklopädie und einige Werke der militärischen Fachliteratur", da die anderen Bücher für die SS-Akademie in Graz bestimmt gewesen seien.

Die zweite Aufgabe bestand, wie schon erwähnt, in der Beschaffung, Verwahrung und Verwaltung der Akten[33]. Da die Verlautbarungen Hitlers und alle einschlägigen Dokumente aus dem Führerhauptquartier gesammelt werden mussten, damit Walter Scherff die Geschichte von „Hitlers Krieg" schreiben konnte, fielen Unmengen von Akten an, die zu verarbeiten waren. Die Aufgabe der „Staffel Berlin der Abteilung Kriegsgeschichtsschreibung", so die Bezeichnung, bestand nach Claus Grimm wesentlich darin, Mittelstelle zu sein zwischen Scherff im Führerhauptquartier und dem Archiv, das 1943 wegen der zunehmenden Bombenangriffe auf Berlin nach Liegnitz ausgelagert wurde. Im Oktober 1944 wurde es aber wegen des Rückzugs der deutschen Truppen im Osten wieder zurückverlegt, und zwar nach Potsdam. Marianne Feuersenger notierte Ende September 1943, der Postverkehr sei „stark, weil die Kurieroffiziere fast täglich die dicken Protokolle von den Lagebesprechungen herbringen, die dann wiederum von unsern Liegnitzer Kurieren abgeholt werden"[34]. Scherffs Adjutant Scheidt fuhr selbst mit Aktenmappen nach Liegnitz, um diese abzuliefern und sich ein Bild von der dortigen Archivsituation zu machen. Da es sich um streng geheime Dokumente handelte, wurde, wie Claus Grimm schreibt, jedem Mitarbeiter eingeschärft, das Büro und den Panzerschrank bei Verlassen das Zimmers sorgfältig abzuschließen, denn die Mitarbeiter würden, „wenn beim Kriegstagebuch auch nur eine Seite fehlen sollte, unweigerlich der Untersuchung durch die Abteilung Abwehr verfallen"[35]. Außerdem teilte Scheidt Grimm mit, dass

---

[32] Vgl. *Grimm*, Vier Jahre als Forscher, S. 20 f. (IfZ S. 28 f.) und S. 52 f. (IfZ S. 60 f.) zum Aufbau der Abteilungsbibliothek und S. 73 (IfZ S. 81) zum Depot der SS in Berlin mit Büchern aus Russland.

[33] Vgl. *Grimm*, Vier Jahre als Forscher, S. 144 f. (IfZ 152 f.) und S. 152 (IfZ S. 160) zur Zusammensetzung der Abteilungen in Berlin und Liegnitz sowie *Feuersenger*, Im Vorzimmer der Macht, S. 181 zum „Kurierumschlagplatz ‚Staffel Berlin' " und ebda. zu Scheidts Besuch in Liegnitz.

[34] *Feuersenger*, Im Vorzimmer der Macht, S. 181.

[35] Vgl. *Grimm*, Vier Jahre als Forscher, S. 144 (IfZ 152) zur Auflage, alles im Büro zu verschließen, nicht über die Aufgaben zu reden sowie zur Beobachtung durch die Gestapo.

jeder Forscher, bevor er eingestellt werden konnte, eine Zeitlang von der Gestapo beobachtet worden sei. Das wird auch bei Ottokar Menzel der Fall gewesen sein. Und in Vertretung von Scheidt wird er vermutlich ebenfalls wiederholt Akten transportiert haben, auch wenn Marianne Feuersenger dies nur für den 6. August 1944 notiert hat, als er von Berchtesgaden aus Akten in die Reichshauptstadt bringen musste[36].

Es wurde also eine ungeheure Aktenfülle transportiert und archiviert, ohne dass auch nur eine Seite zur Verherrlichung von Hitler als Feldherr geschrieben wurde, denn Walter Scherff war dazu viel zu beschäftigt, da er sich ständig in der Nähe des Führers aufhalten musste. Spätestens nach der Katastrophe von Stalingrad 1943 gab die Lage an den verschiedenen Fronten dann kaum mehr Stoff für eine ‚Heldengeschichte' ab.

Was die einzelnen Mitarbeiter für Aufgaben auszuführen hatten, ist dagegen nicht leicht festzustellen, da der Führerbefehl Nr. 1 lautete, dass kein Forscher wissen solle, worüber die anderen Kollegen arbeiteten[37].

Bei Claus Grimm gibt es aber in seinen Erinnerungen einige Angaben zu den Forschungsaufgaben, die ihm wie auch anderen Kollegen der Abteilung gestellt worden waren. Am ausführlichsten spricht er von seinen eigenen[38]: seine erste Aufgabe sei es gewesen, eine Zeittafel über den Ablauf der Eroberung Norwegens zu erstellen, wofür man ihm die Mitschriften von Hitlers Lagebesprechungen zur Verfügung gestellt habe. Sodann habe er an einem Werk über den Ostfeldzug erarbeitet und dazu Karten angefertigt. Eine Darstellung über die Historiographen von Feldherren will er sich aus eigenem Antrieb vorgenommen haben, genau wie eine Darstellung des Partisanenkrieges im Osten.

Offenbar war bei diesen Forschungsaufträgen zumindest teilweise daran gedacht, sie in der vier Mal jährlich erscheinenden Militärwissenschaftlichen Rundschau zu publizieren, deren Schriftleitung Scherff 1941 übernommen hatte. Allerdings erhielt Grimm seine Untersuchung des Partisanenkriegs, die er seinem Chef geschickt hatte, nach eigener Darstellung 14 Tage später mit einem Begleitschreiben von Scheidt zurück, Heinrich Himmler gestatte eine Publikation in der Militärwissenschaftlichen Rundschau nicht. Beim Quellenstudium war Grimm aufgefallen, wie er in den Erinnerungen schreibt, dass die Meldungen von Einheiten des Heeres erhebliche Verluste auf der deutschen Seite, aber nur geringe auf Seiten der Partisanen nannten, während

---

36 *Feuersenger*, Im Vorzimmer der Macht, S. 237.

37 Vgl. *Grimm*, Vier Jahre als Forscher, S. 23 (IfZ S. 31).

38 Vgl. *Grimm*, Vier Jahre als Forscher, S. 30 (IfZ S. 38) (Ablauf der Eroberung Norwegens), S. 109 (IfZ 117) (Darstellung der Historiographen von Feldherren) und S. 136 (IfZ 144) (Darstellung des Partisanenkrieges im Osten).

es bei den Berichten der SS-Führer genau umgekehrt war, und dies war sicher der Grund, warum der Reichsführer SS eine Veröffentlichung dieses Ergebnisses verhinderte[39].

Auch „Kritische Studien" von Wilhelm Scheidt über die Gründe für die Katastrophe von Stalingrad, die angeblich sogar Alfred Jodl gelesen hatte, hatten keine Chance, in die Militärwissenschaftliche Rundschau aufgenommen zu werden, und so berichtet nur Marianne Feuersenger davon[40].

Wenn man die Beiträge in den Bänden der Militärwissenschaftlichen Rundschau aus den Jahren 1942 bis 1944 anschaut, fällt auf, dass es neben namentlich gekennzeichneten Beiträgen auch eine ganze Reihe anonymer gibt, und dass im Impressum nur die Adresse der Redaktion für die Zusendung von Manuskripten angegeben wird, aber kein verantwortlicher Redakteur namentlich genannt wird, an den man sich hätte wenden können. Das regelmäßige Erscheinen der Militärwissenschaftlichen Rundschau war jedenfalls Scherff und Scheidt bis zum Schluss sehr wichtig, wie Marianne Feuersenger bezeugt[41].

Vergleicht man die anonym publizierten Beiträge mit den Forschungsaufgaben, die Claus Grimm in seinen Erinnerungen nennt, so spricht viel dafür, dass sowohl von ihm als auch von Wilhelm Scheidt Aufsätze publiziert wurden[42]. Daher geben diese Beiträge einen kleinen Einblick in die Arbeit der Forscher der Kriegsgeschichtlichen Abteilung.

Beiträge, die mit dem von Grimm erwähnten ersten Vortrag Ottokar Menzels übereinstimmen könnten, finden sich in den fraglichen Bänden dagegen nicht. Nach seinen Angaben war Ottokar Menzels erste Aufgabe, den italienischen und deutschen Feldzug in Nordafrika zu erforschen und darüber einen Vortrag vor den Kollegen zu halten. Da aber das Oberkommando der Wehrmacht die einschlägigen Dokumente noch nicht freigegeben hatte, wäre, so Grimm, Ottokars Vortrag im Frühjahr 1942, also ein halbes Jahr nachdem er Mitarbeiter der Abteilung worden war, „ein unfertiger, nur allgemein gehaltener Überblick über den Kriegsschauplatz in Libyen und die Probleme

---

[39] *Grimm*, Vier Jahre als Forscher, S. 137 f. (IfZ S. 145 f.).

[40] *Feuersenger*, Im Vorzimmer der Macht, S. 235; vgl. dazu auch *Pyta*, Hitler, S. 318.

[41] *Feuersenger*, Im Vorzimmer der Macht, S. 195.

[42] Vgl. Militärwissenschaftliche Rundschau 7 (1942) Heft 2: Aus dem Feldzug in Norwegen. Zur zweijährigen Wiederkehr der Landung am 9. April 1940 (S. 125–136); Kampferlebnisse aus dem Feldzug gegen Sowjetrußland 1941/42 (S. 137–164); Französische Festungstruppen bei den Kämpfen und um die Maginotlinie im Juni 1940 (S. 184–191). Heft 3: Kampferlebnisse aus dem Feldzug gegen Sowjetrußland im Winter 1941/42 (S. 237–264); Der französische Generalstab und die Niederlage Frankreichs im Jahr 1940 (S. 265–275).

seines Nachschubes über Unteritalien und Kreta" gewesen[43]. Weitere Arbeitsaufträge seines Kollegen nennt Grimm nicht – bis auf einen einzigen aus dem Winter 1943 und seine Angaben hierzu sind aufschlussreich[44]: Für den 1. November erhielten Scheidt, Grimm und Menzel den Befehl, zum Führerhauptquartier nach Rastenburg zu fahren. „Scherff", so Grimm, „empfing uns in seinem Arbeitsraum und bat uns, uns sofort an die Schreibtische zu setzen und jeder für sich eine Darstellung über die Entwicklung an der Ostfront im letzten Vierteljahr abzufassen. Als Unterlage für unsere Arbeit gab er uns mehrere Seiten der Stenogramme der Führerbesprechungen vom Monat Oktober". Zur Erläuterung habe Scherff hinzugefügt, dass die Ausarbeitungen für Alfred Jodl selbst bestimmt seien, der wenige Tage später in München eine Rede über die militärische Gesamtlage halten wolle. Als die drei Männer am nächsten Abend ihre Ausarbeitungen ablieferten, hatte Jodl inzwischen von anderer Seite „eine erschöpfende Darstellung der Kriegslage" erhalten, die er dann für seinen Vortrag am 7. November verwendete. Nach Grimms Angaben seien er und seine beiden Kollegen am 5. November nach Berlin zurückgefahren. Die Erfahrung, diese Arbeit umsonst gemacht zu haben, muss frustrierend gewesen sein angesichts einer Reise im kalten November nach Ostpreußen zur Wolfsschanze.

Dies war aber nicht der einzige Fall, dass die Arbeit von Scherffs Mitarbeitern nicht geschätzt wurde, wie aus Claus Grimms Erinnerungen zu erschließen ist: Aus dem sog. Tischgespräch Nr. 37 vom 22. März 1942, das der Jurist Henry Picker in der Wolfsschanze aufzeichnete, geht hervor, dass der „deutsche Gruß", den Hitler in der Wehrmacht einführen wollte, ein Thema gewesen war und Scherff Hitler an diesem Tag einige „Feststellungen" dazu vorgelegt hatte, nach denen das Erheben des Armes in spätrömischer Zeit Brauch geworden sei, der militärische Gruß aber gewesen sei, die „Hand an die Kopfbedeckung (zu) legen", wie dann auch seit Anfang des 18. Jahrhunderts[45]. Nach Claus Grimm sei ein Mitarbeiter der Abteilung monatelang mit der Ausarbeitung dieser Abhandlung beschäftigt gewesen, habe sich die einschlägige Literatur beschafft und das negative Ergebnis auf an-

---

[43] *Grimm*, Vier Jahre als Forscher, S. 48 f. (IfZ S. 56 f.), der irrtümlich behauptet, Ottokar Menzel habe „eine Doktorarbeit über Nikolaus von Cues geschrieben". Fraglich ist auch, ob er tatsächlich bei der Flak in Griechenland eingesetzt war, wie Grimm schreibt, und nicht nur in Berlin, wie Carl Erdmann berichtete (siehe oben S. 78 Anm. 25).

[44] *Grimm*, Vier Jahre als Forscher, S. 122 f. (IfZ S. 130 f.) und dazu *Feuersenger*, Im Vorzimmer der Macht, S. 183, die behauptet, Ottokar sei bereits am 4. November und nicht erst am 5. November 1943 wieder in Berlin angekommen.

[45] Vgl. *Grimm*, Vier Jahre als Forscher, S. 41 (IfZ S. 49) zu Dr. Werner Grieshammers Ausarbeitungen über den „deutschen Gruß" sowie *Henry Picker*, Hitlers Tischgespräche, hg. von Percy Ernst Schramm (1965) Nr. 38, S. 196–198 (wo auch der Text von Mayer abgedruckt ist, nicht aber der von Scherff bzw. Grieshammer).

derthalb Schreibmaschinenseiten zusammengefasst. Nach dem besagten Tischgespräch mit Scherffs Vortrag war die Angelegenheit aber noch nicht erledigt, denn bereits am 11. Mai 1942 legte Martin Bormann Hitler einen Bericht vor, den er am 23. April erhalten hatte und der vom späteren Präsidenten des Reichsinstituts für ältere deutsche Geschichtskunde, Theodor Mayer, erarbeitet worden war. Mayers Rohentwurf mit Randbemerkungen zu den herangezogenen mittelalterlichen Quellen hat sich im Archiv der MGH erhalten samt einem Schreiben von Paul Ritterbusch vom 18. April 1942, in dem er Mayer bat, die bereits erbetene Expertise möglichst „umgehend" vorzulegen und die Sache geheim zu halten[46]. Anscheinend hatte man im Führerhauptquartier entschieden, neben Scherff und seinen Mitarbeitern über das Reichsministerium für Wissenschaft noch ein weiteres ‚Fachgutachten' zu dieser wichtigen Frage einzuholen.

Jedenfalls sprechen beide Fälle nicht dafür, dass Scherff und seine Abteilung im Kreis um Hitler mit ihrer historischen Expertise besonders angesehen waren.

4. Die „Geniehistoriker" und
das „geheime Hauptbuch Hitlers"

Was seine ‚Daseinsberechtigung' als Beauftragter des Führers für Kriegsgeschichtsschreibung anbelangt, stand Walter Scherff vor dem Problem, dass eine Darstellung des Krieges gegen die Sowjetunion erst nach einem Sieg Hitlers hätte geschrieben werden können, er aber eine Möglichkeit finden musste, den Führer bis dahin vom Sinn und Nutzen seiner Abteilung und ihrer Tätigkeit zu überzeugen. So verfiel er auf die Idee, Hitler durch kleinere Beiträge und Zitatensammlungen beispielsweise zum Thema „Genie" oder zum „Feldherrentum" zu beeindrucken[47]. Für diese Sammeltätigkeit setzte er seine wissenschaftlichen Mitarbeiter wie Ottokar Menzel ein. Percy Ernst Schramm hat über diese Tätigkeit der Abteilung nach dem Krieg in bissigem Ton festgestellt: „Scheidt saß in Berlin, wo Scherff eine Reihe wissenschaftlicher Hilfskräfte beschäftigte, um aus der Literatur passende Zitate herauszusuchen, die nach Stichworten geordnet wurden. Diese verschafften

---

[46] Das Konzept von Theodor Mayers Ausarbeitung findet sich in München, MGH-Archiv B 577 Blatt 234.

[47] Die Schriften von *Walter Scherff* sind: Erlebtes Genie (1942); Vom Feldherrntum des Führers (1942), Die große Bewährung (1942); Feldherr aus Schicksal (1943); Der Feldherr im Urteil seiner Zeit (1943); Über Geschichte und Geschichtsschreibung, aus der Werkstatt des Beauftragten des Führers für die militärische Geschichtsschreibung (1944); Vertrauen und Glaube (1944).

dem General die Möglichkeit, von Zeit zu Zeit kleine Broschüren zu Führers Geburtstag und anderen Anlässen zusammenzustoppeln"[48].

In den Tagebuchaufzeichnungen von Marianne Feuersenger kann man einiges über diese „Sammeltätigkeit" finden: Am 20. Januar 1942 berichtete sie, dass „jetzt viel nachgedacht (wird) über das ‚Feldherrentum' und unsere Herren … ja immer fleißig Zitate sammeln, auch eigene Gedanken beisteuern zum Thema ‚Staatsmann – Feldherr' "[49]. Am 2. März 1942 hielt sie dann fest: „Nun werden wieder eifrig Zitate zum Thema Genie und Genius gesucht"[50], da der Chef zu diesem Thema einen Beitrag zu „Führers Geburtstag" verfassen wolle. Und nochmals drei Wochen später, am 24. März 1942, notierte sie: „Unsere sämtlichen Herren sind nämlich vom Chef beauftragt worden, nach Aussprüchen bei Dichtern, Denkern und Tatmenschen über das Wesen des Genies zu suchen", und kommentierte dies mit dem Satz: „Wozu die Leute studiert und promoviert haben müssen, um dann Aussprüche über das Wesen des Genies herauszusuchen, ist mir nicht klar"[51]. Anfang April war das Opus immer noch nicht vollendet. „Im Büro beschäftigt uns immer noch Scherffs Geniesammlung mächtig. Welch Aufwand für eine einfache Arbeit. Ich tippte die Zitatensammlung ‚Erlebtes Genie' auf Eierpapier!", schrieb sie am 3. April in ihr Tagebuch und am 4. April folgte ein regelrechter Ausbruch der Verzweiflung und des Überdrusses, denn sie hatte die Sammlung zweimal tippen müssen, weil für das Führerexemplar in die Schreibmaschine ein besonderes Farbband eingelegt werden musste, was sie nicht wusste, als sie mit ihrer Arbeit begann. Nachdem sie alles zwei Mal getippt hat, mochte sie „nichts mehr von der Beschaffenheit des Genies hören"[52].

Es ist keine Frage, dass hier junge Wissenschaftler ziemlich kindische Aufgaben ausführen mussten, aber in ihren Augen war dies vermutlich immer noch besser als an die Front zu müssen, und so wird gegenüber Walter Scherff niemand diese Aufgabe in Frage gestellt haben. Es wird höchstens spitze Bemerkungen gegeben haben, wie die von Marianne Feuersenger, ihr Chef müsse „natürlich das Genie des Führers beobachten"[53].

---

[48] Vgl. das vernichtende Urteil von *Schramm*, Kriegstagebuch IV, 2, S. 1772–1774 und seine Ausführungen zu Kriegstagebuch und Kriegsgeschichtsschreibung ebda. S. 1760 ff.; vgl. dazu auch *Pyta*, Hitler, S. 317 und. zur „Geniezentrale" ebda. S. 320–324.

[49] *Feuersenger*, Im Vorzimmer der Macht, S. 104.

[50] Ebda. S. 110.

[51] Ebda. S. 117 f.

[52] Ebda. S. 119.

[53] Ebda. S. 125.

Am 20. April 1942 konnte dann Hitler ein gedrucktes Exemplar dieser Zitatensammlung zum Geburtstag überreicht werden, die Scherff vor der Drucklegung mit Scheidt durchgesprochen hatte. Sie fand auch das Wohlwollen von Joseph Goebbels, wie sein Tagebuch zeigt[54], und dies dürfte Scherffs Stellung in Hitlers Umgebung und seine Abteilung weiter gefestigt haben. Zum 20. April 1942 erschienen außerdem noch zwei Aufsätze Scherffs, nämlich „Vom Feldherrntum des Führers" und „Die große Bewährung"[55].

In den darauffolgenden Jahren stellte Scherff ebenfalls mit großer Mühe Aufsätze zu Hitlers Geburtstag fertig und seine Sekretärin hielt in ihrem Tagebuch fest, dass es ein hartes Ringen verbunden mit ‚Nachtschichten' war[56]: „Der Feldherr im Urteil seiner Zeit" und „Feldherr aus Schicksal" umfassen jeweils nur wenige Seiten, wurden aber in einem Sammelband mit 12 Aufsätzen von Scherff nochmals nachgedruckt.

Im Frühjahr 1944 mussten Scherffs Mitarbeiter dann wieder eifrig Zitate suchen, diesmal „Über Geschichte und Geschichtsschreibung", und da der Leiter der Abteilung an dieser Broschüre wohl noch weniger mitgearbeitet hatte als an den früheren Broschüren, stand bei dieser Schrift „Aus der Werkstatt des Beauftragten des Führers für die militärische Geschichtsschreibung" auf dem Titelblatt und im Vorwort der Satz: „Ich habe mich hierbei auf die Zusammenstellung von Lesefrüchten beschränkt, die ich mit Hilfe meiner Mitarbeiter gesammelt habe"[57].

Angesichts der desolaten militärischen Situation im Frühjahr 1944 bedurfte es wohl besonderer Naivität und Gläubigkeit an das Genie des Führers, wenn man Scherffs treuherziges Vorwort liest, mit dem er seine Blütenlese gegen etwaige Kritik verteidigte: „Ihre Eigenständigkeit wird kaum bezweifelt werden können, wenn man sich eine Äußerung des Führers vor Augen hält, wonach unser ganzes Anschauungsbild zum überwiegenden Teil aus den Resultaten geistiger Arbeit der Vergangenheit entsteht und nur einem kleineren Teil aufgrund eigener Erkenntnisse. Deshalb sei diesem Büchlein auch das Goethewort mit auf den Weg gegeben: Selbst erfinden ist schön,/Doch glücklich von Andern Gefundnes,/Fröhlich erkannt und geschätzt,/Nennst Du das weniger Dein?"[58].

Wegen des militärischen Desasters an allen Fronten versuchte Scherff außerdem, mit der ebenfalls zum 20. April 1944 erschienenen Schrift „Ver-

---

54 Ebda. S. 122 f.
55 Siehe oben Anm. 47.
56 *Feuersenger*, Im Vorzimmer der Macht, S. 163 sowie S. 210 und 213.
57 *Scherff*, Über Geschichte und Geschichtsschreibung, S. 1 f.
58 Ebda. S. 2.

trauen und Glaube. Bekenntnis zum Feldherrn dieses Krieges" die Deutschen auf Hitler einzuschwören.

*

Die eigentliche Aufgabe von Scherff und seinen Mitarbeitern, die Darstellung von Hitlers Krieg und seinem ‚Feldherrngenie‘, wurde zwar 1942 in Angriff genommen, geriet aber bald ins Stocken. In Abgrenzung zum offiziellen Kriegstagebuch bezeichnete Marianne Feuersenger sie in ihren Aufzeichnungen als „Das geheime Hauptbuch Hitlers", ein Titel, der sicher nicht ihre Erfindung war: „Unser Chef soll alles festhalten, die Beweggründe für Einzelentscheidungen kennen, deshalb wird er auch immer als Beobachter mitgenommen – sogar häufig zu sogenannten Vier-Augen-Gesprächen. Wir erhalten sämtliche Protokolle der geheimsten Besprechungen des Führers, seine Denkschriften und Befehle für die Kriegführung und -politik in Rußland, Frankreich, Norwegen usw. Dazu alle Akten der Wehrmachtführung. Hier werden sie ausgewertet und dann archiviert … Scheidt wird dann hier dieses Kriegstagebuch und die Protokolle der Lagebesprechungen beim Führer sowie Scherffs Notizen überarbeiten, zusammenstellen, mir diktieren. Aus all dem soll dann später mal das große Geschichtswerk dieses schrecklichen Krieges entstehen"[59].

Die Erfüllung dieser Aufgabe verzögerte sich allerdings wegen Scherffs längerer Abwesenheiten von Berlin immer weiter, denn der ursprüngliche Plan, nur 14 Tage nach den Ereignissen zu schreiben, war schon im Jahr 1942 nicht mehr einzuhalten. Fast zwei Jahre später, am 24. Januar 1944, notierte Marianne Feuersenger dann, sie würden ohne Scheidt, der Scherff ins Führerhauptquartier begleitet hatte, „die Kriegstagebuch-Ergänzungen, also das ‚Hauptbuch‘, nicht schaffen"[60]. In Scheidts Abwesenheit dürfte es 1944 höchstwahrscheinlich Ottokar Menzel gewesen sein, der inzwischen als einziger Mitarbeiter der Abteilung übriggeblieben war und zusammen mit Marianne Feuersenger die Arbeiten weiterführte. Resignation machte sich breit: „Es kommt ja wirklich nicht mehr darauf an, wie viele Monate wir hinterherhinken. Diese ganze ‚Nachlese‘ ist sowieso trostlos, die neuen Protokolle (Lagebesprechungen) sind … nicht gerade stimmungsfördernd … Es wird immer trauriger mit mir und mit der Zeit", stellte sie fest. Schon am 17. Oktober 1943 hatte Ottokar gespottet, seine Kollegin werde sicher bald

---

[59] *Feuersenger*, Im Vorzimmer der Macht, S. 123 zum 21. Mai 1942 sowie *Pyta*, Hitler, S. 317 f.

[60] Ebda. S. 192.

die Kriegsgeschichte alleine schreiben müssen, weil alle Kollegen an die Front abkommandiert würden[61].

5. Ottokar Menzel und Felix Hartlaub

Die Trostlosigkeit der Situation, die gerade die Mitarbeiter am Kriegstagebuch und der Kriegsgeschichte aufgrund der von den Fronten eintreffenden Berichte empfanden, wird auch aus den Briefen und Schriften von Felix Hartlaub spürbar, der in Ottokar Menzel offenbar einen Gleichgesinnten fand und sich gut mit ihm verstand.

Die erste Erwähnung seines Kollegen findet sich in einem langen Brief vom 10. März 1942 aus Berlin an seinen Vater Gustav, der mit dem Satz endete: „Erfreuliche Bekanntschaft mit Dr. Menzel, Sohn des Kieler Slawisten, eng befreundet mit Hoffmann, auch mit Radbruch, den er zu grüßen bittet, der einzige wirkliche Gelehrte auf der Dienststelle"[62]. Noch in sieben weiteren Briefen an seinen Vater und seine Stiefmutter, zwei vom April 1942 und fünf aus dem Jahr 1944, erwähnte Felix Hartlaub seinen Kollegen und schwärmte geradezu von ihm: „sehr nett, hochgescheit, sehr witzig, sehr wohltuend, erstaunlich gebildet und beschlagen, dazu unheimlich gevivt" sind die Charakterisierungen, und es ist offensichtlich, dass der jüngere Felix den anderthalb Jahre älteren Ottokar bewunderte[63], denn am 21. Mai 1944 bekannte er im Brief an seine Stiefmutter, er könne mit seinem Kollegen „in keiner Weise Schritt halten"[64]. Vermutlich war es Ottokars Belesenheit, die Felix Hartlaub nicht zuletzt beeindruckte, denn schon nach dem zweiten Treffen im April 1942 bat er seinen Vater um ein Buch, das Ottokar ihm zur Lektüre empfohlen hatte[65].

Da Felix Hartlaub erst 1939 bei Walter Elze promoviert worden war, während Ottokar seine Dissertation in der mittelalterlichen Geschichte bei Robert Holtzmann schon 1935 eingereicht hatte, waren sich die beiden anscheinend während ihrer Berliner Studienzeit nicht begegnet. Dass sie sich offenbar gleich sympathisch waren, hängt mit Übereinstimmungen in ihren Biographien zusammen und so hatten Ottokar und Felix Hartlaub vermutlich in

---

61 Ebda. S. 182.

62 *Ewenz*, In den eigenen Umriss gebannt, 1 S. 525, wobei die Angabe, Ottokars Vater sei Slawist gewesen, natürlich nicht korrekt war.

63 Felix Hartlaub, Briefe, *Ewenz*, In den eigenen Umriss gebannt, 1 S. 527 f. (vom 2. April 1942), S. 535 vom (6. April 1942), S. 688 f. (vom 5. Februar 1944), S. 713 (vom 21. Mai 1944), S. 717 (vom 18. Juni 1944), S. 720 (vom 11. Juli 1944) und S. 725 (vom 2. August 1944).

64 Siehe die vorige Anm.

65 Es handelte sich um ein Werk von Henrich Steffens (1773–1845).

vielen Dingen eine ähnliche Einstellung: ihre Väter waren von den Nationalsozialisten vorzeitig in den Ruhestand geschickt worden; sie hatten schon
früh einen Elternteil verloren – Felix die Mutter und Ottokar den Vater – und
beide hatten Probleme mit dem Antisemitismus des Regimes: Felix, weil er
„jüdisch aussah" und es immer wieder Gerüchte um eine jüdische Herkunft
seiner Mutter gab[66], und Ottokar, weil sein Vater den Ariernachweis für seine
Schwiegermutter in Odessa nicht erbringen konnte; beide hatten als Intellektuelle in Kriegszeiten einen schweren Stand und vermutlich mehr oder weniger traumatische Erlebnisse an der Front; beide waren belesen und liebten
Bücher; beide sahen sich durch den Krieg um Jahre ihres Lebens betrogen
und versuchten irgendwie, ohne Fronteinsatz ‚durchzukommen', der eine bei
der Kriegsgeschichtlichen Abteilung und der andere beim Kriegstagebuch.
Diese Parallelen in ihrem Leben schufen vermutlich eine Verbundenheit, die
durch Gespräche, die Felix Hartlaub in seinen Briefen erwähnt, vertieft
wurde.

Es gab aber durchaus auch Unterschiede zwischen beiden: so wirkte Ottokar vermutlich selbstsicherer, da er als Kriegsverwaltungsrat eine bessere Po-
sition hatte als der einfache Gefreite Hartlaub, und zudem durch seine Arbeit
in der Kriegsgeschichte engeren Kontakt zu Scherffs Adjutanten Wilhelm
Scheidt. Ottokar wusste zudem genau, welche Laufbahn er nach dem Krieg
einschlagen wollte, wie seine Habilitation 1943 zeigt, während Felix Hartlaub
noch zwischen einer Karriere als (Militär)Wissenschaftler und einem Leben
als Schriftsteller schwankte. Außerdem hatte es für Ottokar seit Anfang 1932
nur Hildegund gegeben, mit der er seit Ende 1938 verheiratet war, während
Felix neben seiner unglücklichen Liebe zu der aus Deutschland geflüchteten
Erna Gysi (1893–1966), der Großmutter des Politikers Gregor Gysi, nur eine
wenig glückliche Beziehung zu einer Frau namens Melitta Laenebach hatte. In
einem Brief an seinen Vater vom 11. Juli 1944 scherzte Felix über „Fehl-
schläge bzw. Fehlzündungen bei dem anderen Geschlecht"[67], womit die
Sekretärinnen oder Stabshelferinnen in seiner Umgebung gemeint sind. Gut
möglich ist, dass auch Marianne Feuersenger, der er sich öffnete und von
seiner Arbeit erzählte, zu den von ihm vergeblich Angebeteten gehörte[68].

---

[66] Vgl. zu seinem jüdischen Aussehen und die Probleme, die das mit sich brachte,
Ewenz, In den eigenen Umriss gebannt, 2 S. 127 und 299.

[67] Vgl. den Brief von Felix Hartlaub bei *Ewenz*, In den eigenen Umriss gebannt, 1
S. 720.

[68] Vgl. *Feuersenger*, Im Vorzimmer der Macht, S. 206 f.; dort vergleicht sie Felix
Hartlaub und Ottokar Menzel, was zu Ungunsten von Hartlaub ausfällt, obwohl sie
ihn persönlich mochte: „Hartlaub ist ein Mensch, zu dem die Uniform einfach nicht
paßt. Ich habe ihn zwar nie anders als in Uniform gesehen, aber immer wieder fällt
mir das auf. Er wirkt einfach unglücklich darin. Vielleicht wäre diese Wirkung in ei-

Dass Felix Hartlaub einen Blick für Frauen hatte und vielleicht Ottokar um seine Frau beneidete, zeigt seine treffende Beschreibung von Hildegunds äußerer Erscheinung in einem Brief an seinen Vater Gustav vom 5. Februar 1944: „Es handelt sich um eine sehr sympathische bescheidene Dame mit mächtiger blonder Denkerstirn, äußerlich ganz unintellektuell"; offenbar wusste er auch genau Bescheid, was sie beruflich machte, denn er schrieb weiter: „Philosophische Mathematikerin, Cusanus-Spezialistin etc."[69]. Es war ihm wichtig, dass sein Vater in Heidelberg nach einem Zimmer für sie schaute, nachdem Ottokar seinen Kollegen um diese Vermittlung gebeten hatte, denn er fragte nach einiger Zeit nach dem Erfolg der Bemühungen seines Vaters und drängte ihn nochmals, etwas zu tun[70]. Ob Ottokar seine Bitte brieflich geäußert hatte oder mündlich bei einem kurzen Aufenthalt von Felix Hartlaub in Berlin, wissen wir nicht, denn dieser hielt sich 1943 und von Anfang 1944 bis zum 26. Februar in der Wolfsschanze auf und war danach nach Berchtesgaden abkommandiert[71].

Einen weiteren großen Vorteil, den Ottokar hatte, war, dass er bis zum Mai 1944 seinen Arbeitsplatz in Berlin hatte und daher nicht in Kasernen oder Unterkünften beim jeweiligen Führerhauptquartier leben musste wie Felix Hartlaub im sog. Sperrkreis II. Und auch als Ottokar von Mai bis September 1944 über Monate in Berchtesgaden Dienst tun musste, genoss er wie sein Chef Walter Scherff, Wilhelm Scheidt und Marianne Feuersenger das Privileg, im luxuriösen Landhaus des reichen Zeitungsverlegers Wolfgang Huck auf dem Boschberg oberhalb von Bischofswiesen wohnen zu können[72] und nicht in der Kaserne Strub wie Felix Hartlaub. Der schrieb am 18.6.1944 an Gustav Hartlaub, sein Kollege Ottokar Menzel, mit dem er an seinem Geburtstag am Tag zuvor „eine kleine trockene Sitzung" abgehalten hatte, sei „jetzt zusammen mit seinem General in einem sehr heimelnden nagelshausartigen Gutshaus hier in der Nähe untergebracht"[73]. Er berichtete dies ohne Neidgefühle, was wiederum zeigt, dass Ottokar seinem Kollegen sympathisch war und keinen Grund für Eifersucht lieferte. Am 11. Juli 1944 fragte Felix Hartlaub nochmals bei seinem Vater an, ob er etwas wegen eines Zimmers in Heidelberg habe erreichen können, und gab seiner Freude Ausdruck, dass auch Ottokar weiterhin in Berchtesgaden Dienst tun musste und ihn „manchmal für kurze Augenblicke aus dem Schlamassel herausholt zu kleinen

---

ner eleganten Offiziers- oder Kriegsverwaltungsratsuniform wie Menzel sie trägt nicht so kraß".

[69] *Ewenz*, In den eigenen Umriss gebannt, 1 S. 688 f.

[70] *Ewenz*, In den eigenen Umriss gebannt, 1 S. 720.

[71] Vgl. die Liste seiner Briefe mit Ortsangaben bei *Ewenz*, In den eigenen Umriss gebannt, 2 S. 323 ff.

[72] Siehe dazu unten S. 114.

[73] *Ewenz*, In den eigenen Umriss gebannt, 1 S. 717.

Gängen"[74]. Offenbar hatte Ottokar erkannt, dass sein Kollege unter der Situation und seiner Aufgabe beim Kriegstagebuch litt und bemühte sich, ihm
kleine 'Verschnaufpausen' zu verschaffen, indem er mit ihm Spaziergänge
rund um die kleine Reichskanzlei in Bischofswiesen machte – diese Sensi-
bilität und Hilfsbereitschaft, die Ottokar auch immer wieder gegenüber
Marianne Feuersenger bewies, dürfte neben seinem Humor ein wesentlicher
Grund gewesen sein, warum er beliebt war. Dazu passt, dass Claus Grimm
über alle anderen Kollegen negative Urteile fällte, nicht aber über Ottokar.
Letztmals erwähnte Felix Hartlaub die Anwesenheit seines Kollegen von der
Kriegsgeschichte in einem Brief vom 2. August 1944 als „kleinen Trost"[75].
Am 23. August war er dann bereits wieder in der Wolfsschanze, während
Ottokar am 26. August mitgeteilt wurde, dass er weiterhin in Berchtesgaden
zu bleiben habe. Jedenfalls hatte die Tatsache, dass beide über Wochen zur
gleichen Zeit in der Kleinen Reichskanzlei Dienst tun mussten, zu einer
Intensivierung ihres Verhältnisses geführt, aber wie in Kriegszeiten üblich,
brach der Kontakt dann auch wieder ab und in den folgenden 13 Briefen
Hartlaubs vom 23. August 1944 bis zum 8. März 1945, die erhalten sind, ist
von Ottokar Menzel nicht mehr die Rede.

Auch wenn die Lebensumstände von beiden verschieden waren und Ottokars Tätigkeit in der Abteilung Kriegsgeschichte in Vielem nicht mit der
seines Kollegen beim Kriegstagebuch zu vergleichen ist, geben Hartlaubs
Briefe und seine literarischen Fragmente einen Eindruck davon, wie beide
ihr Leben im Krieg mit allen Einschränkungen und völliger Fremdbestim-
mung empfunden haben müssen. Dies ist umso wertvoller, weil von Ottokar
kaum Briefe erhalten sind, die solche Einblicke gewähren. Gut nachvollzieh-
bar ist, dass Felix Hartlaub, wie er seinem Vater schrieb, die vorige Generation „maßlos" beneide, „die ihre eigenen Schicksale noch so ungeschmälert
austragen durfte"[76]. Was mag Felix Hartlaub gedacht haben, als er vom Suizid seines Kollegen, den er bewunderte, und dem seiner Frau erfuhr?

Einen großen Unterschied gibt es zwischen Ottokar und seinem Kollegen:
Felix Hartlaub wollte den Krieg überleben und hatte Vermutungen, wie die
Nachkriegszeit sein würde: dass der Staat nicht nur weiterhin die wenigen
Wohnungen, die es noch gab, zuteilen werde, sondern dass er auch die noch
vorhandenen Privatbibliotheken verstaatlichen werde[77]. Als Hartlaub dann
gegen den Rat seiner Freunde in Nikolassee, die ihn bis zum Ende des Krie-

---

[74] *Ewenz*, In den eigenen Umriss gebannt, 1 S. 720.

[75] *Ewenz*, In den eigenen Umriss gebannt, 1 S. 725.

[76] Felix Hartlaub an Gustav Hartlaub am (*Ewenz*, In den eigenen Umriss gebannt,
1 S. 735).

[77] Felix Hartlaub an Gustav Hartlaub am 10. Dezember 1943 (*Ewenz*, In den eigenen Umriss gebannt, 1 S. 673).

ges verstecken wollten, Ende April in die Kaserne nach Spandau aufbrach, wo er nie ankam, tat er dies aus Verantwortungsgefühl, um sie nicht in Lebensgefahr zu bringen, denn einen Deserteur zu verstecken, wäre für alle lebensgefährlich gewesen. So konnte er das beim Abschied am Bahnhof Nikolassee seiner Freundin Irene Lessing gegebene Versprechen, den Satz des braven Soldaten Schwejk: „Bis nach dem Krieg um 6 Uhr" nicht einlösen[78].

6. Berchtesgaden im Juli und August 1944

Die erste Hälfte des Jahres 1944 verbrachte Adolf Hitler überwiegend auf dem Obersalzberg und damit hing es zusammen, dass Ottokar Menzel vom 18. Mai 1944 an in der sog. Kleinen Reichskanzlei in Bischofswiesen bei Berchtesgaden Dienst tun musste und nur am 5. Juli für wenige Tage nach Berlin zurückkehrte – vermutlich um Akten zu befördern. Am 9. Juli, also nur vier Tage später, traf er nach den Aufzeichnungen von Marianne Feuersenger wieder an seinem Dienstort in den bayerischen Bergen ein und sollte nun für längere Zeit bleiben, obwohl sein Chef Walter Scherff am 14. Juli mit Hitler Richtung Wolfsschanze aufbrach[79]; dass dieser nicht mehr nach Berchtesgaden zurückkehren würde, war zu dem Zeitpunkt noch nicht abzusehen.

Die Abreise ihres Chefs bedeutete für Ottokar Menzel und seine Kollegin eine ruhigere Zeit, in der sie von ihren „Hauswirten" im Landhaus auf dem Boschberg, dem Verleger Wolfgang Huck (1889–1967) und seiner Frau, der Schauspielerin Camilla Eibenschütz (1884–1958), zum Abendessen eingeladen wurden[80].

Dafür waren die Tage zuvor belastend gewesen: Zum 11. Juli 1944 berichtet Marianne Feuersenger von einem Wutausbruch Scherffs, dessen Nerven inzwischen völlig zerrüttet waren, gegenüber Ottokar: „Nachmittags ist der Chef recht zugänglich. Aber abends macht er Menzel dermaßen fertig, daß dieser noch um 23 Uhr an meine Tür klopft. Wollte sich aussprechen. Ich erhebe mich und gehe mit meiner Flasche Wein hinüber und warte mit ihm

---

78 Vgl. *Marose*, Unter der Tarnkappe, S. 182 f. und *Weichelt*, Der verschwundene Zeuge, S. 19 f. sowie *Ewenz*, In den eigenen Umriss gebannt, 2 S. 321 f. zu den Vermutungen über den Ort und die Umstände seines Todes.

79 Die Daten für Ottokars Aufenthalte in Berchtesgaden hat *Feuersenger*, Im Vorzimmer der Macht, S. 218, 224 und 227 und im Nachlass als tabellarische Aufstellung (IfZ, Nachlass Feuersenger ED 344-25 Blatt 100).

80 Vgl. zum Abendessen im Hause Huck *Feuersenger*, Im Vorzimmer der Macht, S. 229 f. und 232 und zum Zeitungsverleger Huck Kurt *Wessel*, Wolfgang Huck, in: NDB 9, 1972, S. 709.

auf die Rückkehr unseres übernervösen Chefs, der wirklich getan hat, als
liege es an Menzel, daß jetzt alles so schlecht steht. (Sowjetische Offensive!)"[81]. In der ungedruckten Fassung dieses Eintrags in ihrem Nachlass
steht der Zusatz „ich … gehe hinüber, um ihn zu trösten", was sie bezeich-
nenderweise in die Druckfassung nicht aufgenommen hat. Umgekehrt findet
sich die Interpretation, Scherff habe so getan als sei Menzel für die schlechte
Lage an der Front verantwortlich, nicht in ihren Aufzeichnungen, sondern
erst im gedruckten Buch. Der Grund für Scherffs Ausbruch war sicher die
Misere an allen Fronten: am 6. Juni waren die Alliierten in der Normandie
gelandet und am 22. Juni hatte die sog. Operation Bagration begonnen, die
Offensive der sowjetischen Armee gegen die Heeresgruppe Mitte, die
schließlich Ende August zu deren Zusammenbruch und dem Verlust von
28 Divisionen führte[82]. Da am 11. Juli außerdem um die Mittagszeit ein
schwerer Bombenangriff auf München erfolgt war[83], fühlte der ‚Geniehisto-
riker' Walter Scherff sich offenbar so unter Druck, dass er seinen Mitarbeiter
als ‚Blitzableiter' benutzte.

Marianne Feuersengers tagebuchartige Aufzeichnungen sind die einzige
Quelle für Ottokar Menzel in den Tagen vor und nach dem Attentat vom
20. Juli, als beide sich nicht in Berlin, sondern in Berchtesgaden aufhielten
und dann auf Nachrichten aus der Wolfsschanze und der Reichshauptstadt
warteten[84].

Für den 11. Juli 1944 berichtet sie nicht nur von einem schweren Angriff
auf München und dem Wutanfall von Scherff gegenüber seinem Mitarbeiter,
sondern auch davon, dass Ottokar Menzel sich an diesem Tag auf dem Hof
der Kaserne in Strub, unweit der Kleinen Reichskanzlei in Bischofswiesen,
zu Oberst Claus von Stauffenberg (1907–1944) und den anderen Offizieren
gestellt hatte[85]. Dass Stauffenberg an diesem Tag nach Berchtesgaden kam,
um an der von 13:07–15:30 Uhr stattfindenden Morgenlage auf dem Obersalzberg teilzunehmen, wird auch von anderen Quellen bestätigt, und nach
der Lagebesprechung trafen sich Stauffenberg, Generalmajor Helmuth Stieff
(1901–1944), General Erich Fellgiebel (1886–1944) und Oberstleutnant
Bernhard Klamroth (1910–1944) in der Kaserne Strub zum Mittagessen. Mit

---

[81] *Feuersenger*, Im Vorzimmer der Macht, S. 229 f. und 232 f. und im Nachlass
(IfZ ED 344-23 Blatt 99 f.).

[82] Vgl. zu diesen Wendepunkten des Krieges *Ian Kershaw*, Höllensturz. Europa
1914–1949 (4. Auflage 2016) S. 485.

[83] Vgl. *Permooser*, Luftkrieg über München, S. 74: Luftangriffe fanden am 11.,
12., 13. und am 16. Juli 1944 statt. Vgl. auch das Kriegstagebuch einer jungen Nationalsozialistin (Wolfhilde von König), hg. von Keller, S. 183 f. zu den Angriffen auf
München.

[84] *Feuersenger*, Im Vorzimmer der Macht, S. 230 und S. 232 ff.

[85] *Feuersenger*, Es ist ein heißes Eisen geblieben, S. 64 f.

ihrer Schilderung bestätigt Marianne Feuersenger die Angaben von Percy Ernst Schramm im Kriegstagebuch, das Mittagessen habe in der Kaserne stattgefunden und nicht im Berchtesgadener Hof, wie die sog. Kaltenbrunner-Berichte für Bormann und Hitler behauptet hatten[86]. Ottokar Menzel interessierte an Stauffenberg vermutlich besonders, dass er Mitglied des George-Kreises war. Jedenfalls berichtete er seiner Kollegin erst nach Bekanntwerden des Attentats von dieser Begegnung und auch davon, dass über Nebensächlichkeiten geredet und gelacht worden sei. Außerdem habe er sich nach dem Attentat gefragt: „Ob er das schon vorhatte, als er am 11. Juli in Berchtesgaden war?"[87]. Dass Generalmajor Stieff Stauffenberg davon abgehalten hatte, die Bombe am 11. Juli auf dem Obersalzberg zu zünden, nachdem bekannt geworden war, dass Göring und Himmler nicht an der Lagebesprechung teilnehmen würden, weiss man inzwischen, insofern war die Vermutung von Ottokar Menzel zutreffend.

Ottokars ängstliche Frage nach dem 20. Juli, die Marianne Feuersenger wiedergibt: „Ob nun alle, die mit dem Attentäter zuletzt gesehen wurden, verhaftet werden?"[88], ist ein deutlicher Hinweis darauf, dass sich nun Angst breitmachte, weil die Welle der Verhaftungen begann. Felix Hartlaub hat in seinem Romanfragment „Im Dickicht des Südostens" diese Atmosphäre gut beschrieben: wie es im Casino still wurde, weil jeder nun fürchtete, etwas Falsches zu sagen; wie genau aus dem Grund auch der Alkoholkonsum zurückging, damit man nicht die Kontrolle verlor über das, was man sagte; wie private Briefe in der Toilette verbrannt wurden, die Missverständliches hätten enthalten können[89].

Marianne Feuersenger schrieb 1984, Ottokar habe, als bekannt wurde, dass komplette Namenslisten der Verschwörer in einem Panzerschrank gefunden wurden, dies mit den Worten kommentiert: „So ist es, wenn deutsche Offiziere ein Attentat machen. Alles wird genau registriert. So etwas hätten die Russen besser gemacht"[90]. Allerdings wurden die Unterlagen, die vielen Verschwörern zum Verhängnis wurden, erst gegen Ende September in Zossen gefunden und nicht bereits Ende Juli. Ottokars zynische Äußerung passt auch eher in eine Zeit, als seine Angst, selbst verhaftet zu werden, nicht mehr so groß war.

---

[86] Vgl. *Hoffmann*, Widerstand, Staatsstreich, Attentat, S. 470 mit Anm. 322 zu Oberst Stauffenberg in Strub.

[87] *Feuersenger*, Es ist ein heißes Eisen geblieben, S. 64.

[88] Ebda.

[89] Vgl. Felix Hartlaub, Im Dickicht des Südostens, hg. von Ewenz, In den eigenen Umriss gebannt, 1 S. 185 ff.

[90] *Feuersenger*, Es ist ein heißes Eisen geblieben, S. 65 und *dies.*, Im Vorzimmer der Macht, S. 232 f.

Ab Mitte Juli hatte Ottokar offenbar aber noch ein anderes, privates Problem in Berchtesgaden: Am Freitag, dem 14. Juli, als Scherff Bayern verließ, notierte Robert Holtzmann in seinem Tagebuch, dass eine totale Reisebeschränkung erlassen worden sei, die drei Tage später in Kraft treten sollte[91]. Daraufhin scheint sich in Berlin Hildegund auf den Weg nach Berchtesgaden gemacht zu haben, um ihren Mann zu besuchen[92]. Vermutlich war aber bald nach Ottokars Eintreffen in Berchtesgaden im Mai die jüngere Schwester von Alfred Jodls Sekretärin Barbara von Rautenberg, Nora[93], eingetroffen, mit der Ottokar ein Verhältnis hatte, wie Fritz Rogner 1946 in einem Brief Ottokars Mutter gestand: er bezeichnete sie fälschlich als „Filmschauspielerin" und schrieb, sie sei Ottokar „nach Berchtesgaden nachgereist und hatte mit ihm dort gelebt, auch sehr weitgehende Versprechungen von ihm erhalten"[94] – womit ein Eheversprechen gemeint sein könnte, da er im selben Satz mitteilt, Ottokar sei auch an seinem Hochzeitstag mit der Schauspielerin zusammen gewesen.

Nora von Rautenberg-Garczynski, 1907 in Kiel geboren, war fünf Jahre älter als Ottokar, den sie vermutlich über ihre ältere Schwester bei einem Besuch in der Abteilung kennengelernt hatte. Wann die Beziehung begonnen hatte, ist unklar. Sie war Bühnenschauspielerin und vermutlich Sängerin. Wie ihre schmale Akte im Bundesarchiv erkennen lässt, ließ sie sich im Mai 1944 in Berlin krankschreiben, um nicht bei der Truppenbetreuung eingesetzt zu werden und vermutlich auch, um nach Berchtesgaden fahren zu können. Am 23. Juli 1944 wandte sie sich dann unter der Adresse der Kleinen Reichskanzlei an den persönlichen Referenten von Goebbels im Propagandaministerium, Werner Naumann (1909–1982), der ihr, wie aus dem Brief hervorgeht, zwei Jahre zuvor schon geholfen hatte, als sie denunziert worden war. Was das für eine Denunziation 1942 und 1944 war, geht aus dem Schreiben nicht hervor; sie bat jedenfalls Naumann um „eine kurze persönliche

---

[91] *Holtzmann*, Tagebuch zum 14. Juli 1944, S. 113: „Die Zeitungen bringen einen Erlass über katastrophale Reisebeschränkungen ab nächsten Montag! Weitere Reisen kaum mehr möglich! Deutlicher Beweis, dass es zu Ende geht; u. Furcht vor der russischen Invasion".

[92] *Feuersenger*, Im Vorzimmer der Macht, S. 230 behauptete: „Menzel hat sogar seine Frau herbestellt", wovon allerdings in ihren handschriftlichen Aufzeichnungen (IfZ ED 344-25 Blatt 100) nichts steht.

[93] Nora Gabriele Dorothea von Rautenberg, geboren am 21. März 1907 in Kiel, war die jüngste Schwester der 1899 geborenen Barbara von Rautenberg; vgl. Gothaisches Genealogisches Taschenbuch der adeligen Häuser B: Alter Adel und Briefadel (1930) S. 267. Dass sie sich im Juli 1944 in Berchtesgaden aufhielt, geht aus ihrem Brief vom 23. Juli 1944 an Werner Naumann hervor, denn sie gab als Adresse die Kleine Reichskanzlei in Bischofswiesen an (Bundesarchiv-Lichterfelde R 9361-V/60613).

[94] Siehe den Brief unten im Anhang S. 212f.

Audienz", um ihn von ihrer „positiven und untadeligen Gesinnung überzeugen zu dürfen", denn das sei sie ihrer Familie, ihrem „Jungen" und ihrem „ehrlichen Namen" schuldig[95]. Man kann also aus dem Brief schließen, dass sie ein Kind hatte, das vermutlich unehelich geboren war, da sie ihren Mädchennamen trug[96].

Nachdem Hildegund am 15. Juli, einem Samstag, in Berchtesgaden eingetroffen war, verbrachte Ottokar nun das Wochenende mit Hildegund und am nächsten Tag scheinen sich die beiden Frauen begegnet zu sein, als die Schwestern Rautenberg im Landhaus Huck Marianne Feuersenger besuchten und Ottokar mit Hildegund dazu kam[97]. Vierzehn Tage später, nachdem Walter Scherff beim Attentat vom 20. Juli verwundet worden war und nicht nach Berchtesgaden zurückkehrte, konnte Hildegund dort einziehen, wie Marianne Feuersenger notierte[98]. Allerdings war sie darüber wenig begeistert, denn das im Jahr zuvor noch gute Verhältnis zwischen den beiden Frauen[99] hatte sich verschlechtert – vermutlich weil Hildegund etwas von der Affäre ihres Mannes ahnte, aber die falsche Frau verdächtigte: „Für mich beginnen jetzt die trüben Tage, denn Frau Menzels Einfluss macht sich immer mehr bemerkbar, eigenartigerweise geht es gegen mich, dabei flirtete er doch mit Nora. Abends Bauerntheater – auch das noch"[100], so Marianne Feuersenger in ihren maschinenschriftlichen Aufzeichnungen zum 31. Juli. Sie hatte also offenbar auch etwas bemerkt, aber das Ganze für einen „Flirt" gehalten, während Hildegund eher eine Beziehung Ottokars mit der sieben Jahre jüngeren Sekretärin, die er seit Jahren gut kannte, vermutete als zu der fünf Jahre älteren Schauspielerin. In ihr Buch hat Marianne Feuersenger diesen Satz nicht aufgenommen, sondern behauptet, Ottokar habe seine Frau „herbestellt", was man angesichts von Noras Anwesenheit in Berchtesgaden bezweifeln muss.

---

[95] Siehe Anm. 93.

[96] Im Genealogischen Handbuch des Adels für 2008 und 2021 ist kein neuer Artikel oder eine Stammfolge der Familie genannt, so dass über den Sohn nichts herauszufinden ist. Ich danke Dr. Hedwig Munscheck-von Pölnitz für ihre Recherche und Erläuterungen.

[97] Marianne Feuersenger, Nachlass IfZ ED 344-25 Blatt 100: „Ich wandere mit Nora von Rautenberg auf das Söldenkopfl. Abends dann zusammen bei uns Dr. Menzel und Frau, die mitgekommen ist". Das Söldenköpfl war ein beliebtes Ausflugsziel oberhalb von Bischofswiesen; mit „bei uns" dürfte das Landhaus Huck gemeint sein.

[98] Ebda.: „30.7. (So). Nachmittags zu Tee und Wein in der Reichskanzlei zusammen. Dann noch im Berchtesgadener Hof. Lage-Unterhaltung am Rand. Frau Dr. Menzel bekommt schlechte Stimmung. Sie zieht zu uns auf den Boschberg."

[99] Siehe dazu oben S. 72 ff. und unten S. 205 f. Marianne Feuersengers Brief.

[100] *Feuersenger*, IfZ Nachlass ED 344-25 Blatt 100; ähnlich ebda.: „Regen, Regen und die Frau Menzel! Ich beginne mich fortzusehnen".

Zur schlechten Stimmung, die durch das tagelange Regenwetter sicher noch verstärkt wurde, kam die Angst vor den Auswirkungen des Attentats auf Hitler. Am 20. Juli 1944 war Ottokar dienstlich in München und kehrte erst nach Mitternacht zurück. Er hatte mit diesem ‚Ausflug‘ insofern Glück, als die Luftangriffe auf München am 11.,12. und 13. Juli als auch am 16., 19., 21. und 23. Juli erfolgten, aber gerade nicht am 20. Juli[101], so dass er unbeschadet nach Berchtesgaden zurückkam. Welcher Auftrag ihn nach München führte, wird nicht mitgeteilt. Am nächsten Tag, dem 21. Juli, erfuhr er dann am Telefon Einzelheiten über das Geschehen in Berlin von dem für die Kurierpost zuständigen Oberleutnant, der wie üblich und nichtsahnend in die Bendlerstraße gefahren war[102].

So hielt sich diese kleine ‚Schicksalsgemeinschaft‘ oft auch am Wochenende in der Kleinen Reichskanzlei auf[103] und Marianne Feuersenger wird erleichtert gewesen sein, als Ottokar seine Frau am 6. August zurück nach Berlin begleitete; er selbst kehrte allerdings bereits am 15. August nach Berchtesgaden zurück[104], wo Nora von Rautenberg geblieben war und auch im September noch lebte[105]. Wann beide nach Berlin zurückkehrten, ist nicht bekannt und dass Ottokars Affäre schließlich im Februar 1945 wesentlich zur Katastrophe beitragen sollte, war im Sommer 1944 noch nicht absehbar[106].

Marianne Feuersengers knappe Momentaufnahmen zeigen, wie sehr die verheerende Lage an den Fronten und nicht zuletzt auch das Attentat auf Hitler bei allen in dieser kleinen Schicksalsgemeinschaft an den Nerven zerrte, so dass auch das Ambiente der Bergwelt, das eigentlich im Vergleich zum kriegszerstörten Berlin und der durch ständigen Bombenalarm stark beeinträchtigten Nachtruhe eine Erholung hätte sein müssen, nicht mehr wirkte. So kriselte es auch in der Ehe von Hildegund und Ottokar, der offenbar das Gefühl hatte, im Leben noch etwas zu nachholen zu müssen. Da er ein attraktiver Mann war, hatte er mehr Erfolg bei Frauen als Felix Hartlaub.

---

101 Vgl. *Permooser*, Luftkrieg im Raum München, S. 320 ff.

102 *Feuersenger*, Im Vorzimmer der Macht, S. 230 und S. 233.

103 Siehe Anm. 97 und ebda.: „5.8. (So) mit den Geschwistern Rautenberg in der Reichskanzlei“.

104 Vgl. *Feuersenger*, Im Vorzimmer der Macht, S. 237.

105 Dies geht aus einem Schreiben von ihr an die Reichskulturkammer vom 7. September hervor, in dem sie mitteilt, ihre Rückkehr nach Berlin sei „ungewiss“ (Bundesarchiv-Lichterfelde R 9361-V/60613).

106 Siehe dazu unten S. 139 ff.

7. Die Auflösung der Abteilung

Wann Ottokar Menzel aus Berchtesgaden wieder nach Berlin zurückbeordert wurde, ist unklar, vermutlich im September 1944, als sich abzeichnete, dass Hitler nicht mehr auf den Obersalzberg zurückkehren würde.

Walter Scherff war dann von Ende 1944 an in der Reichshauptstadt, ging aber, wie Claus Grimm in seinen Erinnerungen festhielt, nicht mehr zu Hitlers Lagebesprechungen, weil er das inzwischen für sinnlos hielt[107]: sein Traum vom genialen Feldherrn Hitler, den er verherrlichen wollte, war ausgeträumt. Für den 23. Januar 1945 hielt Marianne Feuersenger dann in ihrem Tagebuch fest: „Mein Chef kommt ins Büro. Ist elend! Menzel wird zur Truppe abgegeben!!"[108]. Möglicherweise kam er selbst in die Dienststelle, um seinem Mitarbeiter diese Nachricht zu überbringen. Die letzte Begegnung zwischen Scherff und Ottokar fand dann am 1. Februar 1945 in Dahlem statt, an dem Tag, als die Kriegsgeschichtliche Abteilung offiziell aufgelöst wurde. Auf dieses Gespräch zwischen Scherff und Menzel wird noch zurückzukommen sein[109].

Ottokars Verhältnis zu seinen beiden Vorgesetzten, Wilhelm Heinrich Scheidt und Walter Scherff, war sicher ambivalent. Mit Scheidt war er seit Doktorandenzeiten befreundet und verdankte ihm viel, nämlich die Bewahrung vor dem Fronteinsatz von September 1942 bis zum 1. Februar 1945. Dennoch kam es gelegentlich zu Spannungen zwischen beiden, wie Marianne Feuersenger bezeugt, weil Menzel seine Habilitationspläne ziemlich konsequent verfolgte, worauf Scheidt vermutlich gelegentlich eifersüchtig war. Auch das enge Vertrauensverhältnis zwischen ihm und der Abteilungssekretärin dürfte ein Grund für Scheidts Eifersucht gewesen sein. Dennoch war das Verhältnis zwischen Ottokar und Hildegund auf der einen und Scheidt auf der anderen Seite relativ eng, da aus Briefen hervorgeht, dass das Ehepaar Menzel sehr genau informiert war über die Ehe und die Eheprobleme der Scheidts[110]. Sie zögerten auch nicht, ihn um Hilfe zu bitten, als es Anfang Februar 1945 darum ging, Hildegunds jüngere Schwester aus Berlin herauszubringen[111].

Vermutlich haben Ottokar Menzel und Wilhelm Scheidt sich im Laufe der Jahre auch über die immer aussichtslosere Lage an den Fronten ausgetauscht und es wird Vorfälle und Befehle gegeben haben, bei deren Einschätzung sie

---

[107] *Grimm*, Vier Jahre als Forscher, S. 149 (IfZ S. 157).

[108] *Feuersenger*, Im Vorzimmer der Macht, S. 256.

[109] Siehe unten S. 131 und 142.

[110] Dies geht aus Briefen von Marianne Feuersenger an Charlotte und Eva Feuersenger hervor (IfZ, Nachlass ED 344-20-45 bis ED 344-20-49).

[111] Siehe unten S. 133.

sich einig waren. Ein Beispiel dafür sind die völkerrechtswidrigen Befehle und Kriegsverbrechen im Osten, die den Mitarbeitern der Abteilung bei Lektüre der Akten nicht verborgen blieben, wie sowohl Marianne Feuersenger als auch Claus Grimm bezeugen: Im Februar 1943 sprach Wilhelm Scheidt mit Marianne Feuersenger darüber, dass diese Befehle Auswirkungen hätten „nicht nur auf die gesamte Führungsspitze, sondern auch Untergebene, auf Offiziere genauso wie Privatpersonen, die nichts damit zu tun haben. Kaum auszudenken, wenn der Feind diese Dokumente in die Hand bekommt", und sie fügte hinzu: „Überlegt, ob er es dem Chef sagen soll"[112]. Scheidt wird vermutlich nicht nur mit ihr darüber gesprochen haben, sondern auch mit seinem Freund und Kollegen. Neben Scheidt erhielt auch Claus Grimm, der seit Anfang 1944 an einer Darstellung des Partisanenkrieges im Osten arbeitete, immer wieder Einblick in Akten, die Kriegsverbrechen belegten wie die Erschießung von russischen Kriegsgefangenen und die Ermordung von Frauen und Kindern in russischen Dörfern[113]. Ottokar Menzel muss ebenfalls aufgrund seiner Zweisprachigkeit und seines Dolmetscherexamens wiederholt mit russischen Akten in Berührung gekommen sein, die ihm keinen Zweifel daran gelassen haben dürften, auf welche Weise der Krieg gegen Russland geführt wurde. So wird die Furcht, nach einem verlorenen Krieg dafür zur Rechenschaft gezogen zu werden, zumindest vom Sommer 1944 an sehr real gewesen sein – bei Scheidt, Ottokar Menzel und den anderen Mitarbeitern der Abteilung. Ob Scheidt die Frage tatsächlich mit Scherff erörtert hat, muss offenbleiben, aber nach dem Krieg hat er vor dem Nürnberger Kriegsverbrechertribunal eine Aussage gemacht und festgestellt, dass diese Grausamkeiten allen höheren Offizieren im Wehrmachtführungsstab bekannt gewesen seien[114].

Walter Scherff dürfte mit Ottokar Menzel als Mitarbeiter zufrieden gewesen sein, denn sonst hätte er ihn sicher nicht bis zur Auflösung der Abteilung am 1. Februar 1945 als Mitarbeiter behalten, während die anderen Mitarbeiter der Forschergruppe nach und nach an die Front abgegeben wurden, so dass schließlich nur noch Grimm, Menzel und Scheidt übrigblieben. Auch eine Auszeichnung wie das Kriegsverdienstkreuz 2. Klasse mit Schwertern am 1. September 1942 und die Beförderung zum Heereskriegsrat am 1. Januar 1945[115] wären sicher nicht erfolgt, wenn er die gestellten Aufgaben nicht gut erfüllt hätte. Unklar ist, wofür er diese Auszeichnungen erhielt.

---

112 *Feuersenger*, Im Vorzimmer der Macht, S. 150 f. *Wilhelm Scheidt*, Hitlers geheimes Hauptbuch wird verbrannt, in: Echo der Woche 9.9.1949, S. 5 behauptete, er habe mit Scherff darüber gesprochen.

113 *Grimm*, Vier Jahre als Forscher, S. 135 ff. (IfZ S. 143 ff.).

114 Siehe zu seiner Aussage in Nürnberg unten S. 157.

115 So *Feuersenger*, Im Vorzimmer der Macht, S. 252; der Titel begegnet auch in den offiziellen Dokumenten nach seinem Tod, etwa der Kieler Personalakte.

Umgekehrt haben diejenigen, die den Krieg überlebt haben, ein negatives Bild von Scherff gezeichnet – abgesehen Claus Grimm. Die beiden Kriegstagebuchführer Helmuth Greiner und Percy Ernst Schramm hatten von seiner Arbeit keine hohe Meinung und hielten ihn für ehrgeizig und rücksichtslos, wenn es darum ging, Konkurrenten kaltzustellen. Scherff, der fachlich Schramm und Greiner unterlegen war, spielte die Karte seiner besonderen Nähe zu Hitler aus, falls es nötig war. In den jungen Wissenschaftlern, die ihm und Scheidt dankbar zu sein hatten, weil diese Tätigkeit sie vor dem Fronteinsatz bewahrte, sah er zu Recht keine Konkurrenten. Marianne Feuersenger fand ihren Chef zunächst charmant und nett, registrierte im Laufe der Zeit aber sehr klar, wie er sich angesichts seines Aufstiegs veränderte, so dass ihre Sympathie abkühlte. Berüchtigt waren Scherffs Wutausbrüche, unter denen die Mitarbeiter der Abteilung litten[116].

Wie oft Ottokar Menzel mit Scherff direkt zu tun hatte, ist schwer zu sagen, denn dieser war durch seine ständige Anwesenheit im Führerhauptquartier selten in Berlin und besuchte daher im Verlauf des Krieges die Abteilung nicht einmal alle 14 Tage, wie es anfangs geplant gewesen war. Sicher aber intensivierte sich der Kontakt im Frühjahr und Sommer 1944, als Scherff in der Kleinen Reichskanzlei in Bischofswiesen arbeitete und im Landhaus Huck wohnte wie auch Ottokar Menzel und Marianne Feuersenger; dass dieses Zusammensein nicht konfliktfrei war, wurde erwähnt.

Walter Scherff selbst verliess, genau wie Wilhelm Heinrich Scheidt, im April 1945 Berlin und reiste nach Berchtesgaden, wo er am 15. des Monats eintraf und wieder im Landhaus Huck einzog[117]; er war der Hauptverantwortliche für die Verbrennung des Archivguts der Abteilung und der Stenogramme von Hitlers Lagebesprechungen[118]. Nachdem er in amerikanische Gefangenschaft geraten war, beging am 24. Mai 1945 in Saalfelden Suizid durch Gift[119].

---

116 *Feuersenger*, Im Vorzimmer der Macht, S. 124 („Allüren), S. 127, 154, 202 („nervös"), S. 213 („wütend") und S. 226 („wechselnde Stimmung") zu Scherffs Wutanfällen ebda. S. 140.

117 Das berichten *Grimm*, Vier Jahre als Forscher, S. 168 und *Wilhelm Scheidt*, Hitlers geheimes Hauptbuch wird verbrannt, in: Echo der Woche 9.9.1949 S. 5.

118 Vgl. dazu *Heiber*, Hitlers Lagebesprechungen, S. 21 f. Darüber berichtet auch *Grimm*, Vier Jahre als Forscher, S. 169.

119 *Grimm*, Vier Jahre als Forscher, S. 170 (IfZ S. 177) beendet seinen Bericht mit der Schilderung des Todes von Scherff und seinem Besuch am Grab im Juli 1952.

VI. Das „große Unglück in Wilmersdorf"

1. „Wir leben in den primitivsten Verhältnissen":
Kriegsalltag in Berlin 1943 bis 1944

Am 19. Februar 1943 teilte Ottokar seinem Doktorvater Robert Holtzmann am Telefon mit, dass er in sechs Tagen, also am 25., seinen Vortrag zum Abschluss der Habilitation in Kiel halten müsse[1]. Marianne Feuersenger schrieb ihrem Kollegen in ihrer Freizeit den Vortrag mit der Schreibmaschine ab[2] und zum Dank dafür, so kann man vermuten, lud er sie in der Woche nach dem ‚großen Tag' nach Hause in die Wohnung an der Rüdesheimerstraße 25a in Berlin-Wilmersdorf ein.

Von dieser Wohnung und ihrer Einrichtung gibt es Fotos in einem Album, das Hildegunds Schwester Ingeborg angelegt hat. Sie zeigen die für damalige Verhältnisse modern möblierte und schicke Neubauwohnung mit vielen Büchern. Wann diese Fotos gemacht wurden, ist unklar. Daneben existieren noch mehrere Fotografien vom 20. September 1942, die vermutlich bei einem Besuch von Ottokars Mutter in Berlin entstanden[3]. Neben einer Serie von professionellen Aufnahmen, die – teilweise auch als Großaufnahmen – zum Weihnachtsfest 1942 für Eltern und Freunde gemacht wurden und auf denen Ottokars Kriegsverdienstkreuz 2. Klasse mit Schwertern, das ihm am 1. September 1942 verliehen worden war, zu erkennen ist, sind das die letzten Fotos, die von den beiden jungen Leuten existieren. Aus den Jahren 1943 bis zum Jahresanfang 1945 gibt es keine mehr, aus welchen Gründen auch immer.

Vermutlich hing das auch damit zusammen, dass der Bombenkrieg Anfang März 1943 brutal in das Leben der beiden einbrach: Marianne Feuersenger berichtet in einem Brief vom 3. März 1943 vom schwersten Luftangriff auf Berlin seit Kriegsbeginn, der in der Nacht zum 1. März 1943, also einen Tag vor Hildegunds 33. Geburtstag, erfolgte: 251 Flugzeuge warfen 600 Tonnen Brand- und Sprengbomben ab, die vor allem das Stadtzentrum und Charlottenburg trafen. 64.000 Obdachlose und 711 Tote war die traurige Bilanz

---

[1] *Holtzmann*, Tagebuch zum 19. Februar 1943, S. 58.
[2] *Feuersenger*, Im Vorzimmer der Macht, S. 154.
[3] Alle Fotos und das Fotoalbum sind in Privatbesitz.

dieses alliierten Bombardements[4]: „Dr. Menzel, bei dem ich in der vergangenen Woche doch noch war und die schöne neue Einrichtung bewunderte, ist
arg betroffen … In seiner Wohnung sind die ganzen Wände umgerissen,
zwischen Küche, Bad und Diele sogar ganz eingestürzt, die Möbel z. T. beschädigt, das gute Porzellan vollkommen hin. Seine Frau, die am 2. März
Geburtstag hat, hatte schon einige Vorbereitungen für den Tag getroffen,
denn sie erwarteten Gäste. So waren Puddings bereitet, das Geschirr (natürlich das gute!) herausgesucht, Einmachgläser mit Kirschen und Birnen aus
dem Keller geholt und nun ist das alles vollkommen zerstört. Menzel erzählte
das alles recht humoristisch, aber es kann doch nur Galgenhumor sein. Die
Gardinen sind natürlich vollkommen zerschlissen und hängen nur noch in
Fetzen. Da ein Zimmer noch benutzbar ist, hofft er, dass sie darin bleiben
dürfen. … Bei Menzels hat der Luftdruck auch wieder eigenartig gewirkt, so
ist bei ihm im 3. Stock weniger passiert als im ersten"[5].

Schon am 2. März hatte Menzel seinen Doktorvater Robert Holtzmann
telefonisch darüber informiert, dass alles zerstört sei und, so kann man vermuten, deshalb die Geburtstagsfeier für seine Frau, zu der Holtzmanns eingeladen waren, abgesagt. Holtzmanns boten den jungen Leuten daraufhin das
„Fremdenzimmer" in ihrem Haus in Nikolassee (Am Schlachtensee 145) an,
falls die Wohnung „abgebrochen werden" müsse. Sie waren dann aber erleichtert, als Hildegund ihnen am 19. März einen Brief nach Trins am Bren-
ner, wo sie Urlaub machten, schickte und mitteilte, dass sie in der Wohnung
bleiben dürften[6].

Am 1. August 1943 verfügte Joseph Goebbels dann die Evakuierung von
Frauen, Kindern und alten Leuten aus Berlin[7], da man nach der Zerstörung
Hamburgs mit weiteren schweren Angriffen auf Berlin rechnete. Die Berliner
fanden morgens in ihren Briefkästen Handzettel, deren Text lautete: „Berliner! Berlinerinnen! Der Feind setzt den Luftterror gegen die deutsche Zivil-
bevölkerung rücksichtslos fort. Es ist dringend erwünscht und liegt im Interesse jedes Einzelnen, der nicht aus beruflichen oder sonstigen Gründen zum
Verbleiben in Berlin verpflichtet ist (Frauen, Kinder, Pensionäre, Rentner
usw.), sich in weniger luftgefährdete Gebiete zu begeben". Aber dafür benötigte man natürlich eine Unterkunft, wie auch der Handzettel deutlich machte:
„Wer planlos reist, läuft Gefahr, am Zielort kein Quartier zu finden". Genau

---

4 Vgl. zu den Bombenangriffen auf Berlin *Kellerhoff*, Berlin im Krieg, S. 226 ff.

5 Die Beschreibung der Zerstörung der Wohnung in der Rüdesheimerstraße 25a in
Wilmersdorf finden sich in Marianne Feuersengers Brief im IfZ, Nachlässe ED 344-
0018 S. 79 f. (gekürzt in *dies.*, Im Vorzimmer der Macht, S. 157 f.).

6 *Holtzmann*, Tagebuch zum 2. März 1943, S. 59, und zum 19. März 1943, S. 63.

7 Vgl. zur Evakuierung Berlins im August 1943 *Kellerhoff*, Berlin im Krieg,
S. 247 f. (mit dem Text des Flugblattes).

das aber war das Problem, denn Hildegunds Eltern lebten ebenfalls in Berlin, wenn auch etwas außerhalb der Innenstadt, und Ottokars Mutter wurde bald in Kiel ausgebombt, so dass es schwierig wurde, eine Unterkunft außerhalb Berlins zu finden.

Möglich ist auch, dass Hildegund es nicht lange ohne Ottokar aushielt, denn sie verließ offenbar im August Berlin und besuchte möglicherweise ihre Freundin Hedy Bühner in Mühlhausen, kehrte aber Mitte September nach Berlin zurück. Nun konnte die unverheiratete Marianne Feuersenger, deren Wohnung bei einem Angriff schwer beschädigt worden war, für einige Zeit bei Menzels wohnen, was sich für eine unverheiratete junge Frau nicht schickte, solange Ottokar alleine in der Wohnung lebte[8]. Nach der Zerstörung ihrer Wohnung unterstützte er sie zunächst, wie sie schreibt, bei der Beseitigung von Schutt und Dreck: „Menzel hat enorm geholfen", so die junge Frau: „Am ersten Tag bat er nur um eine Schürze, um seine Uniform etwas zu schützen. Und dann ging der Kriegsverwaltungsrat Dr. phil. habil. mit Besen und Handfeger dem gröbsten Schmutz zu Leibe. Er ist rührend … Am ersten Abend schleppte er mir die beiden Koffer ins Büro. So verdreckt wie wir waren, gingen wir mit dem piekfeinen Scheidt ins Hotel Eden zum Abendessen"[9]. Das 1911/12 erbaute Grandhotel Eden am Kurfürstendamm war eines der größten und luxuriösesten Hotels in Berlin, wo Berühmtheiten wie Marlene Dietrich und Heinrich Mann logiert hatten. Man kann sich also das ‚Kontrastprogramm' vorstellen, dass Heinrich Scheidt und seine beiden Kollegen den Gästen boten.

Im September 1943 berichtete Marianne Feuersenger dann vom gemeinsamen Frühstück, das für Kriegsverhältnisse üppig ausfiel: es gab „als Sonntagsfrühstück, für jeden (auch für mich) ein Ei und zwar hat sie, also Hildegund Menzel, gerade 4 frische von ihrer Schwiegermutter"[10]. Offenbar hatte sich die Situation wieder etwas normalisiert, aber der nächste Schlag folgte: „Ein Teil meiner Bücher, und gerade der wertvollste ist schon am 22. November vorigen Jahres untergegangen", schrieb Ottokar am 10. April 1944 an den Freund seines Freundes Ernst Schulz, den später berühmten Gelehrten Bernhard Bischoff, dem er zur Habilitation gratulierte[11].

---

8 Vgl. *Feuersenger*, Im Vorzimmer der Macht, S. 180 zum 15. September 1943: „Dort (= in Berlin) werde ich zunächst bei Menzels wohnen, sie ist wieder da, so geht das".

9 Vgl. *Feuersenger*, Im Vorzimmer der Macht, S. 176–178.

10 Marianne Feuersenger an Charlotte und Eva Feuersenger am 24./25. September 1943 (München, IfZ Nachlass Marianne Feuersenger ED 344-20-45 bis ED 344-20-48, maschinenschriftlich, Unterschrift handschriftlich).

11 Siehe den Brief unten im Anhang S. 195.

Der 22. November 1943, ein Montag, war in Berlin ein kalter und nasser Tag mit Regen und Sturmböen. Als die Sirenen um 19:20 Uhr Voralarm auslösten, glaubten daher viele Berliner nicht an einen schweren Angriff, weil das Wetter dafür eigentlich zu schlecht war, doch sie sollten sich täuschen: 700 Bomber zerstörten vor allem das sog. Hansaviertel und auch Charlottenburg wurde wieder getroffen. Die Löscharbeiten dauerten bis in die Abendstunden des 24. November an und alleine in Charlottenburg hatten über 40.000 Berliner ihre Wohnung verloren, die Zahl der Toten und Vermissten wurde auf 6.000 geschätzt, die der Verletzten auf 20.000[12]. Während Ottokar in seinem Brief nur den Verlust seiner Bücher erwähnt, empfanden andere, die es miterlebten, diesen Bombenangriff als „Weltuntergang" oder „Hölle Berlin". Auch die Kaiser-Wilhelm-Gedächtniskirche wurde in dieser Nacht zerstört.

Robert Holtzmann war zu dem Zeitpunkt mit seiner Frau in Straßburg und notierte nach seiner Rückkehr die Zerstörungen am Haus in seinem Tagebuch, selbst draußen in Nikolassee, allerdings hatte seine Bibliothek den Angriff heil überstanden[13].

Das Gebäude, in dem die Kriegsgeschichtliche Abteilung residierte, wurde komplett zerstört, selbst die Panzerschränke der Marke „Elefant" wurden durch die Hitze der Brände verbogen. Ottokar und Marianne Feuersenger bezogen ein Ausweichquartier im Heeresarchiv in Potsdam und zum Einstand spendierte Wilhelm Heinrich Scheidt eine Flasche Veuve Cliquot, „seine liebste kleine Witwe", wie er spottete. Allerdings störte es ihn, dass für das edle Getränk nur Wassergläser vorhanden waren. Als Pessimist bemerkte Ottokar laut Marianne Feuersenger dazu: „Wir werden vielleicht noch mal schwärmen, wie gut es uns ging, als wir Champagner aus Wassergläsern trinken konnten"[14].

Anfang Februar 1944 schlugen Ottokar und Marianne Feuersenger sich mit dem ‚Kriegsalltag' herum und besichtigten in der Kurfürstenstraße ein ausgebranntes Bürogebäude, ob es als zukünftige Dienststelle in Frage kommen könnte. Derweil sorgten sich ihre beiden Chefs, Walter Scherff und sein Adjutant Wilhelm Scheidt, um das rechtzeitige Erscheinen der Militärwissenschaftlichen Rundschau, wie Marianne Feuersenger in ihrem Tagebuch festhielt[15].

Ottokar bemühte sich nun verstärkt um eine Unterkunft für seine inzwischen in Kiel ausgebombte Mutter und für Hildegund, wie sowohl Marianne

---

12 Vgl. *Kellerhoff*, Berlin im Krieg, S. 311 ff.
13 *Holtzmann*, Tagebuch zum 22. November 1943, S. 80.
14 *Feuersenger*, Im Vorzimmer der Macht, S. 185–187.
15 Ebda. S. 195 zum Kriegsalltag im Jahr 1944.

Feuersenger als auch Felix Hartlaub zum gleichen Datum, dem 5. Februar 1944, ihren Familien schrieben[16].

Am 24. März 1944, also dreizehn bzw. vier Monate nach den letzten beiden Zerstörungen durch Luftangriffe, war die Wohnung der Menzels in der Rüdesheimer Straße 25a wieder betroffen: „Jedenfalls sind wir am 24. März erneut stark ‚durchgeblasen' worden und leben in den primitivsten Verhältnissen", schrieb Ottokar in seinem Brief an Bernhard Bischoff. Der euphemistische Ausdruck „durchgeblasen" scheint zum Berliner Jargon dieser Zeit gehört zu haben, denn selbst Joseph Goebbels schrieb in seinen Tagbüchern davon, das eigene Haus sei bei einem Bombenangriff „durchgepustet" worden[17].

Marianne Feuersenger erfuhr von Menzels Bombenschaden in Berchtesgaden, denn sie war seit Mitte März in der kleinen Reichskanzlei in Bischofswiesen und telefonierte jeden Tag mit ihrem Kollegen in Berlin.

Im Mai 1944 begann dann die schon erwähnte Zeit, in der Ottokar und Marianne Feuersenger auf Befehl ihres Chefs Walter Scherff ständig zwischen Berlin und Berchtesgaden hin und her reisen mussten[18] und Ottokar feststellte, dass doch nichts über das eigene Bett und die eigenen vier Wände ginge – anscheinend selbst wenn sie so zerstört waren wie inzwischen die Wohnung im 3. Stock der Rüdesheimer Straße 25a. Vermutlich war Hildegund in all diesen Wochen, in denen sie ihren Mann immer nur kurz sah, allein in Berlin in der halbzerstörten Wohnung, bis auf die drei Wochen im Juli/August in Berchtesgaden, die ihre Stimmung aber auch nicht verbessert hatten.

2. „Es fragt die Welt nach deiner letzten Stunde nichts": Die letzten Lebenswochen

An Heiligabend 1944, so notierte Robert Holtzmann in seinem Tagebuch, rief Ottokar Menzel „verzweifelt" an und teilte ihm mit, dass sein Münchner Freund Ernst Schulz tot sei[19]. Wie er dann seiner Mutter in einer Art Abschiedsbrief am 26. Dezember schrieb, hatte er am 23. Dezember einen Abschiedsbrief von Schulz erhalten sowie letzte Geschenke, vermutlich Bücher:

---

[16] Über Ottokars Bemühungen, Quartier für seine Frau und seine Mutter zu finden, berichten *Feuersenger*, Im Vorzimmer der Macht, S. 197 und Felix Hartlaub an Gustav Hartlaub am 5. Februar 1944 (*Ewenz*, In den eigenen Umriss gebannt, 1 S. 688 f.).

[17] Wie oben Anm. 11 und *Kellerhoff*, Berlin im Krieg, S. 306 zu Goebbels' Bemerkung.

[18] *Feuersenger*, Im Vorzimmer der Macht, S. 211 und 218 ff.

[19] *Holtzmann*, Tagebuch zum 24. Dezember 1944, S. 133.

„Nachdem sein Heim beim letzten Angriff vom Brand vernichtet worden war, hat er freiwillig in ruhiger Gelassenheit, wie sich für einen geistigen Menschen ziemt, den Tod gewählt"[20]. Am 17. Dezember 1944 war auf München der schwerste Angriff britischer Bomber erfolgt, den die Stadt bis dahin erlebt hatte. Im Tagebuch einer jungen Frau, die in der Nachbarschaft lebte, ist festgehalten, dass „die Häuser der Steinsdorfstraße 5, 6 und 7 einfach verschwunden, das Eckhaus Nr. 8 vollkommen in Brand" geraten war[21]. Daraufhin muss Ernst Schulz, anders als es bislang dargestellt wurde[22], erst seine Angelegenheiten geordnet haben, wozu auch ein Brief und ein letztes Geschenk an Ottokar und Hildegund Menzel in Berlin gehörte, und sich dann im Englischen Garten erschossen haben. Seine Bibliothek konnte allerdings gerettet werden. Neben seinem Kummer über den Verlust des Freundes ist Ottokars Brief aber auch die Bewunderung für dessen Entscheidung anzumerken und er spricht von dem „in die Freiheit gegangenen Freund", so als wolle er seiner Mutter klarmachen, wie nachahmenswert er diese Tat fand. Dieser Tod „überschattet unsere Tage", schrieb er.

Am 30. Dezember 1944 waren Ottokar und Hildegund bei Holtzmanns in Nikolassee zum Tee eingeladen und berichteten Genaueres über den Tod des Freundes[23]. Im Januar verfasste Ottokar dann einen Nachruf auf Ernst Schulz in Form einer Rede, vervielfältigte ihn und verschickte ihn an gemeinsame Freunde. Als Motto wählte er eine Zeile aus einem Gedicht August von Platens: „Es fragt die Welt nach meinem Ziel, nach deiner letzten Stunde nichts"[24].

---

[20] Siehe den Brief unten im Anhang S. 195 f.; vgl. das Portrait von *Löffelmeier*, Ernst Schulz, S. 144–147.

[21] Kriegstagebuch einer jungen Nationalsozialistin (Wolfhilde von König), hg. von Keller, S. 179.

[22] *Löffelmeier*, Ernst Schulz, S. 146 behauptet fälschlich, Schulz habe am 20. Dezember (!) seine Wohnung verlassen, nachdem Fliegeralarm gegeben worden war, und als er nach dem Angriff zu seiner Wohnung zurückgekehrt sei und von weitem den Dachstuhl habe brennen sehen, habe er sich erschossen.

[23] *Holtzmann*, Tagebuch zum 30. Dezember 1944, S. 133: „Nachmittags Menzels zum Thee. Er berichtet näheres von Ernst Schulz, der sich nach Vernichtung aller seiner Sachen im Englischen Garten selbst erschoss."

[24] Die Ghasel August von Platens findet sich in der Ausgabe seiner Gedichte von 1834 auf S. 161; diesen Gedichtband erhielt Hans Koch aus dem Nachlass seines Freundes Ernst Schulz; sein Sohn Jens Koch notierte, als er den Nachruf Ottokars Menzels las, dazu: „Mit der Ghasel auf S. 161 schließt Ottokar Menzel seinen in Form einer Rede gehaltenen Nachruf auf Ernst Schulz, der in Schreibmaschinen-Abschriften verteilt wurde" (Brief an die Autorin vom 12.11.2021). Der Nachruf wird auch erwähnt von *Hans Koch*, Ernst Schulz (8. Oktober 1897–19. Dezember 1944), in: Fritz Hodeige, das werck der bucher, von der Wirksamkeit des Buches in Vergangenheit und Gegenwart, S. 242 Anm. 1: „Ferner liegt mir der schöne, wohl ungedruckte Nachruf vor, den der als Opfer des Kriegsendes verstorbene hoffnungsvolle

Am 20. Januar 1945 schrieb er dann einen Brief an den Antiquar und Freund von Ernst Schulz, Helmuth Domizlaff, der in Übersee am Chiemsee lebte, und kündigte an, in der kommenden Woche nach München kommen zu wollen, um sich um die Bücher zu kümmern, die Schulz ihm vermacht hatte[25].

Drei Tage später, am 23. Januar, so Marianne Feuersenger, erfuhr Ottokar jedoch, dass er an die Front abgegeben werden sollte, d. h. dass die endgültige Auflösung der Abteilung für Kriegsgeschichte bevorstand. Damit war eingetreten, wovor er seit seinem Fronteinsatz 1941 immer große Angst gehabt hatte[26], wie auch Claus Grimms Erinnerungen bestätigen[27].

In Marianne Feuersengers Buch folgt nach diesem Eintrag zum 23. Januar eine längere Passage über ein ausführliches Gespräch mit ihrem Kollegen, das sie am gleichen Abend geführt haben will[28]. In ihren handschriftlichen Aufzeichnungen steht es jedoch anders: dieses Gespräch führte sie nicht am 23. Januar, sondern am 27. Januar, einem Samstagvormittag, der zugleich der Tag ihrer heimlichen Abreise aus Berlin war. Zudem schmückte sie für die gedruckte Fassung das Gespräch mit Details aus, die sie erst aufgrund von Informationen von Wilhelm Heinrich Scheidt nach dem Krieg über die genauen Umstände des Suizids der Menzels ergänzen konnte.

In ihren Aufzeichnungen notierte sie über diese letzte Unterhaltung mit ihrem Kollegen am Vormittag des 27. Januar: „Er will Schluss machen, sich erschießen! Da Berlin doch den Russen ausgeliefert wird, was soll da seine Frau allein und was soll er an der russischen Front ... Menzel findet, daß sich für ihn die ‚Strapaze‘ an die Front nicht mehr lohnt"[29]. So steht es jedenfalls in den handschriftlichen Notizen mit dem Nachsatz: „Ich kann ihm

---

Historiker Ottokar Menzel in Berlin anfangs 1945 einigen Freunden sandte (8 S. Maschinenschr.)". Leider ist derzeit kein Exemplar davon auffindbar, weder im Nachlass von Bernhard Bischoff noch von Hans Koch.

[25] Siehe den Brief unten im Anhang S. 196 f.

[26] Vgl. *Feuersenger*, Im Vorzimmer der Macht, S. 197: „Menzel hat schlechte Erfahrungen gemacht, muss damals einem richtigen ‚Schleifer‘ in die Hände gefallen sein, der es diesem Intellektuellen mal so richtig zeigen wollte. Menzel ist stärker als Scheidt der ‚typische Intellektuelle‘, wozu sicher die starke Brille beiträgt".

[27] *Grimm*, Vier Jahre als Forscher, S. 72 (IfZ S. 80) berichtet von dem schlechten Scherz eines Kollegen, der Menzel einen selbstgefälschten Zettel über die Abstellung an die Front zugehen ließ, woraufhin Menzel „sehr ernst" in Grimms Zimmer erschienen sei und ihm seine Offiziersstiefel zum Kauf angeboten habe, da er sich darüber im Klaren war, dass er als einfacher Soldat einrücken musste.

[28] *Feuersenger*, Im Vorzimmer der Macht, S. 256 f. und S. 259–261 ist von der Darstellung und den Daten anders als in ihren Aufzeichnungen IFZ, Nachlässe ED 344-25 Blatt 116–119.

[29] *Feuersenger*, Im Vorzimmer der Macht, S. 256 f.

nicht widersprechen. Er muss wohl so handeln. Meinen Radioapparat will er sich aber gerne noch abholen, um ab und zu manchmal gute Musik zu hören". Nicht in den Aufzeichnungen im Nachlass findet sich dagegen der angebliche weitere Inhalt des Gesprächs, dass er sich vor „Missverständnissen der Sieger" fürchte, weil er in Odessa geboren sei; auch dass er über die Art des Selbstmords schwanke, weil er doch erst seine Frau töten müsse, steht dort nicht, genauso wenig ist von seiner Angst, sich blind zu schießen, die Rede[30]. Diese so dramatisch geschriebene Passage, in der Marianne Feuersenger ihn gefragt haben will, warum er seine Frau nicht nach Heidelberg schicke, und darauf hingewiesen haben will, dass er doch aufgrund seiner Habilitation nach Kriegsende eine gute berufliche Zukunft vor sich habe, wurde von ihr 1982 formuliert, nicht 1945 als Tagebucheintrag festgehalten. Vielleicht bedauerte sie nach dem Krieg, nicht mehr unternommen zu haben, um Ottokar von diesem Schritt abzuhalten. Vermutlich kannte Marianne Feuersenger aber neben Ottokars Angst vor dem Fronteinsatz und den Russen noch einen weiteren Grund für den Suizid, den sie aber keinesfalls den Lesern mitteilen wollte[31].

Was in ihren Aufzeichnungen wie auch im Buch steht, ist, dass Ottokar ihr riet, Berlin zu verlassen und sich in München in Sicherheit zu bringen, und auch, dass er ihr versprach, ihre Interessen zu wahren. Sie stellte sich daraufhin selbst einen Urlaubsschein für München aus und verließ noch am gleichen Tag Berlin mit dem Zug: „Mit Dr. Menzel telefoniere ich noch vor dem Weg zum Bahnhof und wir haben uns für immer verabschiedet. Er hat meinen Fall nochmals genau überlegt und kann nur sagen, wenn ich den Mut habe, es zu wagen, soll ich es tun", steht dazu in ihren handschriftlichen Aufzeichnungen[32].

Am Nachmittag dieses 27. Januar 1945 waren Holtzmanns bei Ottokar und Hildegund zum Tee eingeladen und blieben wegen Luftalarm auch zum Abendessen[33] – sehr wahrscheinlich war das von den beiden jungen Leuten als eine Art ‚Abschiedseinladung' gedacht. Im Laufe des Nachmittags scheinen sich die beiden Männer und die beiden Frauen getrennt unterhalten zu haben, wobei Hildegund dann Lotte Holtzmann den Plan eines gemeinsamen Suizids gestanden haben muss; diese berichtete später ihrem Mann davon[34].

---

[30] *Feuersenger*, Im Vorzimmer der Macht, S. 256 f.

[31] Siehe dazu unten S. 139 ff.

[32] *Feuersenger*, Im Vorzimmer der Macht, S. 260 und in ihren Aufzeichnungen IFZ, Nachlass ED 344-25 Blatt 118.

[33] *Holtzmann*, Tagebuch zum 27. Januar 1945, S. 136: „Nachm. mit Lotte bei Menzels zum Thee u. da abends um 7 Alarm, bleiben wir auch zum Abendessen. Traurig, sie haben Selbstmordgedanken".

[34] *Holtzmann*, Tagebuch zum 28. Januar 1945, S. 137: „Brief an Frau Menzel in Sachen Selbstmord (sie sprach Lotte davon)" und Tagebuch zum 29. Januar 1945,

Somit gibt es zwei Vertraute des Ehepaares, die am gleichen Tag von dem geplanten Suizid erfuhren: Marianne Feuersenger durch Ottokar am Vormittag und Charlotte Holtzmann durch Hildegund am Nachmittag. Irgendwann an diesem Nachmittag rief Marianne Feuersenger noch bei Ottokar Menzel an, bevor sie sich zum Bahnhof begab[35]. Damit hatte er seine einzige Vertraute auf der Dienststelle verloren.

Am Montag, dem 29. Januar, fuhr Robert Holtzmann bei Eiseskälte und schlechten Verkehrsverhältnissen aus Nikolassee nach Wilmersdorf in die Rüdesheimer Straße 25a und legte, wie er in seinem Tagebuch festhielt, einen Brief an Hildegund in den Briefkasten, um die Frau seines Schülers von dem verhängnisvollen Entschluss abzubringen[36].

Am 1. Februar 1945 erfolgte Ottokars „zwangsmäßige Erfassung zum Volkssturm", wie er seinem Kollegen Claus Grimm am selben Tag berichtete, als der aus Liegnitz in Berlin eintraf. Hildegund scheint ihren Mann nun nicht mehr alleingelassen zu haben, denn nach Aussage von Grimm kam sie am Donnerstag, dem 1. Februar, morgens kurz nach 8 Uhr mit in die Dienststelle, als Scherff dann ihn sowie Scheidt und Grimm telefonisch zu einem letzten Gespräch bat. Vielleicht hatte Hildegund Angst, ihr Mann könne den letzten Schritt ohne sie tun. Scherff ließ seine Mitarbeiter ins Wilhelm-Arndt-Gymnasium an der Königin-Luise-Straße in Dahlem kommen, wo er sein Büro hatte: „Er bat, daß Scheidt, Menzel und ich zu ihm nach Dahlem kämen. Wir bestiegen sofort den Dienstwagen und fuhren zu ihm hin. Als ersten bat Feldwebel Stark Menzel zum Chef. Bereits nach 5 Minuten kam Menzel wieder – ich erschrak. Aus seinem Gesicht schien jeder Blutstropfen gewichen zu sein. Es war weiß wie Kalk[37]".

An diesem Tag schrieb Ottokar sein Testament in zweifacher Ausfertigung nieder, vermutlich irgendwann am Nachmittag oder Abend, nachdem er vom Gespräch mit Scherff zurückgekehrt war. Seiner Schrift merkt man die große Aufregung an, denn selbst bei seinem Geburtsdatum verschrieb er sich[38]. Seine Anspannung war vermutlich auch deshalb so groß, weil der geplante erweiterte Suizid ihn besonders belastete, denn er würde derjenige sein, der erst seine Frau und dann sich erschießen müsste.

S. 137: „Brief zu Menzels gebracht, unter grossen Schwierigkeiten, da die Bahnen infolge eingeschränkten Verkehrs sehr stark überfüllt".

[35] *Feuersenger*, Im Vorzimmer der Macht, S. 261.

[36] Siehe Anm. 35.

[37] *Grimm*, Vier Jahre als Forscher, S. 156–158 (IfZ S. 165–167).

[38] Beide Ausfertigungen der Testamente von Ottokar und Hildegund Menzel vom 1. bzw. 4. Februar 1945, für das Nachlassgericht und für die Haupterbin Ingeborg Rogner, haben sich im Besitz der Familien Menzel und Rogner erhalten. (Im Exemplar für Ingeborg Rogner hat Ottokar sich verschrieben).

Am Freitag, dem 2. Februar, machte Robert Holtzmann nochmals einen Versuch, seinen Schüler zu sprechen, nachdem sein Brief sicher unbeantwortet geblieben war. Er ging zu Ottokars Dienststelle, aber als er eintraf, war dieser bereits mit Wilhelm Scheidt zum Mittagessen gegangen. Als er dann am Nachmittag dorthin zurückkam, traf er nicht nur Ottokar, sondern auch Hildegund an, aber beide hatten es offenbar eilig und wollten nicht mit ihm reden, wie man dem an dieser Stelle lückenhaften Tagebuchtext entnehmen kann[39]. Robert Holtzmann ist der letzte, der davon berichtet, die beiden lebend gesehen zu haben.

An diesem Abend des 2. Februar 1945 verübten zwei Mitarbeiter der Kriegsgeschichtlichen Abteilung des Heeres in Potsdam erweiterten Suizid, nämlich Oberst Hans Joachim von Salmuth (1891–1945) und seine Frau sowie Oberst Anton von Belli Pino (1881–1945) mit Gattin, wobei der genaue Ablauf nicht ganz klar ist; jedenfalls wurden alle vier in der Wohnung der Belli Pinos in Bohnsdorf tot aufgefunden[40].

Am Samstagvormittag, dem 3. Februar gegen 11 Uhr erfolgte einer der schwersten und verheerendsten Luftangriffe auf Berlin, der vor allem in Berlin-Mitte große Zerstörungen anrichtete[41]; über 2.000 Menschen kamen um, viele wurden verletzt und obdachlos. „Die Apokalypse hat Einzug in Berlin gehalten" notierte einer, der das Inferno des Angriffs miterlebte, das ungefähr 50 Minuten dauerte. Rund 1.000 Bomber und 600 Jagdflugzeuge warfen über 2.000 Tonnen Bomben ab, hauptsächlich Sprengkörper. „Noch nie in diesem Krieg wurde ein Zielgebiet mit Bomben derartig gesättigt" titelte die Washington Post.

Es ist kaum zu glauben, dass Hildegund ausgerechnet an diesem Tag einen dreiseitigen Brief an ihre Freundin Hedy Bühner in Mühlhausen schrieb[42], der sie zusammen mit der Schwiegermutter Martha Bühner (1889–1979) die

---

39 *Holtzmann*, Tagebuch zum 2. Februar 1945, S. 137: „Vorm. Schwieriger Versuch, Herrn Menzel auf seinem Bureau zu treffen … Als ich endlich hinkomme, sind Menzel und Scheidt zum Essen. Ich esse etwas im Russischen Restaurant, treffe dann auf dem Bureau Herrn und Frau Menzel, die (zwei Worte ausgeschnitten) wollen".

40 Vgl. dazu *Grimm*, Vier Jahre als Forscher, S. 160 (IfZ S. 168) und Landesarchiv Berlin P Rep. 642 Nr. 17 (von Salmuth), 630 Nr. 186 und 635 Nr. 65 (von Belli Pino). Am 8. April 2021 teilte Frau Welzing-Bräutigam vom Landesarchiv Berlin mit: „In unserem Bestand A Rep. 358-02 Generalstaatsanwaltschaft beim Landgericht Berlin konnte ich leider keine Ermittlungen wegen der Selbsttötung der Eheleute ermitteln. In den Sammelakten zu den Sterberegistereinträgen sind zwar für Marie von Belli Pino, Hildegund Menzel und Eva von Salmuth Aktenzeichen der GStA genannt, die Akten haben sich jedoch nicht erhalten. Auch in der Zentralen Lehrmittelsammlung (A Pr. Br. Rep. 030-03) sind keine Hinweise auf die Gesuchten überliefert".

41 Vgl. dazu ausführlich *Kellerhoff*, Berlin im Krieg, S. 311 ff.

42 Siehe den Brief unten im Anhang S. 201–203.

Fürsorge für ihre 16jährige Schwester Ingeborg anvertraute, die „eben hier in
Berlin aus der Kinderlandverschickung eingetroffen" war, wie so viele Berliner Kinder, die vor der näher rückenden Front in die Reichshauptstadt zurückkehrten. Ingeborg sollte möglichst bald aus Berlin wieder herausgebracht
werden und nach Mühlhausen fahren. Der Brief, in dem es auch um das
Schicksal von Hedys Mann und dem ihres Schwagers geht, ist eigentlich an
beide Frauen, Hedy und Martha Bühner, gerichtet, denn Hildegund schreibt:
„Die Zeit drängt, so dass ich keinen zweiten Brief an Deine Schwiegermutter
schreiben kann". Über den geplanten Suizid ließ sie ihre Freundin im Unkla-
ren und schrieb lediglich, sie werde bei ihrem Mann bleiben, der „vorläufig"
in Berlin bleiben müsse, was sich vermutlich auf Ottokars Einziehung zum
Volkssturm bezog.

Am Sonntag, dem 4. Februar, schrieb dann auch Hildegund ihr Testament
nieder, in Analogie zu dem ihres Mannes und wie er in zweifacher Ausfertigung, also für das Nachlassgericht und für ihre Schwester[43].

Da Hildegund und Ottokar sehr an der jungen Schwester und Schwägerin
Ingeborg hingen, sie vermutlich ein ‚Ersatz-Kind' für beide war, weil sie
selbst keine Kinder hatten, ist zu vermuten, dass sie den ‚letzten Schritt'
nicht taten, ohne Ingeborg in Sicherheit zu wissen, d. h. aus Berlin herausgebracht zu haben. Fritz Rogner berichtete im November 1945 seiner
Schwiegertochter Susi: „Inge war auf Betreiben von Hilde Anfang Februar
nach Kannstadt (!) zu der Familie von Ottokars Chef gegangen"[44]. Es ist gut
möglich, dass sie am 2. oder 5. Februar, d. h. entweder am Freitag, als Hildegund nach Aussage von Robert Holtzmann mit auf der Dienststelle war, oder
am Montag Wilhelm Scheidt darum baten, Ingeborg zu helfen, und er vor-
schlug, sie zu seiner Mutter nach Bad Cannstatt zu schicken. Vermutlich hat
Wilhelm Scheidt Ottokar am 5. Februar auf der Dienststelle zum letzten Mal
gesehen.

In der Nacht vom 5. auf den 6. Februar gab es wieder einen langandauernden Luftalarm, wie Claus Grimm sich erinnert[45], der auf den Befehl wartete,
zu seiner Gebirgsjägereinheit nach Berchtesgaden zu fahren.

Ottokar und Hildegund dürften diesen ‚letzten Schritt' am Abend des
5. Februar getan haben und da er am nächsten Tag, dem 6. Februar, nicht
zum Dienst erschien, fand Wilhelm Scheidt schließlich abends die beiden,
denn er wurde, wie Marianne Feuersenger mitteilt, von Scherff in die Woh-

---

[43] Siehe oben S. 131 mit Anm. 38 und unten S. 217 f.

[44] Fritz Rogner an Susi Rogner am 4. November 1945; ähnlich auch an Luise
Menzel am 20. Februar 1945: „Inge ist im letzten Augenblick noch aus Hinterpommern herausgekommen und befindet sich bei der Familie von Ottokars Chef in Cannstadt. Es ging alles Hals über Kopf …".

[45] *Grimm*, Vier Jahre als Forscher, S. 159 (IfZ S. 167).

nung geschickt, um nachzusehen[46]. Auf den Totenscheinen ist dieser Zeit-
punkt, „6.2. abends", vermerkt, denn nach deutschem Recht wird der Tag der
Auffindung als offizieller Todestag festgelegt. Claus Grimm und Robert
Holtzmann nennen als Todesdatum den 6. Februar[47].

Scheidt wird dann entweder am selben Abend oder am nächsten Morgen,
dem 7. Februar, die Eltern Rogner aufgesucht haben, und so ist vielleicht zu
erklären, warum auf dem Grabstein von Ottokar und Hildegund auf dem
Wilmersdorfer Waldfriedhof das falsche Todesdatum „7. Februar" steht[48],
denn dies war vermutlich der Tag, an dem Hildegunds Eltern vom „Unglück
in Wilmersdorf", wie Selma Rogner es später nannte, erfuhren.

Über das, was Wilhelm Scheidt in der Rüdesheimerstraße 25a vorfand,
gibt es zwei weitgehend übereinstimmende Berichte, wiederum von Marianne
Feuersenger und von Claus Grimm, die aber vermutlich beide auf die gleiche
Quelle zurückgehen, nämlich Scheidt selbst, der zunächst seiner Sekretärin,
die nun die aus Berlin geflohene Marianne Feuersenger ersetzen musste, das
Wesentliche berichtete, und schließlich im April 1947 bei ihrem Besuch in
Stuttgart ihr selbst, was sie folgendermaßen zusammenfasste[49]:

„Menzel …! Sein Tod hat Scheidt doch sehr bewegt. Scherff hat ihn damals in Menzels Wohnung geschickt, um nachzusehen. Das Ehepaar muss
Abschied gefeiert haben. Der gedeckte Tisch zeigte das. Sie war sorgfältig,
liebevoll hingelegt. Menzel hatte 2 Meisterschüsse getan – durch die Schläfe,
auch bei sich selbst. Er müßte immer wieder daran denken, vermisse diesen
geistig so hochstehenden Menschen sehr. Er hätte keine Ahnung von Menzels Selbstmordabsichten gehabt, ihn nicht mehr getroffen nach meinem
Verschwinden".

Dass Scheidt nach dem 27. Januar Ottokar noch gesehen und gesprochen
hat, bezeugen der Bericht von Claus Grimm und das Tagebuch von Robert
Holtzmann; dass er keine Ahnung von den Selbstmordabsichten hatte, ist
glaubhaft, denn sein Freund scheint diesen Plan nur mit Marianne Feuersen-

---

[46] *Feuersenger*, Im Vorzimmer der Macht, S. 278: „Scherff hat ihn (d.h. Wilhelm
Scheidt) damals in Menzels Wohnung geschickt, um nachzusehen".

[47] *Grimm*, Vier Jahre als Forscher, S. 160 (IfZ S. 168): „Am gleichen Tage … ver-
übte auch Kriegsverwaltungsrat Dr. habil. Menzel von der WKrGesch gemeinsam mit
seiner Frau Selbstmord. Davon erfuhr ich allerdings erst eine Woche später". Berlin,
Landesarchiv, Standesamt Berlin-Schmargendorf Nr. 526 (Sterbeurkunde Hildegund
Menzel) und Berlin, Landesarchiv, Standesamt Berlin-Schmargendorf Nr. 546 (Sterbeurkunde Ottokar Menzel) sowie Berlin, Landesarchiv Bestand P Rep. 570 Nr. 1774
(Totenschein und Untersuchung Ottokar Menzel und Totenschein Hildegund Menzel).

[48] Siehe oben S. 10.

[49] *Feuersenger*, Im Vorzimmer der Macht, S. 278 f.

ger besprochen zu haben, die ihn nicht davon abhalten konnte, weil sie Berlin vorher verließ.

Claus Grimms Informationen, die er vermutlich von Marianne Feuersengers Nachfolgerin erhielt, sind ebenfalls sehr detailliert, auch wenn er nach eigener Aussage erst eine Woche später vom Tod der beiden erfuhr[50]: „Das Ehepaar Menzel hatte all seine Angelegenheiten mit großer Genauigkeit geordnet und dann an einem kleinen Tisch in der Ecke ihres Wohnzimmers eine Art Abschiedsfeier gehalten. Zwei Gedichtbände von Rainer Maria Rilke, die Duineser Elegien und das Requiem, lagen auf dem Tisch. Sodann hatten sie sich auf ein vorbereitetes Lager auf dem Boden gelegt und den entscheidenden Schritt getan. (Auf welche Weise, habe ich nicht erfahren). Infolge technischer Schwierigkeiten, die damals in Berlin aufgetreten waren, konnten sie erst am 28.2. bestattet werden. Sie hatten keine kirchliche Beerdigung gewünscht."

Offenbar teilte Wilhelm Scheidt aber nur Marianne Feuersenger die Art des Suizids mit. Dass Ottokar und Hildegund „den letzten Schritt in größter Ruhe vollzogen" hätten, schreibt er auch in seinem Brief vom 9. Februar an den Präsidenten des Reichsinstituts Theodor Mayer und erwähnt die „umsichtige Ordnung ihrer Verhältnisse"[51]. Hildegunds Ausgabe der Duineser Elegien von Rilke hat sich erhalten[52], genau wie 11 Weißweingläser, denn nach den Erzählungen in der Familie sollen beide das 12. Glas vor ihrem Tod an die Wand geworfen haben. Der kleine Tisch in der Ecke des Wohnzimmers, von dem Grimm schreibt, ist vermutlich der Tisch, der auf Fotos vom September 1942 abgebildet ist, die Ottokar und Hildegund in einem Buch lesend zeigen.

Nicht unglaubwürdig ist Grimms Behauptung, Ottokar hätte in den nächsten Tagen nach Berchtesgaden reisen und einen Offizierslehrgang beginnen sollen[53], aber nachprüfbar ist sie nicht, denn Ottokar Menzels Militärakte ist nicht mehr vorhanden[54]. Man kann spekulieren, dass Wilhelm Scheidt diesen Ausweg für seinen Studienfreund arrangiert hatte und es ihm in Aussicht stellte, als er Ottokar nach der kurzen Unterredung mit Scherff am 1. Februar

---

[50] *Grimm*, Vier Jahre als Forscher, S. 160 f. (IfZ S. 168 f.).

[51] Siehe unten S. 159.

[52] Das Exemplar der Duineser Elegien hat sich erhalten; siehe dazu oben S. 28; das Exemplar von Rilkes Requiem ist nicht erhalten.

[53] *Grimm*, Vier Jahre als Forscher, S. 161 (IfZ S. 169): „Die Gründe für den Selbstmord von Dr. Menzel sind nicht ganz klar. Er sollte in den nächsten Tagen dienstlich nach Berchtesgaden reisen und von dort einem Lehrgang für Offiziersanwärter überwiesen werden".

[54] Auskunft des Militärarchivs Freiburg im Breisgau vom 2.8.2021.

in Empfang nahm[55]. Warum er diese Möglichkeit durch seinen Suizid aus-
schlug und was die Art des Selbstmordes bedeuten könnte, wird noch zu er-
örtern sein.

3. „Nach umsichtiger Ordnung ihrer Verhältnisse": Ottokars und Hildegunds Testament

Was Wilhelm Scheidt und Claus Grimm damit gemeint hatten, dass Ottokar und Hildegund vor ihrem Tod ihre „Angelegenheiten mit großer Genauigkeit geordnet" hätten, lässt sich ziemlich gut rekonstruieren: in einem Brief
vom 20. Februar 1945 berichtete Hildegunds Vater Fritz Rogner Ottokars
Mutter, die beiden hätten „ihren Bekannten gegenüber … schon wochenlang
davon gesprochen und alles bis ins Kleinste vorbereitet, ihr Eigentum verteilt, an jeden Gegenstand einen Zettel mit dem Namen des Empfängers angebracht, zwei Testamente geschrieben"[56].

Ottokar verfasste am 1. Februar sein Testament und schrieb es nochmals
ab – das erste zweiseitige Exemplar – mit „1" und „2" unten am Rand nummeriert – war offenbar für das Nachlassgericht in Charlottenburg bestimmt,
denn entsprechende Kopien vom Original mit Stempel des Gerichts haben
sich im Familienarchiv Menzel und im Nachlass von Hedy Bühner gefunden;
die Zweitschrift war offenbar für die Haupterbin Ingeborg Rogner persönlich
bestimmt, in deren Nachlass sie erhalten geblieben ist; sie trägt auf der ersten
Seite die Nummer „4".

Daher war ein Blatt mit der Nummer „3" wahrscheinlich der „rückgelasse-
ne Brief", wie Robert Holtzmann ihn in seinem Tagebuch bezeichnete[57],
an Wilhelm Scheidt, wie man auch aus dessen Formulierung im Brief an
Theodor Mayer herauslesen kann: „gemäß eines hinterlassenen Wunsches
meines Freundes Ottokar Menzel obliegt es mir schmerzlicherweise Ihnen
die Nachricht zu übermitteln"[58]. Und auch Fritz Rogner bezeugt, dass Wilhelm Scheidt sofort brieflich Ottokars Mutter benachrichtigt hatte, die den
Brief jedoch nicht rechtzeitig vor der Beerdigung erhielt[59]. Scheidt war am
besten in der Lage zu handeln, weil er vermutlich eher als die Eltern Rogner
wusste, was zu tun war und die Personen kannte, zu denen sein Freund und
Kollege Ottokar Kontakt gehabt hatte und die benachrichtigt werden sollten.

---

[55] Siehe Grimms Beschreibung oben S. 131.

[56] Brief von Fritz Rogner an Luise Menzel am 20. Februar 1945.

[57] Siehe unten Anm. 75.

[58] Wilhelm Scheidt an Theodor Mayer am 9. Februar 1945 (München, MGH-
Archiv B 704/II).

[59] Siehe den Brief von Fritz Rogner an Luise Menzel vom 20. Februar 1945 unten
S. 208 f.

In diesem Brief an Scheidt wird Ottokar auch geschrieben haben, dass beide kein kirchliches Begräbnis wünschten, was Claus Grimm erfahren hatte. Hildegunds Seiten der Testamentsabschrift für das Nachlassgericht waren mit „11" und „12" nummeriert und so werden die fünf Blätter nach Ottokars beiden Testamentsschriften und dem Brief an Scheidt (Seite 1 bis 5) zum einen die zweiseitige Abschrift von Hildegunds Testament für ihre Schwester gewesen sein und der dreiseitige Brief an Hedy Bühner (Seite 6 bis 10). Da Hildegund am Anfang des Briefes an Hedy schrieb, sie schicke diesen Brief nicht mit der Post, kann man vermuten, dass er bei diesen Papieren lag.

Abschiedsbriefe, die diese Bezeichnung verdienen, schrieben beide nicht. Fritz Rogner erklärte am 11. November 1946 Ottokars Mutter, Hildegund habe „auch an keinen von uns einen Abschiedsbrief, es war ihr wohl zu schwer, geschrieben, während Ottokar mir noch an seinem letzten Geburtstag einen herzlichen Abschieds- und Dankesbrief nach Nessa schickte"[60]. Dieser Brief hat sich im Nachlass von Luise Menzel erhalten, da Fritz Rogner ihr offenbar das Original geschickt hatte und nicht nur eine Kopie, wie er im erwähnten Brief von November 1946 angeboten hatte. Am 31. Januar 1945 hatte Ottokar sich auch in Hildegunds Namen für alle „Freundlichkeit und Förderung, Nachsicht und Güte" bei seinem Schwiegervater bedankt, und festgestellt: „Wir wären sicher beide nicht so weit auf unserem gemeinsamen Weg gelangt, wenn uns nicht Dein Wohlwollen und Deine Unterstützung begleitet hätte." Dies auszusprechen, sei ihm „ein inneres Bedürfnis", denn „wir sind beide zu ernst und zu verschlossen, um viele Worte zu machen"[61]. Als letzter Brief Ottokars an seine Mutter muss wohl das Schreiben vom 26. Dezember 1944 gelten, in dem er ihr vom Tod seines Freundes Ernst Schulz berichtete und mit der Bezeichnung des „in die Freiheit gegangenen Freundes" die Anziehungskraft dieses letzten Schrittes für sich selbst andeutete[62].

Haupterbin von Ottokar und Hildegund war die 16jährige Ingeborg Rogner, die Möbel, Kleider, Wäsche, Hausrat und Vermögen erbte, bis auf die Bücher, für die das Testament mehrere Erben vorsah: die wissenschaftlichen Bücher sollten an das Historische Seminar nach Kiel gehen und Prof. Karl Jordan davon in Kenntnis gesetzt werden. Die in der Universitätsbibliothek Kiel eingelagerten Bücher vererbte Ottokar seiner Mutter mit der Empfehlung, sie dieser zu überlassen. Da die Universität Kiel, an der sein Vater Theodor gelehrt und er selbst sich habilitiert hatte, schwere Verluste erlitten hatte, war diese Schenkung eine großzügige Geste. Die noch in München befindlichen Bücher aus der Erbschaft von Ernst Schulz wurden nun Bern-

---

60 Siehe den Brief unten im Anhang S. 214 f.
61 Siehe den Brief unten im Anhang S. 197.
62 Siehe oben S. 195 f.

Abb. 11: Hildegund mit ihrer Schwester Ingeborg auf dem Arm (privat)

hard Bischoff vermacht, die Bücher und Materialien über Nikolaus von Kues sollte die Cusanus-Arbeitsstelle in Heidelberg erhalten. Eine große Schenkung von Weltliteratur, die im thüringischen Mühlhausen bei der befreundeten Familie Bühner untergestellt war, wurde nun den Bühners testamentarisch geschenkt. Einzelne in Rehbrücke untergestellte Sachen, darunter ein nicht näher bezeichnetes Pastellbild von Melchior Lechter, wurden einem „Fräulein Ilse Ohm" vererbt, möglicherweise auch eine Freundin von Hildegund, denn es ist auffällig, dass dieses Testament – bis auf die wissenschaftlichen Bücher – Hildegunds Schwester begünstigte sowie ihre Freundin Hedy; da liegt es nahe, dass auch Ilse Ohm eine ihrer Freundinnen war. Offenbar stand niemand aus der väterlichen Verwandtschaft Ottokar so nah, dass er sie im Testament bedachte.

Ottokar und Hildegund hatten sich in ihren Testamenten zunächst gegenseitig als Erben eingesetzt mit dem Zusatz: „Sollte meine Ehefrau (bzw. mein Ehemann) bei meinem Tode nicht mehr am Leben sein, so bestimme ich ..." die Verfügungen getroffen. Ein umfangreicher Nachtrag in Ottokars Testament weist aber darauf hin, dass die Idee einer Schenkung von Hildegunds philosophischen Büchern und denen über Nikolaus von Kues samt Urkunde, die Ernst Schulz ihr geschenkt hatte, an die Cusanus-Arbeitsstelle in Heidelberg erst aufkam, als Hildegund ihr Testament am 4. Februar niederschrieb und nicht schon, als Ottokar am 1. Februar seines schrieb. Außerdem wird in diesem Nachtrag Ottokars Lebensversicherung ebenfalls Ingeborg Rogner vermacht. Ein entsprechender Nachtrag dazu fehlt in Hildegunds Testament – und man kann vermuten, dass sie darauf verzichtete, diesen Passus noch aufzunehmen, weil sie wusste, dass Ottokar sie nur um sehr kurze Zeit ,überleben' würde.

4. „Die schreckliche Gegenwart, die trostlose Zukunft und eine Frau" – Gründe für den Suizid

Auch wenn es in diesen Jahren und erst recht in den letzten Kriegsmonaten viele Tote gab, nicht zuletzt durch Suizid[63], haben sich die Überlebenden, Familie, Freunde und Kollegen, immer wieder die Frage gestellt, warum diese beiden jungen Menschen, die noch eine vielversprechende Zukunft vor sich zu haben schienen, keinen anderen Ausweg mehr gesehen hatten als diesen[64].

Durch insgesamt fünf Briefe, die Fritz Rogner zwischen dem 20. Februar 1945 und dem 11. November 1946, d.h. bis knapp vier Monate vor seinem Tod, an Luise Menzel schrieb, werden die Gründe für diesen erweiterten Suizid deutlicher. Offenbar versuchten Hildegunds Vater und Ottokars Mutter das Geschehene zu verarbeiten und Erklärungen zu finden.

In seinem ersten Brief an Ottokars Mutter nach dem „Unglück von Wilmersdorf" schrieb Fritz Rogner: „Ich denke, sie haben beide die Nerven verloren: die schreckliche Gegenwart, die trostlose Zukunft, allerdings spielt auch eine ,Frau' eine unrühmliche Rolle dabei"; gleichzeitig bekannte er aber auch: „Was sie zu diesem Verzweiflungsschritt getrieben hat, wird wohl immer ein Rätsel bleiben. Ottokar hat sich im Dienst nichts zuschulden kommen lassen"[65]. Die minutiöse Planung schon Wochen zuvor spricht allerdings nicht dafür, dass beide „die Nerven verloren" hatten.

Am 20. März 1945 und in seinem vorletzten Brief an Luise Menzel vom 23. Oktober 1946, also eineinhalb Jahre später, gab Fritz Rogner dann an, Ottokars Entschluss habe seit Weihnachten 1945 „unumstößlich" festgestanden, nachdem Ernst Schulz Suizid begangen hatte. Dass Ottokar die gleiche Todesart wählte, untermauert diese Vermutung und die Tatsache, dass er die

---

[63] Vgl. dazu *Goeschel*, Selbstmord im Dritten Reich, bes. S. 313: die Selbstmordzahlen in Berlin lagen im Februar noch bei unter 200, im April waren es dann fast 4000.

[64] Ebda. S. 255: „Jeder Selbstmord traf Freunde, Familie und Verwandte tief".

[65] Siehe den Brief unten im Anhang S. 209.

Abb. 12: Ernst Schulz, der Freund von Ottokar (München, Stadtarchiv)

Tat des Freundes als „Gang in die Freiheit" empfand, wie er seiner Mutter schrieb. Offenbar hatte Fritz Rogner im Laufe der Zeit Details von einer Nachbarin im Haus erfahren und von einer Haushaltshilfe, denen Hildegund sich in den Wochen zuvor anvertraut hatte[66]. Sie hatte also das Bedürfnis, mit jemandem darüber zu reden, aber nicht mit ihrer Familie oder mit Personen, die ihr nahestanden wie ihre Freundin Hedy Bühner[67].

---

[66] Fritz Rogner an Luise Menzel am 23. Oktober 1946: „Sie (= Hildegund) hat sich uns gegenüber nie darüber ausgesprochen. Was wir darüber wissen, haben wir von Frau Keller und der Aufwartefrau Otto erfahren. Ich bitte Sie, diese ganze Sache in einem eventl. Antwortbriefe nicht zu erwähnen, denn meine Frau wollte nicht, daß ich Ihnen das mitteile, aber ich sage mir, die Wahrheit, auch wenn sie bitter ist, ist immer noch besser, als gar nichts zu erfahren", siehe S. 212 f.

[67] Fritz Rogner an Luise Menzel am 20. Februar 1945: „Sie haben sich uns gegenüber nie ausgesprochen, dann hätten wir versucht, sie auf andere Gedanken zu bringen, dagegen ihren Bekannten gegenüber haben sie schon wochenlang davon gesprochen" und an Luise Menzel am 1. März 1945: „... Aber Frau Keller, die bis in die letzten Tage mit den beiden zusammen war, wird Ihnen einmal ausführlich berichten. Wir wissen ja alles auch nur von ihr und der Aufwartefrau. Uns gegenüber waren sie

Erst als Fritz Rogner im Oktober 1946 seinen eigenen Gesundheitszustand als hoffnungslos ansah, schrieb er Luise Menzel die ganze Wahrheit, da sie brieflich offenbar Ottokar den Vorwurf gemacht hatte, er hätte Hildegund „nicht mitnehmen dürfen". Selbst in dieser Situation verteidigte er seinen Schwiegersohn und machte ihm keinerlei Vorwürfe: „Damit tun Sie", so schrieb er an Luise Menzel, „ihm Unrecht, es war ihr dringendster Wunsch, ihn nicht allein aus der Welt gehen zu lassen … Wie kam sie nun zu dem furchtbaren Entschluß? Ottokar hatte einen Seitensprung gemacht, er war in die Netze der Filmschauspielerin Nora von Rautenberg geraten. Diese Frau war ihm sogar nach Berchtesgaden nachgereist und hatte mit ihm dort gelebt, auch sehr weitgehende Versprechungen von ihm erhalten. Sogar an seinem Hochzeitstag ließ er Hildegund allein und war mit dieser andern zusammen. Als Hildegund dahinter kam, war sie total gebrochen. Frau Kellers Trost, daß jede Frau mit der Untreue ihres Mannes rechnen müsse, hatte keine Wirkung, sie bekam schwere Herzkrämpfe. Nun aber pflegte er sie in rührender Weise, ließ von der andern ab und söhnte sich mit Hildegund wieder aus. Diese wollte ihn nun nicht wieder weglassen, sondern ging lieber mit ihm in den Tod"[68]. Im nächsten Brief betonte er dann nochmals, Hildegund habe „sich ganz auf sich selbst zurückgezogen bis Ottokar kam, in dem sie dann vollständig aufging"[69].

Hildegunds Brief an Wolfgang Frommel aus dem Sommer 1931 lässt ahnen, wie sehr die leidenschaftliche junge Frau auf einen Mann wie Ottokar gewartet hatte, und ihre hochemotionalen Buchwidmungen belegen, dass es für sie nur diesen einen Mann gab. Außerdem nahm er sie als Wissenschaftlerin ernst und war, wie Marianne Feuersenger es 1943 ausgedrückt hatte, „anders … als andere Männer"[70].

Dass Ottokar sich dann 1944 auf eine Affäre mit der fünf Jahre älteren Schauspielerin und Sängerin Nora von Rautenberg einließ[71], kann mehrere Gründe gehabt haben: das Gefühl, im Leben bislang etwas verpasst zu haben, der Reiz eines Abenteuers, das von der tristen Gegenwart ablenkte, Einsamkeit in Berchtesgaden in schwierigen Zeiten; es mag auch seiner Eitelkeit geschmeichelt haben, dass eine adelige Schauspielerin sich für ihn interessierte. Jedenfalls muss Ottokar, wenn die Äußerungen von Fritz Rogner stimmen, noch am 22. Dezember 1944, einem Freitag, mit seiner Geliebten zusammen gewesen sein, denn das war der Hochzeitstag von Ottokar und

---

ja sehr verschlossen, wir standen ihnen innerlich fern, wie uns Ottokar in seinem Abschiedsbriefe schrieb", siehe S. 208–210.

[68] Siehe den Brief unten S. 212 f.

[69] Siehe den Brief unten S. 214.

[70] Siehe den Brief unten S. 205.

[71] Siehe zu Nora von Rautenberg-Garczynski oben S. 117 mit Anm. 93.

Hildegund. Am Tag darauf erfuhr er dann vom Tod seines Freundes Ernst
Schulz. Daher muss die Versöhnung zwischen Ottokar und Hildegund, wenn
die von ihrem Vater erwähnte (psychische) Erkrankung Hildegunds voraus-
ging, in den ersten Januarwochen geschehen sein, so dass ihr Entschluss, ihn
nicht allein sterben zu lassen, am 27. Januar, als sie sich Charlotte Holtzmann
anvertraute, bereits feststand: „Hilde hat lange geschwankt, der Entschluß ist
ihr sicher sehr schwer geworden; denn sie hat in der letzten Zeit viel geweint,
aber zu ihren Bekannten hat sie immer Andeutungen gemacht, daß sie mit
ihrem Manne gehe", schrieb Fritz Rogner bereits am 20. März 1945 an Luise
Menzel.

Wenn man die möglichen Motive für diesen Schritt analysiert, mag bei
Ottokar auch eine Rolle gespielt haben, dass er sich – neben seinen sicher
großen Ängsten vor dem Fronteinsatz und russischer Gefangenschaft – auf
diese Weise der Situation entziehen konnte, zwischen zwei Frauen zu stehen.
Er wird außerdem seine außereheliche Beziehung als moralisches Versagen
empfunden haben und vermutlich hat sein Chef Walter Scherff ihm dies auch
bei dem letzten, sehr kurzen Gespräch am 1. Februar 1945 vorgeworfen,
denn das legt die Aussage von Claus Grimm nahe, Menzel sei schon nach
fünf Minuten und weiß wie Kalk aus seinem Zimmer gekommen. Vermutlich
hatte Scherff durch seine Sekretärin Barbara von Rautenberg erst von der
heimlichen Affäre erfahren, nachdem Ottokar sie im Januar beendet hatte,
und wird daher seinen langjährigen Mitarbeiter kurz und frostig verabschiedet haben.

Als Erklärung dafür, dass Ottokar und Hildegund nicht Gift wählten, um
in den Tod zu gehen, sondern eine Schusswaffe, ist vielleicht nicht nur aus-
schlaggebend gewesen, dass Ernst Schulz auf die gleiche Weise seinem Leben ein Ende gesetzt hatte, denn in diesen Monaten wäre in Berlin Gift in
Gestalt von Blausäure und Zyankali wohl leicht zu beschaffen gewesen und
dies war die gängige Art, Suizid zu begehen[72], denn dass ausgerechnet Ottokar mit seiner „Scheu vor dem Soldatenhandwerk", wie Claus Grimm es
formulierte, diese Wahl traf, ist bemerkenswert. Vielleicht spielte auch das
im militärischen Bereich bekannte Motiv der Wiederherstellung der Ehre für
Ottokar eine Rolle, gerade nach der Art seiner Verabschiedung durch Walter
Scherff. Wilhelm Scheidt wird sicher auch Bescheid gewusst haben, was das
Verhältnis seines Kollegen anbelangt, aber er hatte sich vermutlich um den
Offizierslehrgang für Ottokar in Berchtesgaden gekümmert und sah daher die
Katastrophe nicht kommen. Marianne Feuersenger, die aufgrund ihres Kon-

---

[72] Vgl. *Huber*, Florian: Kind, versprich mir, dass du dich erschießt. Der Untergang
der kleinen Leute 1945, München 2015, S. 124 ff., im Frühjahr 1945 seien Zyankali
und Blausäure in großen Mengen in Umlauf gekommen. Huber stützt sich nicht zuletzt auf Aussagen der Journalistin Margret Boveri in Berlin.

taktes zu den Schwestern Rautenberg[73] ebenfalls im Bilde gewesen sein dürfte, thematisierte dann in ihrem Buch so intensiv Ottokars Furcht vor dem Fronteinsatz und den Russen[74], weil sie das Andenken an ihren verehrten Kollegen nicht beschädigt sehen wollte.

Der Eintrag im Tagebuch von Robert Holtzmann dazu lässt sich mit diesem Wissen ebenfalls entschlüsseln: Er erfuhr erst am 17. Februar von dem Doppelsuizid, als seine Frau in der Dienststelle Wilhelm Scheidt aufsuchte, vermutlich weil ihnen verdächtig vorkam, dass sie so lange nichts von Ottokar und Hildegund gehört hatten. „Schrecklich!!" kommentierte er das Geschehen im Tagebuch. Zwei Tage später besuchten Holtzmanns dann Scheidt am Abend privat, um Näheres zu erfahren und er notierte anschließend: „Menzel hat am 6. d.M. seine Frau und sich erschossen, gab in einem rückgelassenen Brief „persönliche Gründe" dafür an; über diese hatte seine Frau der meinen am 27. I. Confidenzen gemacht (Vorfälle vom Sommer in Berchtesgaden, die sich dann auch in Berlin wiederholten)[75]". Damit muss Ottokars Affäre gemeint sein, da ja auch Fritz Rogner erwähnt, Nora von Rautenberg sei ihm nachgereist, und aus diesem Grund hatte Holtzmann seinen Brief vom 29. Januar vermutlich auch nur an Hildegund geschrieben, um sie davon abzuhalten, mit ihrem Mann den Tod zu suchen. Dass er selbst in seinem Tagebuch nur in Andeutungen schreibt, zeigt, wie sehr er das Verhalten seines Schülers missbilligt haben muss, d.h. seine Affäre und die Tötung seiner Frau, zumal er vermutlich nicht wusste, mit welcher Leidenschaft Hildegund an ihrem Mann hing.

Im Brief an ihre Freundin Hedy vom 3. Februar hatte Hildegund noch einmal ihre „glückliche Ehe" und die „unendlich schönen … gemeinsamen Stunden" beschworen[76]. Und deshalb inszenierten beide wohl auch ihren Tod mit einer Abschiedsfeier, die alle vom tragischen Ende einer großen Liebe in einer ausweglosen Situation überzeugen sollte, obwohl es Auswege gegeben hätte, denn Ottokar hätte vermutlich zum Offizierslehrgang nach Berchtesgaden fahren können und Hildegund wie ihre Schwester nach Bad Cannstatt. Aber mit ihrer Entscheidung, mit ihrem Mann zu sterben, dokumentierte Hildegund – wie fast drei Monate später Eva Braun – vor aller Welt und nicht zuletzt vor Ottokars Geliebter, dass sie die einzige Frau für ihn war und außerdem bereit, dafür das größte Opfer zu bringen, nämlich das eigene Leben – und so war dieser gemeinsame Tod vermutlich vor allem eines: das tragische Ende einer leidenschaftlichen Liebe, die ziemlich genau drei-

---

[73] Siehe oben S. 118 ff. zu Marianne Feuersengers Unternehmungen mit den Schwestern Rautenberg im Sommer 1944 in Berchtesgaden.

[74] Siehe oben S. 130.

[75] *Holtzmann*, Tagebuch 17. und 19. Februar 1945, S. 139.

[76] Siehe den Brief an Hedy Bühner unten S. 201 ff.

zehn Jahre zuvor begonnen hatte, als zwei sehr junge Menschen sich inein-
ander verliebten.

5. Nochmals der Wilmersdorfer Waldfriedhof

Die Kriminal-Inspektion Charlottenburg nahm, da der Sachverhalt offensichtlich war, keine Obduktion der Leiche von Hildegund vor, sondern stellte
den Totenschein bereits am 7. Februar und den Beerdigungsschein am 9. Februar 1945 aus. Der Bestattungsschein für Ottokar datiert dagegen vom
16. Februar 1945, ausgestellt durch das Gericht der Wehrmachtskommandan-
tur, das ihn an das Reserve-Lazarett 101 in Berlin Charlottenburg am Spandauer Berg 1 schickte, d.h. in seinem Fall hatte es eine Untersuchung gegeben[77]. Auf dem Totenschein steht mit Bleistift „Rogener" und die Telefon-
nummer von Ottokar und Hildegund, vermutlich weil ihr jüngerer Bruder
Heinz Rogner aus Angst vor Plünderungen in der Wohnung übernachtete, die
bis zum 1. April für Nachmieter geräumt werden musste. Die Bürokratie
ging ihren geordneten Gang, so dass man sich beim Anblick der amtlichen
Dokumente nicht vorstellen kann, dass Berlin damals schon eine weitgehend
zerstörte Stadt war, kurz vor der Umklammerung durch die Rote Armee.

Fritz Rogner meldete am 20. Februar auf dem Standesamt Schmargendorf
den Tod seines Schwiegersohnes[78]. Bereits am 19. Februar war Hildegunds
Sterbeurkunde ausgestellt worden nach „schriftlicher Anzeige des Polizeiprä-
sidenten vom 9. Februar"[79]. Zu den Totenscheinen gibt es Aktenzeichen der
Generalstaatsanwaltschaft in Berlin, die zugehörigen Akten haben sich jedoch nicht erhalten – aus welchen Gründen auch immer.

Da auf dem innerstädtischen Friedhof in Wilmersdorf seit 1935 nur noch
Feuerbestattungen stattfinden durften, entschieden sich Selma und Fritz Rogner vermutlich für den Wilmersdorfer Waldfriedhof als letzte Ruhestätte, da
dort Erdbestattungen zulässig waren[80].

Am 21. Februar kauften sie eine 20 qm große Familiengrabstätte für einen
Zeitraum von 60 Jahren, d.h. bis zum Jahr 2005, wie die Grabkarte aus-

---

[77] Berlin, Landesarchiv Bestand P Rep. 570 Nr. 1774 (Totenschein und Untersuchung Ottokar Menzel und Totenschein Hildegund Menzel); Berlin, Landesarchiv,
Standesamt Berlin-Schmargendorf Nr. 526 (Sterbeurkunde Hildegund Menzel) und
Berlin, Landesarchiv, Standesamt Berlin-Schmargendorf Nr. 546 (Sterbeurkunde Ottokar Menzel).

[78] Berlin, Landesarchiv, Standesamt Berlin-Schmargendorf Nr. 546 (Sterbeurkunde Ottokar Menzel).

[79] Berlin, Landesarchiv, Standesamt Berlin-Schmargendorf Nr. 526 (Sterbeurkunde Hildegund Menzel).

[80] Vgl. dazu *Hahn*, Berliner Friedhöfe, S. 277.

weist[81]. Ottokars Kollege Claus Grimm schrieb in seinen Erinnerungen von „technischen Schwierigkeiten", die eine frühere Beisetzung der beiden nicht zugelassen hätten, und vielleicht war es aufgrund der vielen Toten durch die Bombenangriffe auf Berlin nicht möglich, die Särge von der Sammelstelle südlich des Bahnhofs Charlottenburg schneller nach Stahnsdorf zu transportieren, denn die berühmt-berüchtigte sog. „Friedhofsbahn" von Berlin-Wannsee nach Stahnsdorf fuhr nicht mehr, so dass der Transport nun mit Lastwagen erfolgen musste. Als Termin der Beerdigung nennt die Todesanzeige wie auch die Grabkarte Mittwoch, den 28. Februar 1945 um 14:40 Uhr. Fritz Rogner beschrieb Luise Menzel, die den Brief mit der Todesnachricht nicht erhalten hatte, die Trauerfeier: dass sie zwar keinen Geistlichen gehabt hätten, dass aber „der Vorgesetzte und Freund" Rittmeister Scheidt „eine sehr schöne Rede" gehalten habe[82].

*

Nach Ende des Krieges wurden die Opfer von Krieg und Gewalt durch das „Zentralnachweiseamt für Kriegerverluste und Kriegergräber" in Listen und auf Karteikarten auf der Grundlage der Bestattungsregister der Friedhöfe erfasst[83]. Ein Gesetz über die Sorge für die Kriegsgräber wurde am 27. Mai 1952 verabschiedet und Listen für Gräber angelegt, auf die allein wegen seiner Zugehörigkeit zum Militär auch Ottokar Menzel aufgenommen wurde. Auf seiner Karteikarte im Zentralnachweiseamt, die dem Eintrag in die Liste zugrunde lag, war auch das Familiengrab als Ort seiner Bestattung festgehalten. Für Hildegund Menzel wurde keine Karteikarte angelegt, weil Zivilisten, die vor dem 15. April und nach dem 9. Mai 1945 Suizid begangen hatten, nach dem Gesetz paradoxerweise nicht als Opfer des Krieges anerkannt wurden.

Als der Berliner Senat im Jahr 1998 entschied, auf dem Wilmersdorfer Waldfriedhof eine geschlossene Anlage zu errichten, um die Ausmaße von Krieg und Gewaltherrschaft zu dokumentieren, erfolgte durch eine Garten- und Landschaftsbaufirma in Abstimmung mit der Friedhofsverwaltung die

---

81 Berlin, Friedhof Stahnsdorf Register Nr. 1006 (Grabkarte Ottokar Menzel) und Berlin, Friedhof Stahnsdorf Register Nr. 1007 (Grabkarte Hildegund Menzel). Die Grabpflege übernahm zunächst Fritz Rogner und nach dessen Tod der älteste Sohn Ulrich.

82 Siehe den Brief Fritz Rogners, den er am Tag nach der Beerdigung schrieb, unten S. 210.

83 Die folgenden Ausführungen über die Verlegung Ottokar Menzels, die Vorgehensweise hierbei und die Gründe beruhen auf den Mitteilungen von Frau Rima Gutte, Senatsverwaltung für Umwelt, Mobilität, Verbraucher- und Klimaschutz der Stadt Berlin, vom 11. April 2022 per Email, der ich dafür herzlich danke.

sog. „Verlegungsmaßnahme", d. h. Ottokars sterbliche Überreste wurden aus
dem Familiengrab in die neue Anlage verlegt, denn aufgrund gesetzlicher
Regelungen werden vom Deutschen Staat nur reale Verlegungen, die von
sog. Umbettern des Volksbundes Deutsche Kriegsgräber durchgeführt werden, finanziert und keine ‚symbolischen Gräber‘. Im Anschluss an die Verlegung Ottokars auf die neue Grabanlage wurde dann auf seiner Karteikarte
die Angabe des Familiengrabes durchgestrichen und durch die neue Grab-
nummer ersetzt. Eine sog. Liegeplatte aus Vollkeramik mit seinen Daten
wurde ausgelegt, wie dies üblich ist.

Diejenigen, die über die Verlegung der sterblichen Überreste von Ottokar
Menzel entschieden, konnten nicht ahnen, dass sie damit ein Ehepaar trenn-
ten, das eine für lange Zeit glückliche und dann schließlich tragische und
tödliche Liebe verband. Aber der Familiengrabstein, der Hildegunds wie Ottokars Namen trägt, steht für die enge Verbindung der beiden und sieht immer noch so aus, als sei er erst vor kurzem gesetzt worden und nicht schon
vor über 77 Jahren.

VII. Familie, Freunde und Kollegen in der Nachkriegszeit

1. „Weder Familie noch Heimat ist mir geblieben": Luise Menzel

„Noch heute kann ich es nicht fassen, dass die beiden jungen Menschen aus dem Leben gehen mussten, die der Welt doch so manches beruflich hätten geben können und mir selbst doch Halt und Stütze sein sollten", schrieb Luise Menzel am 16. September 1946, also eineinhalb Jahre nach dem Suizid von Sohn und Schwiegertochter an Professor Helmuth Scheel (1895–1967) über den „schweren Schicksalsschlag, der über mich hereingebrochen ist"[1]. Scheel war auf der Suche nach einer wertvollen Handschrift aus dem Besitz von Theodor Menzel, dem sog. Neshri-Codex, und hoffte vergeblich, wie sich herausstellte, dass er sich bei ihr in Bad Sachsa befände[2]. Luise Menzel lebte, nachdem sie 1943 in Kiel ihre Wohnung durch Bombenschaden verloren hatte, immer noch in Bad Sachsa im Harz zur Untermiete, nachdem im Mai 1946 vom Wohnungsamt der stark zerstörten Stadt Kiel ihr Antrag auf Zuzugsgenehmigung abgelehnt worden war. Alle ihre Versuche, nach Kiel zurückzukehren, auch mit Hilfe eines ärztlichen Attestes oder der Fürsprache von Bekannten, misslangen.

In Kiel hatte sie nach dem Tod ihres Mannes im März 1939 bis zu ihrer Ausbombung weiter in der großen Wohnung an der Tirpitzstraße 138 (nach dem Krieg Feldstraße) gelebt. Eine handschriftliche Auflistung, die sie im Februar 1941 über die Einrichtung der Sechs-Zimmer-Wohnung anfertigte, gibt einen Eindruck davon: das Arbeitszimmer von Theodor Menzel hatte sie anscheinend nach seinem Tod unverändert gelassen; bei der Einrichtung des Wohnzimmers erwähnte sie die Kinderbüste ihres verstorbenen Sohnes Theo-

---

[1] Alle Briefe von und an Luise Menzel sind im Familienarchiv Menzel. Siehe zu Scheel oben S. 76.

[2] Vgl. ĜIHĀNNŪMĀ. Die altosmanische Chronik des Mevlānā Mehemmed Neshrī, im Auftrage der Deutschen Akademie der Wissenschaften zu Berlin nach Vorarbeiten von Theodor Menzel herausgegeben von Franz Taeschner, Band 1: Einleitung und Text des Cod. Menzel (1951). Der Orientalist Taeschner gab schließlich anhand von Fotos und Aufzeichnungen Theodor Menzels die Chronik heraus, von der Menzel einen Codex unicus besessen hatte, den sein Sohn sich Anfang 1945 hatte aushändigen lassen, nachdem er bis dahin im Tresor der Preußischen Akademie gelegen hatte. Dass die Handschrift dann im Tresor von Ottokars Dienststelle verbrannt ist, ist die wahrscheinlichste Erklärung.

dor aus Nymphenburger Porzellan („Büste von meinem Sohn modoliert in Nympfenburg" [sic]), die den Krieg wie durch ein Wunder unbeschadet überstanden hat; auch für das Speisezimmer werden Platten aus Nymphenburger Porzellan erwähnt sowie ein Ausziehtisch für 10 Personen.

Die erhaltenen Briefe von Nachbarinnen oder Freundinnen an Luise Menzel von 1946/47 belegen, dass sie in Bad Sachsa in sehr kümmerlichen Verhältnissen lebte: ihre Möbel und ihr Hausrat waren weitgehend in Kiel untergestellt bzw. in Benutzung derjenigen, die sich bereit erklärt hatten, die Sachen übergangsweise zu beherbergen und die sie nun nicht mehr herausgeben wollten. So besaß sie nicht einmal mehr ein Federbett, wie in einem Brief erwähnt wird. Auch Luise Menzels Versuche, Gegenstände aus ihrem Besitz durch Freundinnen oder Nachbarinnen in Kiel gegen Lebensmittel oder Marken tauschen zu lassen, scheiterten immer wieder. Ob die beauftragten Bekannten wirklich nichts bekommen konnten oder ihr dies nur vormachten, lässt sich nicht mehr sagen. Als Luise Menzels Erbe, ihr Neffe Robert Menzel, nach dem Tod seiner Tante in Briefen nach dem Verbleib der geerbten Sachen fragte, beschuldigten sich die Frauen gegenseitig, Kisten mit Silber, also wohl Silberbesteck, und anderes unterschlagen zu haben, und die Wertgegenstände blieben verschwunden. Im Winter 1946 hatte Luise Menzel, wie aus einem Brief hervorgeht, sich einmal selbst auf den Weg nach Kiel gemacht, wo sie nicht einmal in einem Hotel unterkam, sondern zunächst in einer kalten Baracke bei der Polizei nächtigen musste und anschließend bei Bekannten, denen sie nach ihrer Ausbombung viel geschenkt hatte, auf dem Sofa schlafen durfte. Allerdings drängten diese dann auf ihre baldige Abreise. Bei diesem Aufenthalt stellte sie fest, dass der Tresor im Bankhaus Ahlmann, bei dem Luise und Theodor Menzel ihre Entschädigungszahlungen für die Vermögensverluste in Odessa angelegt hatten, geleert war, so dass kein Schmuck und Wertgegenstände mehr vorhanden waren.

Im Briefwechsel mit Fritz Rogner ging es immer wieder um die Gründe für den Suizid von Sohn und Schwiegertochter, denn offenbar war er der einzige, mit dem sie sich darüber austauschen konnte[3].

Außerdem war die Bibliothek ihres verstorbenen Mannes, die in verschiedenen Schreiben auf 4.000 bis 5.000 Bände beziffert wurde und teils in Kiel durch die Universitätsbibliothek eingelagert worden war, eine Angelegenheit, die sie beschäftigte. Ein Teil der Bücher war bei ihr in Bad Sachsa und sie schickte diese schließlich in drei Kisten von 250 kg auch nach Kiel an die Universitätsbibliothek, die trotz Platzmangel die Bücher annahm, weil man sich Hoffnungen machte, der Erbin die gesamte Bibliothek abkaufen zu kön-

---

3 Siehe dazu oben S. 139.

Abb. 13: Ottokar und Hildegund an Weihnachten 1942 (privat)

nen[4]. Auch von Helmuth Scheel ließ Luise Menzel sich beraten, denn verschiedene Universitäten hatten ihr Interesse bekundet, aber bis zu ihrem Tod kam sie zu keinem Entschluss, da die deutschen Bibliotheken in diesen Jahren wenig zahlungskräftig waren, weil sie viele Verluste durch Bombenangriffe kompensieren mussten.

Dass Luise Menzel bis Kriegsende immer noch recht vermögend war, belegt der handschriftliche Entwurf ihres Testaments, den sie nach dem Tod ihres Mannes (1939) gemacht haben muss: Sie bestimmte ihren Sohn Ottokar zum alleinigen Erben ihres gesamten Vermögens bestehend aus ihrer beweglichen Habe, ihrer „Russischen Bibliothek" und ihren Wertpapieren in Höhe von 51.000 Reichsmark. Mit Bleistift durchgestrichen wurden dann zu einem unbekannten Zeitpunkt von ihr die Worte „Alleiniger" und „gesamt" und mit Bleistift ergänzte sie, dass ihr Schmuck ihren Enkeln gehören solle. Außerdem fügte sie den Satz an: „Sollte die Ehe meines Sohnes kinderlos bleiben, dann wird es zu gleichen Teilen geteilt zu den Kindern des Sohnes meiner Schwester Felix Grabowsky in Odessa, zu die des Sohnes meines † Schwagers Robert Menzel in München". Da Luise Menzel selbst schon

---

[4] Unklar ist, wer die 756 Handschriften Theodor Menzels besaß, die 1981 aus „norddeutschem Privatbesitz" für die Universität Kiel erworben wurden: vgl. *Claus-Peter von Haase*, Die Orientalischen Handschriften der Sammlung Theodor Menzel nebst dem alten Bestand (1985) S. 2 (digitalisiert unter https://dibiki.ub.uni-kiel.de/viewer/image/PPN684429586/2/).

sehr betagt war, als sie diese Änderungen machte, kann man daraus schließen, dass sie nach Ottokars Einberufung zur Wehrmacht im Mai 1941 damit
rechnete, dass er fallen könnte, und in diesem Fall die ‚nächste' Generation
in Gestalt der Neffen in Odessa und München als Erben einsetzen wollte.

Dieses Testament kam jedoch nicht zur Ausführung: Alle Nachforschungen nach ihrer Schwester und deren Familie über das Rote Kreuz blieben
erfolglos und so muss Luise Menzel im Laufe des Jahres 1947 den Gedanken
aufgegeben haben, die Bibliothek ihres Mannes selbst zu verkaufen. Sie
machte stattdessen im Juli 1947 bei einem Notar in Bad Sachsa ein Testament, in dem sie den Neffen ihres Mannes, Robert Menzel (1914–2008),
zum alleinigen Erben einsetzte. Gesundheitliche Probleme, die zu Kranken-
hausaufenthalten führten, setzten ihr immer mehr zu, auch sei sie „manchmal
in ihrem Denken nicht ganz klar" gewesen, denn „Ottokars Tod hatte sie zu
sehr angegriffen, davon konnte sie sich nicht wieder erholen", schrieb eine
Kieler Bekannte nach Luise Menzels Tod an den Neffen. Am 1. Dezember
1947 starb Luise Menzel in Bad Sachsa, ihre Schwägerin Maria Menzel aus
München war bei ihr.

Ihr Neffe und Erbe Robert Menzel verkaufte die Bibliothek seines Onkels
Theodor aber nicht an die Universitätsbibliothek Kiel, wie Ottokar das in
seinem Testament vom 1. Februar 1945 seiner Mutter vorgeschlagen hatte,
sondern ließ sie und die wertvollen Handschriften nach München bringen.
Erst 1950 veräußerte er die Bibliothek an das Institut für Geschichte und
Kultur des Nahen Ostens der Ludwig-Maximilians-Universität in München –
dem Seminar, an dem Theodor Menzels jüdischer Kollege Karl Süßheim
gelehrt hatte. Robert Menzels Witwe Mathilde (1923–2020) schenkte dann
im Jahr 2011 die wertvollen Handschriften Theodor Menzels der Bayerischen
Staatsbibliothek in München[5], an der 1938 Ottokar einige Monate als (un-
glücklicher) Volontär tätig gewesen war. Schon 1954 hatte der damalige
Leiter der Handschriftenabteilung Paul Ruf brieflich sein Interesse an diesen
Handschriften bekundet und in seinem Brief darauf hingewiesen: „Professor
Menzels 1945 ums Leben gekommener Sohn, der einige Zeit Volontär an der
Bayr. Staatsbibliothek war, hat sich des öfteren mit Angehörigen unserer
Bibliothek über die Handschriften seines Vaters unterhalten", was stimmen
mag oder nicht. Ottokars unglückliche Monate in München lagen damals
schon 16 Jahre zurück[6].

---

5 Vgl. dazu *Rebhan*, Eine Erbschaft, S. 3 sowie Bayerische Staatsbibliothek. In
erster Linie. Jahresbericht 2011 S. 19.
6 Siehe dazu oben S. 60 f.

2. „Wir waren ja damals der Verzweiflung nahe": Familie Rogner

Als Ottokars Mutter Luise Anfang Dezember 1947 in Bad Sachsa starb, lebte Hildegunds Vater Fritz Rogner schon nicht mehr. Fast auf den Tag genau zwei Jahre nach dem Tod seiner Tochter war Fritz Rogner im Charlottenburger Krankenhaus seinem langjährigen Herzleiden erlegen, laut Sterbeurkunde am 5. März, laut Friedhofsregister und Grabstein am 4. März 1947[7]. In ihrem Antwortbrief an Robert Menzel, der Anfang 1948 an Selma Rogner geschrieben hatte, um nach dem Verbleib von zwei Koffern aus seiner Erbschaft zu fragen, führte sie den Tod ihres Mannes auf das „große Unglück in Wilmersdorf" zurück, das er nicht verkraftet habe[8].

Von Fritz Rogner haben sich fünf Briefe an die Schwiegertochter Susi und den älteren Sohn Ulrich erhalten, die von Oktober 1945 bis Januar 1946 stammen[9] und einen guten Einblick in die schwierigen Lebensumstände der unmittelbaren Nachkriegszeit in Berlin geben: da er NSDAP-Mitglied gewesen war, wurde Fritz Rogner als Lehrer entlassen und musste als Hilfsarbeiter auf dem Bau arbeiten wie seine Frau Selma. Dies fiel beiden angesichts der schlechten Ernährungslage und ihrem fortgeschrittenen Alter verständlicherweise schwer. Im Juli 1945 mussten sie dann das Haus räumen, das von der Britischen Armee beschlagnahmt wurde. Sie zogen in ein Zimmer im Nachbarhaus (Im Hornisgrund 10), in dem dann auch Hildegunds Schwester Ingeborg unterkam, als sie am 29. September aus Thüringen zurückkehrte. In Mühlhausen war sie seit dem 1. April bei Martha Bühner und ihrer Schwiegertochter, Hildegunds Freundin Hedy, untergekommen: „dick und rund" sei sie zurückgekehrt, schrieb ihr Vater an seine Schwiegertochter und machte sich bald Sorgen, die Tochter zu verlieren, weil ein britischer Soldat häufiger zu Besuch kam. Mit seiner Vermutung hatte er Recht, aber dass Ingeborg diesen Soldaten schließlich heiratete und mit ihm nach Wales ging, erlebte Fritz Rogner nicht mehr.

Im Briefwechsel mit Luise Menzel, von dem leider nur seine Schreiben erhalten sind[10], setzte er sich immer wieder mit den Gründen für den gemeinsamen Suizid auseinander und beschrieb das Grab auf dem Stahnsdorfer Waldfriedhof, das von ihm liebevoll bepflanzt und gepflegt wurde. Er schrieb auch ganz offen, dass das Leben für ihn den Reiz verloren habe, was zeigt, wie sehr er an Tochter und Schwiegersohn hing. Man kann sich gut vorstel-

---

[7] Die Sterbeurkunde: Berlin, Landesarchiv, Standesamt Berlin-Schmargendorf Nr. 1358, die Grabkarte Berlin, Friedhof Stahnsdorf Register Nr. 193.

[8] Der Brief befindet sich im Familienarchiv Menzel.

[9] Diese Briefe befinden sich im Familienarchiv Rogner.

[10] Diese Briefe befinden sich im Familienarchiv Menzel.

len, dass Fritz Rogner traumatisiert und verletzt war durch diesen Suizid, für den er keine Erklärung hatte. Als er in einem Brief die vierzig Selbstmorde von „Eichkampern" am Kriegsende erwähnte, verlor er kein Wort über die in seiner eigenen Familie.

Fritz Rogner wurde am 14. März 1947 neben seiner Tochter und seinem Schwiegersohn auf dem Stahnsdorfer Waldfriedhof begraben. Am 4. Dezember 1951 fand dann auch Hildegunds Großmutter Auguste Rogner (1861–1951) dort ihre letzte Ruhe, allerdings wurden ihr Name und ihre Lebensdaten nicht mehr auf dem Grabstein eingraviert[11].

Der ältere von Hildegunds Brüdern, Ulrich (*1911), ließ sich mit seiner Familie in Bremerhaven nieder und starb im Jahr 2008. Er hatte vier Kinder. Der jüngere Bruder Heinz Rogner (*1913) lebte in Hannover und starb dort 1997. Die viel jüngere Schwester Ingeborg (*1928) ging 1948 mit ihrem Mann John Prout (1926–2011) nach Wales, bekam zwei Töchter und starb erst am 7. Oktober 2020. Sie war die letzte von Familie, Freunden und Kollegen, die Hildegund und Ottokar noch persönlich näher gekannt hatte, da sie bei deren Tod noch keine 17 Jahre alt war. Sie überlebte damit ihre Schwester Hildegund um über 75 Jahre.

Selma Rogner lebte nach Ende der Beschlagnahmung des Hauses durch die Britische Armee bis zu ihrem Tod wieder „Im Hornisgrund 6" und freute sich über den Besuch der Söhne und Kinder ihres älteren Sohnes Ulrich. Der Stahnsdorfer Waldfriedhof, der auf dem Gebiet der DDR lag, war nach Kriegsende und vor allem nach dem Bau der Berliner Mauer nur eingeschränkt zugänglich und so benötigte Selma Rogner für den Friedhofsbesuch eine „Aufenthaltsgenehmigung", die jährlich neu beantragt werden musste und zu einem einzigen Besuch im Monat berechtigte[12]. Wie die Stempel auf der Rückseite ihres letzten Erlaubnisscheines belegen, hat sie dies außer in den Wintermonaten regelmäßig getan. Der letzte Stempel für das Jahr 1961 belegt, dass Selma Rogner am 25. Juni 1961 zum letzten Mal das Familiengrab besucht hat. Zwei Monate später, am 29. August 1961 starb sie in Charlottenburg und konnte wegen der Teilung Berlins nicht im Familiengrab beigesetzt werden. Das Haus im Eichkamp, in dem sie seit 1927 gelebt hatte, wurde von ihren Kindern verkauft.

Nachdem am 21. Dezember 1972 durch den „Vertrag über die Grundlagen der Beziehungen zwischen der Bundesrepublik Deutschland und der Deutschen Demokratischen Republik" manches einfacher wurde, so auch Fried-

---

11 Grabkarte Berlin, Friedhof Stahnsdorf Register Nr. 193 (Fritz Rogner) und Grabkarte Nr. 208/51 für Auguste Rogner.

12 Die Karte ist im Besitz der Familie Rogner.

hofsbesuche im Osten durch Westbürger[13], besuchte Hildegunds älterer Bruder Ulrich Rogner im Jahr 1974 das Familiengrab und machte ein Foto, das zusammen mit zahlreichen anderen Dokumenten, Fotos und Erinnerungsstücken an Hildegund und Ottokar erhalten blieb und an die nächste Generation weitergegeben wurde.

3. Die Bibliothek im Gartenhaus: Familie Bühner

Wo und wie Hildegund und die drei Jahre ältere Hedy Bühner (1907–2001), eine examinierte Krankenschwester, sich kennengelernt hatten, lässt sich nicht mehr feststellen. Hedy Bühner hatte bis zu ihrer Ausbombung in ihrer Heimatstadt Bremen gelebt und war dann zu ihrer verwitweten Schwiegermutter Martha Bühner nach Mühlhausen in Thüringen gezogen. Dass die Freundschaft zu Hildegund sehr eng gewesen sein muss, beweisen der Ton und die Mitteilungen in Hildegunds feinfühligem und liebevollen Abschiedsbrief vom 3. Februar 1945[14], in dem sie ihre Freundin und deren Schwiegermutter darum bat, ihre Schwester Ingeborg aufzunehmen, was die beiden Frauen auch taten.

Aufnahmen in Ingeborgs Fotoalbum aus den Monaten April bis September 1945, das heute ihre Töchter in Wales besitzen, haben sich von dieser Zeit erhalten. Dass Ottokar und Hildegund Kisten mit Wäsche, Möbel und vor allem Bücher bei Familie Bühner in Mühlhausen eingelagert hatten, geht nicht nur aus ihrem Testament hervor, sondern es war selbst dem Direktor der Preußischen Akademie, Helmuth Scheel, bekannt und natürlich wussten auch Hildegunds Eltern und Ottokars Mutter davon. Im Testament haben Hildegund und Ottokar dann Martha und Hedy Bühner die in Mühlhausen eingelagerten Bücher vermacht, darunter die Ausgaben von Stefan George und Novalis, die Melchior Lechter Hildegund 1932 mit Widmungen geschenkt hatte[15].

Hedy Bühners Mann Georg (1913–1945) war seit Sommer 1944 in Rumänien vermisst und Ottokar hatte, wie aus Hildegunds Abschiedsbrief hervorgeht, erfolglos versucht, etwas über sein Schicksal in Erfahrung zu bringen. Als Hildegund ihren Brief schrieb und der Freundin Mut zu machen versuchte, nicht die Hoffnung auf ein Wiedersehen mit ihrem Mann zu verlieren, lebte Georg Bühner schon nicht mehr, denn er war am 19. Januar 1945 in

---

13 Vgl. *Hahn*, Berliner Friedhöfe, S. 278.
14 Siehe den Brief unten im Anhang S. 201 ff.
15 Siehe das Testament unten S. 217 f. Hedy Bühners Erben machten mir Kopien des Abschiedsbriefes und der Buchwidmungen zugänglich, wofür ich Ingrid und Reiner Böhmann herzlich danke.

einem sowjetischen Kriegsgefangenenlager an Typhus gestorben[16]. Dies erfuhren seine Frau und seine Mutter aber erst im März 1946. Hedy Bühner
heiratete nicht wieder und ging 1949 in ihre Heimatstadt Bremen zurück. Da
sie – genau wie Hildegund und Ottokar – keine Kinder hatte, hing sie besonders an ihrem Patenkind Peter, dem Sohn ihres Schwagers Adolf (1919–
2009), und kam oft nach Mühlhausen zu Besuch. Einige der Bücher aus dem
Erbe, vor allem die mit Widmungen Lechters für ihre Freundin Hildegund
und die Hofmannsthal-Ausgabe, die Ottokar seiner Hildegund im Sommer
1933 geschenkt hatte, hatte sie als Erinnerung an ihre Freundin mit nach
Bremen genommen, auch wenn sie mit ihrem Inhalt vermutlich wenig anfangen konnte.

Ihre Schwiegermutter Martha Bühner verwahrte ein Foto von Ottokar und
Hildegund, das im Dezember 1942 gemacht worden war und dass sie bei
einem Besuch der beiden im Jahr 1943, wie auf der Rückseite vermerkt ist[17],
erhalten hatte, vielleicht als die Bücher und Kisten eingelagert wurden.

Die Bücher von Ottokar und Hildegund lagen „ein halbes Jahrhundert" im
Gartenhaus der Familie Bühner, „einem holzverschalten Fachwerkbau aus
dem späten 19. Jahrhundert", den Martha Bühner aus dem Garten ihres El-
ternhauses in ihren Garten hatte umsetzen lassen, so Peter Bühner. In dem
1938 errichteten Wohnhaus, Martha Bühners Witwensitz an der Windeberger
Landstraße, die auch im Testament von Hildegund und Ottokar genannt wird,
wohnt Peter Bühner noch heute – die kleine Dachstube, die Hildegund für
ihre Schwester Ingeborg als Unterkunft erbat, beherbergt heute seine Bibliothek. Die Bücher von Ottokar und Hildegund, die „zu einem beträchtlichen
Teil fremdsprachig" waren und einen großen wie auch einen kleinen Bücher-
schrank füllten, wie Peter Bühner sich erinnert, wurden nach der Wiederver-
einigung Mitte der 1990er Jahre an ein hessisches Antiquariat verkauft.

4. „Genauso habe ich die Menschen damals, als ihr Schicksal noch offen war, gesehen": Marianne Feuersenger und die Kollegen der Kriegsgeschichtlichen Abteilung

Genau wie Hildegunds Freundin Hedy, die erst im Jahr 2001 mit 94 Jahren starb, erreichte auch Ottokars sieben Jahre jüngere, 1919 geborene Kollegin Marianne Feuersenger ein hohes Alter: Sie starb am 23. Februar 2004
im 85. Lebensjahr in München und hatte während ihres Ruhestands in ihrer

---

16 Für diese Informationen danke ich herzlich Peter Bühner (Mühlhausen).

17 Ich danke Peter Bühner (Mühlhausen) sehr für dieses Foto aus dem Nachlass
seiner Großmutter Martha Bühner, denn es hätte kein schöneres Foto für den Umschlag dieses Buches geben können.

Geburtsstadt Potsdam und in der bayerischen Landeshauptstadt gelebt, wohin sie im Januar 1945, als Ottokar ihr riet, Berlin zu verlassen, solange es noch möglich sei, geflohen war[18].

Mit 78 Jahren, im November 1997, gab Marianne Feuersenger dem Zeit-zeugen-Projekt des Hauses der Bayerischen Geschichte ein Interview über ihr Leben[19]: sie erzählte vom Tag von Potsdam, dem 21. März 1933, als sie mit dem Fernglas den Auftritt von Hindenburg und Hitler hatte beobachten können, da die elterliche Wohnung gegenüber der Garnisonkirche lag, weil ihr Vater beim Militär-Waisenhaus als Lehrer angestellt war; sie berichtete über seine Entlassung, ihr Leben und Arbeiten im Dritten Reich und nicht zuletzt über ihre Nachkriegskarriere: Nach einer Ausbildung zur Journalistin war sie von 1948 bis 1962 Redakteurin beim Bayerischen Rundfunk und ging dann 1962 nach Mainz zum neu gegründeten Zweiten Deutschen Fern-sehen (ZDF), wo sie zunächst Redaktionsleiterin war und seit 1971 stellver-tretende Hauptabteilungsleiterin für „Gesellschaftspolitik". Im Jahr 1980 er-schien ihr Buch „Die garantierte Gleichberechtigung. Ein umstrittener Sieg der Frauen"[20], in dem sie sich erstaunlicherweise sehr skeptisch über die Gleichberechtigung äußerte.

Für diese Nachkriegskarriere, die für eine Frau damals durchaus nicht selbstverständlich war, war vielleicht auch Hildegund Menzel wichtig gewe-sen, die im September 1943 die neun Jahre jüngere Kollegin ihres Mannes angespornt hatte, zu lernen und etwas aus ihrem Leben zu machen, wie sie Mutter und Schwester in einem Brief berichtete[21]. Offenbar hatte Marianne Feuersenger diesen Rat in die Tat umgesetzt, auch wenn sie in ihrem Buch zwar ausführlich Ottokar erwähnt, Hildegund aber kaum. Das lag sicher da-ran, dass sich das gute Verhältnis zwischen den beiden Frauen im Jahr 1944 eingetrübt hatte, als Hildegund sie offenbar verdächtigte, für ihren Mann mehr als nur eine Kollegin zu sein.

Wenn man die Darstellung der Personen, die uns in ihrem Buch über die Zeit im Führerhauptquartier begegnen, genauer betrachtet, wird deutlich, dass die Autorin ihrem Kollegen Ottokar Menzel, den sie sehr oft erwähnt,

[18] Vgl. Marianne Feuersengers Vorwort zu ihrem Buch und *Beck-Heppner*, Birgit: Frauen im Dienst der Wehrmacht. Individuelle oder kollektive Kriegserfahrung?, in: Hartmann, Christian: Von Feldherren und Gefreiten. Zur biographischen Dimension des Zweiten Weltkriegs, Zeitgeschichte im Gespräch 2, München 2012, S. 103–113, hier S. 105–111.

[19] Haus der Bayerischen Geschichte, Bildarchiv, Zeitzeugeninterview mit Marianne Feuersenger, 12.11.1997, S. 13 und 16.

[20] *Feuersenger*, Marianne: Die garantierte Gleichberechtigung. Ein umstrittener Sieg der Frauen, 1980.

[21] Siehe unten im Anhang S. 205 ff.

ein ‚Denkmal' setzen wollte, vermutlich weil er ihr durch sein Zureden, aus Berlin zu fliehen, das Leben gerettet hatte[22]. Einzelne Einträge, gerade über ihn, sind im Buch stärker ausgearbeitet als in den handschriftlichen Tagebuch-Notizen. Auch in ihrem kleinen Beitrag zur 40. Wiederkehr des Attentats auf Hitler vom 20. Juli schrieb Marianne Feuersenger über ihren Kollegen und erwähnte ihn nochmals in ihrem Zeitzeugen-Interview von 1997[23]. Am Ende des Vorworts zu ihrem Buch schrieb sie den in der Überschrift dieses Kapitels zitierten Satz „Genauso habe ich die Menschen damals, als ihr Schicksal noch offen war, erlebt" und setzte ihn fort mit der Feststellung: „Rückblicke lassen sich interessanter gestalten, aber sie verändern jedes Bild! Das wollte ich vermeiden"[24], wobei nicht klar ist, gegen welche Bücher sich diese Äußerung richtet – die von Albert Speer erstmals 1969 publizierten Erinnerungen oder die von General Walter Warlimonts (1894–1976) von 1964[25]? 1982 trug ihr Buch noch den Titel „Mein Kriegstagebuch. Führerhauptquartier und Berliner Wirklichkeit", 1999 wurde es dann nochmals in großer Auflage unter dem publikumswirksameren Titel „Im Vorzimmer der Macht. Aufzeichnungen aus dem Wehrmachtführungsstab und Führerhauptquartier 1940–1945" aufgelegt.

In Marianne Feuersengers maschinenschriftlichem Tagebuch der Nachkriegszeit[26] werden die gleichen Probleme geschildert wie in Fritz Rogners Briefen und denen von Luise Menzels Kieler Nachbarinnen: die Schwierigkeiten, ein Dach über dem Kopf zu finden, die starke Rationierung der Lebensmittel und die Knappheit an allen Dingen des täglichen Bedarfs. Wie in den Aufzeichnungen der Jahre 1940 bis 1945 wird von ihr alles ohne Larmoyanz festgehalten. Wilhelm Heinrich Scheidt, ihr Vorgesetzter in der Kriegsgeschichtlichen Abteilung schrieb ihr am 6. April 1946: „Menzels und seiner Frau Tod haben mich tief bewegt"[27]. Zu ihm intensivierte sich das Verhältnis in der Nachkriegszeit zunächst: sie besuchte ihn in Stuttgart und machte eine

---

[22] Vgl. auch *Feuersenger*, Im Vorzimmer der Macht, S. 263: „Ich sehe ihn (= Menzel) vor mir, wie er in den letzten Tagen von allem Abschied nahm, wie er in seinen schönen Büchern blätterte, die er sich wieder angeschafft und im Büro verwahrt hatte, mir einiges zeigte, erklärte …".

[23] *Feuersenger*, Es ist immer ein heißes Eisen geblieben.

[24] *Feuersenger*, Im Vorzimmer der Macht, S. 12.

[25] *Walter Warlimont*, Im Hauptquartier der deutschen Wehrmacht 39–45. Grundlagen, Formen, Gestalten, München 3. Aufl. 1978. Dass sie dieses Buch gelesen hat, kann man daran erkennen, dass sie das Zitat aus Goebbels Tagebuch über Scherffs Geburtstagsschrift für Hitler 1942 daraus mit seinen Kürzungen und Auslassungen übernommen hat (vgl. *Warlimont*, S. 243 Anm. 11 und *Feuersenger*, S. 123).

[26] München, IfZ Nachlass Marianne Feuersenger ED 344-33.

[27] Zitiert von *Feuersenger*, Im Vorzimmer der Macht, S. 275.

Aussage zu seinen Gunsten in seinem Spruchkammerverfahren. Beide sprachen auch über Ottokar, seinen Tod und wie sehr er fehlte[28].

Aber Marianne Feuersenger blieb ledig und Wilhelm Heinrich Scheidt heiratete nach seiner Scheidung wieder.

Im Januar und Juni 1946 sagte er im Nürnberger Kriegsverbrecherprozess aus, dass Jodl und die anderen hohen Offiziere des Wehrmachtführungsstabes von den Verbrechen der Wehrmacht im Partisanenkrieg im Osten gewusst hätten[29]. Später wurde er politischer Redakteur beim „Echo der Woche" und 1952 übernahm aufgrund seiner guten Beziehungen zu Franz Josef Strauß im Bundespresseamt ein neu eingerichtetes Referat für Wehrfragen[30]. 1949 hatte er in acht Fortsetzungen in der Zeitschrift „Echo der Woche" über Hitler und das Dritte Reich geschrieben und dabei auch seine ‚Erlebnisse' im Führerhauptquartier geschildert, als er seinen Chef Scherff nach dem Attentat vom 20. Juli dort vertrat. Seine Erzählungen, die er „phantasievoll ausschmückte", so Magnus Brechtken, und mit vielen angeblich wörtlichen Zitaten von Hitler und Scherff garnierte, gipfelten schließlich in einer Gegenüberstellung von Hitler und Speer, womit er zum positiven Bild von Hitlers Rüstungsminister in der Nachkriegszeit beitrug[31]. Scheidt behauptete auch, er habe Scherff im April 1945 in Berchtesgaden davon abhalten wollen, die ganzen Dokumente der Abteilung einschließlich „Hitlers Hauptbuch" ver-

---

28 Vgl. auch *Feuersenger*, Im Vorzimmer der Macht, S. 279.

29 Der Nürnberger Prozess – Das Protokoll des Prozesses gegen die Hauptkriegsverbrecher vor dem Internationalen Militärgerichtshof, mit einer Einführung von Christian Zentner, 2. Aufl. Berlin 2004, Bd.15 S. 438 ff. (Dokument 3711-PS, Scheidts eidesstattliche Erklärung). Scheidt sagte am 7.1.1946 und am 3.–5. Juni 1946 in Nürnberg aus und wohnte in dieser Zeit wohl im sog. Zeugenhaus in der Novalisstraße, wie sich anhand der erhaltenen Gästebücher rekonstruieren lässt; vgl. *Kohl*, Christiane: Das Zeugenhaus. Nürnberg 1945: Als Täter und Opfer unter einem Dach zusammentrafen (2005) S. 33 ff. und 47 f.

30 Vgl. zu Scheidts Karriere in der Nachkriegszeit und ihrem plötzlichen Ende: Im Zentrum der Macht. Das Tagebuch von Staatssekretär Lenz 1951–1953, hg. von Klaus Gotto u.a., Düsseldorf 1989, S. 421 (1952: Vorwürfe wegen angeblicher Verbindungen zur DDR) und S. 432 (Artikel gegen die Remilitarisierung der Bundesrepublik in einer Zeitschrift der DDR).

31 Vgl. *Brechtken*, Magnus: Albert Speer. Eine deutsche Karriere, München 2017, S. 331 mit Anm. 24. Einzelne von Scheidts acht Artikeln im Echo der Woche vom 9.9. (I), 16.9. (II), 23.9. (III), 30.9. (IV), 7.10. (V), 14.10. (VI), 21.10. (VII) und 28.10.1949 (VIII) weisen Ähnlichkeiten und Übereinstimmungen zu Passagen in Marianne Feuersengers Buch auf. Dazu schreibt sie auf S. 245 *, sie habe ihre Aufzeichnungen mit „Nachkriegs-Äußerungen von Scheidt" verglichen. Übereinstimmungen gibt es zwischen IV: Als Historiker im Hauptquartier mit *Feuersenger*, Im Vorzimmer der Macht, S. 69; V: Freisler ist unser Wyschinski mit ebda. S. 245 ff. und VII: Der Dank des Führers war ihnen gewiss mit ebda. S. 135.

brennen zu lassen, habe aber seinen Chef nicht davon abbringen können[32]. Bereits am 13. Januar 1954 starb Wilhelm Heinrich Scheidt in Bonn.

Zu denjenigen, die ein negatives Bild von ihm zeichneten, gehörte Claus Grimm, der ihn in seinen 1964 niedergeschriebenen Erinnerungen wiederholt erwähnte[33]. Dass seine Schilderung nicht nur keine Distanz zum National-sozialismus und den damaligen Verantwortlichen erkennen lässt, sondern auch sachliche Fehler enthält, hat Marianne Feuersenger bemängelt[34]. Mit Grimms Verehrung für Jodl, gegen den Scheidt in Nürnberg ausgesagt hatte, dürfte es vor allem zusammenhängen, dass er diesen in seinen Erinnerungen so negativ darstellte. Auffällig ist, dass Claus Grimm seinen Kollegen Otto-kar Menzel kaum erwähnt und Felix Hartlaub gar nicht nennt, was Marianne Feuersenger auffiel.

Claus Grimm lehrte nach seiner Rückkehr aus der Kriegsgefangenschaft von 1949 bis 1970 an einem Lindauer Gymnasium, wurde 1958 nebenamtli-cher Leiter des Stadtarchivs und widmete sich ehrenamtlich verschiedenen Heimatvereinen im Bodenseegebiet und publizierte. Am 4. Juni 1987 starb er in Lindau im 83. Lebensjahr[35].

Der von ihm nicht erwähnte Felix Hartlaub wurde im Laufe der letzten Jahre sicher der „berühmteste" Mitarbeiter der Abteilung Kriegstagebuch, auch wenn er – genau wie Ottokar – den Krieg nicht überlebte, sondern seit April 1945 auf dem Weg in die Spandauer Kaserne verschollen ist[36]. Die Wiederentdeckung seines fragmentarischen literarischen Werkes und seiner Briefe in den letzten Jahren vermitteln einen lebhaften Eindruck von dem Leben dieser Generation junger gebildeter Wissenschaftler unter dem Druck des nationalsozialistischen Regimes: die Fremdbestimmtheit ihres Daseins durch den Kriegsdienst, selbst wenn er nicht an der Front stattfand, den ein-geschränkten Zugang zu Literatur und anderen Dingen. Felix Hartlaub hat in seinen Briefen an die Eltern seiner Generation eine Stimme gegeben und manches hätten wohl auch Ottokar und Hildegund ähnlich beurteilt, zumal er sich mit dem fast gleichaltrigen Kollegen gut verstanden und ihn bewundert hat.

---

[32] *Scheidt*, Wilhelm: Hitlers geheimes Hauptbuch wird verbrannt, in: Echo der Woche 9.9.1949 S. 5. Scheidt nennt dort seinen eigenen Namen sowie den von Scherff nicht, aber es wird deutlich, dass er aus seinen (angeblichen) Erinnerungen berichtet.

[33] *Grimm*, Vier Jahre als Forscher, S. 120 (IfZ S. 128).

[34] Das Exemplar von Grimms Erinnerungen, das im IfZ in München verwahrt, enthält zu Beginn eine achtseitige Stellungnahme von Marianne Feuersenger, in der sie einen Teil von Grimms Fehlern korrigierte (München, IfZ Ms. 417/1).

[35] *Dobras*, Claus Grimm, S. V–VII.

[36] Siehe dazu oben S. 113 f.

5. Die ‚Monumentisten‘ und andere Wissenschaftler

Als Wilhelm Scheidt am 9. Februar 1945 den Präsidenten des Reichsinstituts für ältere deutsche Geschichtskunde, Theodor Mayer, brieflich über den Tod des Ehepaares Menzel unterrichtete, so wie Ottokar es gewünscht hatte[37], wohnte dieser bereits seit Februar 1944 zusammen mit der Bibliothek und den meisten Mitarbeiterinnen des Reichsinstituts für ältere deutsche Geschichtskunde im fränkischen Pommersfelden in der Orangerie des Schlosses[38]. Erst am 27. Februar 1945 antwortete Mayer dann Scheidt auf seinen Brief und bedauerte Ottokars „Hingang nicht nur persönlich, sondern auch weil er einen großen Verlust für das Reichsinstitut und für die deutsche Wissenschaft bedeutet“, denn „seine wissenschaftlichen Leistungen berechtigten zu der Annahme, dass er eine schöne und erfolgreiche Laufbahn vor sich haben würde“. Er fügte hinzu: „Ich kann mir nicht erklären, warum er jetzt diesen Schritt getan hat. Ich muss wohl annehmen, dass die Verhältnisse überstark über ihn hereingestürzt sind und seine Nerven zerstört haben“[39]. Mayers Unverständnis über den Suizid hatte wohl mehrere Gründe: Zum einen war er seit Anfang 1944 in der fränkischen Provinz, wo es kaum Bombenangriffe gab, so dass er sich das Inferno in Berlin nicht vorstellen konnte, und zum anderen waren über die Jahre nicht nur eine Reihe junger Gelehrter im Krieg gefallen, sondern er hatte auch den Tod seines einzigen Sohnes im Mai 1942 an der Ostfront hinnehmen müssen, der ebenfalls eine Universitätskarriere angestrebt hatte und bereits habilitiert war[40]. Gerade angesichts dieses Verlustes konnte Theodor Mayer wohl nur schwer nachvollziehen, dass hier jemand freiwillig seinem Leben ein Ende gesetzt hatte. Den Tod von Hildegund Menzel, immerhin auch einer Wissenschaftlerin, die sich mit dem Mittelalter beschäftigt hatte und die Mayer sicher kannte, erwähnte er in seinem Antwortschreiben mit keinem Wort.

Im „Rumpf-Institut“ in Berlin, wo nur noch zwei Mitarbeiterinnen die Stellung hielten, berichtete der mit Ottokar befreundete Mitarbeiter Norbert Fickermann um den 22. Februar 1945 vom Tod der Menzels[41].

Ottokars Doktorvater Robert Holtzmann, der Ottokar und Hildegund am Freitag, dem 2. Februar, noch auf der Dienststelle getroffen hatte, hat, wie schon erwähnt, in seinem Tagebuch eingetragen, dass seine Frau Lotte am

---

[37] Siehe dazu oben S. 136.
[38] Vgl. zum Umzug nach Pommersfelden *Heinzel*, Theodor Mayer, S. 201 ff.
[39] München, MGH-Archiv B 704/II.
[40] Vgl. dazu *Heinzel*, Theodor Mayer, S. 171 f.
[41] Ursula Brumm an Theodor Mayer am 22. Februar 1945 (München, MGH-Archiv B 571 Blatt 80). Ursula Brumm (1919–2015) war Mayers Stellvertreterin in Berlin.

Samstag, dem 17. Februar, Wilhelm Scheidt in seiner Dienststelle aufgesucht und dort vom Tod der beiden erfahren hatte. Am 19. Februar besuchte er dann zusammen mit seiner Frau Scheidt in seinem Haus in Dahlem, um Näheres über die Umstände zu erfahren und auch, um mit ihm über eine Evakuierung aus Berlin zu sprechen[42]. Danach erwähnte Holtzmann seinen Schüler im Tagebuch nie wieder, auch den Tag der Beerdigung nennt er im Tagebuch nicht, so dass davon auszugehen ist, dass er und seine Frau nicht teilnahmen[43].

Nach Kriegsende wurde der 68jährige an der Universität reaktiviert, da nun Mangel an politisch unbelasteten Dozenten herrschte. Allerdings war seine Tätigkeit nicht von langer Dauer, denn bereits am 27. Juni 1946 starb Robert Holtzmann während eines Besuchs in Halle an einem Nierenleiden. Zwei Nachrufe auf den bedeutenden Wissenschaftler von 1947 und 1951 stammen aus der Feder seines Vetters Walther Holtzmann[44], die aber dem umfangreichen und vielseitigen Oeuvre nicht annähernd so gerecht werden wie Ottokar Menzel in seinem Geburtstagsartikel von 1943.

Kontakt zu Luise Menzel und Selma Rogner nahm, wie schon erwähnt, mehrfach der Orientalist Helmuth Scheel auf, genau wie sein Kollege Franz Taeschner (1888–1967) denn beide versuchten die Faksimile-Ausgabe der Neshri-Chronik aus dem Nachlass von Theodor Menzel herauszugeben, so wie Ottokar das gewünscht hatte[45]. Scheel versuchte dafür zu sorgen, dass der letzte Wille von Ottokar und Hildegund korrekt umgesetzt wurde und durchkreuzte dabei die Machenschaften des Kieler Ordinarius Karl Jordan, der Ottokar 1943 habilitiert hatte. Taeschner würdigte in einem Brief an Luise Menzel von Juni 1946 Ottokar als „Hüter des wissenschaftlichen Erbes" seines Vaters und Helmuth Scheel teilte ihr am 27. Juli 1947 aus Mainz, wo er Ordinarius geworden war, mit: „Ich habe hier eine ganz Menge alte Bekannte getroffen, die auch aus Berlin Ihren Sohn und Ihre Schwiegertochter gekannt haben. Wir sprechen dann oft von ihnen"[46].

6. Erinnerungen an Hildegund

Ottokars Heidelberger Lehrer und Freund Ernst Hoffmann, der am 1. November 1935 als Hochschullehrer in den Ruhestand versetzt worden war, leitete auch nach dem Krieg die Cusanus-Arbeitsstelle und sorgte dafür, dass

---

[42] Siehe oben S. 143.

[43] *Holtzmann*, Tagebuch zum 28. Februar 1945, S. 141: „Nachm. Geburtstagsfeier bei Vasmer, u. a. Schirmers da".

[44] Siehe oben S. 49 Anm. 30.

[45] Siehe oben S. 147.

[46] Beide Briefe befinden sich im Familienarchiv Menzel.

die von Hildegund fertiggestellte Übersetzung mit Kommentar gedruckt wurde. Dies gelang allerdings erst 1949, drei Jahre vor seinem Tod[47].

Ein anderer bedeutender Forscher, den Hildegund während ihres Studiums, wohl 1933/34 kennengelernt hatte und mit dem sie auch im Krieg in Kontakt geblieben war, der vier Jahre ältere Maurice de Gandillac (1906–2006), wurde 1946 Professor für Philosophie an der Pariser Sorbonne und zählte Michel Foucault zu seinen Schülern. Der Cusanus-Gesellschaft und den Forschungen über das Werk des Kardinals blieb er lebenslang verbunden und im Jahr 1998, also mit 92 Jahren, veröffentlichte er seine Erinnerungen unter dem Titel „Le siècle traversé. Souvenirs de neuf décennies". In dem Buch erwähnte er auch Hildegund Rogner und ihre Begeisterung für Stefan George („avec un zeste d'ésotérisme")[48]; er räumte mehr als 50 Jahre nach ihrem Tod ein, dass ihr Suizid ihm Rätsel aufgab[49]. Beide scheinen sich vertraut zu haben, wie ein Gespräch über Hitlers Charisma zeigt[50]. Dass Hildegund auch einen anderen Franzosen, René de Naurois (1906–2006), näher gekannt hatte, verrät nur Gandillac[51], denn der bekannte Ornithologe und Priester erwähnt sie in seinen 2004, d.h. kurz vor seinem einhundertsten Geburtstag erschienenen Erinnerungen, nicht[52]. Gandillacs Aussage wird gestützt durch Marianne Feuersenger, die in ihrem Brief von September 1943 über Hildegund schreibt: „Sie steht noch immer, in jetzt leider durch die Vorschriften sehr eingeengtem Verkehr, mit 2 Franzosen, einem Marquis und einem Priester. Mit dem Marquis ist sie dadurch so zusammengekommen, weil sie beide

---

[47] Siehe oben S. 82 f Anm. 38.

[48] *Gandillac*, Siècle traversé, S. 179 f.: „… lors de nos promenades en fôret je découvre que cette Hildegund Rogner est passé par le Stefan-George-Kreis et que la poésie la touche profondément avec un zeste d'ésotérisme".

[49] *Gandillac*, Siècle traversé, S. 179 f.: „Sans que je sache jamais tout à fait qui elle est (elle se suicidera en 1945 dans des circonstances restées mystérieuses)". Vgl. zu Gandillac neben seiner Autobiographie Jean-Marie *Nicolle*, Hommage à Maurice de Gandillac, in: Mitteilungen und Forschungsbeiträge der Cusanus-Gesellschaft 30 (2005) S. XXIX–XXXIV.

[50] *Gandillac*, Siècle traversé, S. 180: „Devant la Chancellerie, elle (= Hildegund) a vu un jour une femme se précipiter hystériquement aux pieds du Führer. Comme elle m'interroge sur les expériences de Charcot à la Salpêtrière, je lui avoue que j'ai moi-même éprouvé quelques seconds un sentiment de contagieuse possession, le soir où j'accompagnais Pascal Copeau à une prestation de serment par les nouveaux membres berlinois du parti."

[51] *Gandillac*, Siècle traversé S. 208: „René de Naurois. En 1935, encore séminariste, il a passé quelques mois à Berlin, peu après mon départ, avec un projet de Thèse sur Davis Strauss. Sans rien dire de ses plus intimes problèmes don't j'ai quelque idée par Hildegund Rogner, il semble hanté par le danger d'une universelle contagion hitlérienne".

[52] René de *Naurois*, Aumônier de la France libre. Mémoire, Paris 2004; vgl. *Gandillac*, Siècle traversé, S. 208 zu Hildegunds Bekanntschaft mit Naurois.

über dasselbe Thema geschrieben haben. Und über alle Ehen seinerseits und die ihre hinaus besteht diese Freundschaft"[53].

In der Literatur über Lechter und den George-Kreis ist Hildegund Rogner immer übergangen worden: Noch Sonja Schön-Beetz hat in ihrem Beitrag für den 2006 erschienenen Münsteraner Ausstellungskatalog über Melchior Lechter als Begleiterin seiner Ischia-Reise 1932 Elisabeth Waldmann genannt, obwohl sie selbst im gedruckten Teil von Marguerite Hoffmanns Erinnerungen, „Mein Weg mit Melchior Lechter", eindeutig hätte lesen können, dass Hildegund Rogner den Maler in dem besagten Jahr nach Italien begleitet hatte und nicht Elisabeth Waldmann[54].

Wolfgang Frommel, Hildegunds unglückliche Liebe des Jahres 1931, publizierte 1966 in seinem Amsterdamer Verlag Castrum peregrini Marguerite Hoffmanns Erinnerungen an Lechter in stark gekürzter Form. Interessant ist dabei der unterschiedliche Umgang mit Hildegund Rogner und Elisabeth Waldmann: Viele Passagen in Hoffmanns Erinnerungen über Hildegund, die bereits zitiert wurden, wurden in die Publikation „Mein Weg mit Melchior Lechter" nicht aufgenommen, wohl aber den Brief, in dem Lechter sich angeblich enttäuscht über die beiden jungen Frauen geäußert hat. Im Register des Buches ist die Identität der einen verschleiert, denn dort gibt es einen Personeneintrag „Elisabeth" und einen Eintrag „R., Hildegund", wobei Frommel natürlich die Identität von beiden kannte.

Genauso verfuhr Michael Landmann, der für seine eigenen, ebenfalls im Castrum peregrini im Jahr 1982 publizierten Erinnerungen deutlich erkennbare ,Anleihen' aus Hoffmanns Buch gemacht hat und dann sehr bewusst die Identität lüftet, indem er im Text „Hildegund Rogner (die Cusanus-Übersetzerin)" schreibt, aber immer nur „E. W" für Elisabeth Waldmann[55], denn nach dem Krieg war Elisabeth Waldmann (1908–1985) eine bekannte Journalistin geworden: Unter dem Namen Elisabeth Steil-Beuerle wurde sie China-Expertin und begleitete Bundeskanzler Helmut Schmidt 1975 auf seinem Staatsbesuch in die Volksrepublik; 1968 erhielt sie das Bundesverdienstkreuz am Bande und 1978 das Bundesverdienstkreuz Erster Klasse[56]. Wolfgang Frommel wie Michael Landmann wollten sie ganz offensichtlich schonen, d.h. ihre Nähe zum NS-Regime nicht aufdecken: Elisabeth Waldmann war nämlich bereits 1934 Hauptschriftleiterin der „Reichsstelle zur Förderung des deutschen Schrifttums" geworden, einer auf Alfred Rosenberg zurückgehenden Einrichtung, deren Leiter der Rosenberg-Vertraute Hans Hagemeyer

---

[53] Siehe den Brief unten im Anhang S. 206.
[54] *Schön-Beetz*, Melchior Lechter und seine Musen, S. 265 f.
[55] *Landmann*, Melchior Lechter, S. 14 und S. 19 f.
[56] Vgl. *Fuchs*, Elisabeth Steil-Beuerle.

(1899–1993) wurde und die von Goebbels Propagandaministerium mitfinanziert wurde. Waldmanns Aufgabe war es, einen Stab von Lektoren aufzubauen, die die Durchsicht von Manuskripten und Neuerscheinungen auf ihre ‚Linientreue' vornehmen sollten[57]. Als Elisabeth Waldmann im Dezember 1934 heiratete, war Hagemeyer einer ihrer Trauzeugen.

Im Jahr 1965 verfasste Elisabeth Steil-Beuerle, wie sie sich seit ihrer Scheidung und Wiederverheiratung Anfang der 1950er Jahre nannte, einen Leserbrief für die Frankfurter Allgemeinen Zeitung, in dem sie das enge Verhältnis ihrer Familie zu Melchior Lechter beschrieb[58], die Italienreise, den Besuch Stefan Georges in der Ausstellung der Lechter-Bilder im Jahr 1931, den gemeinsamen Bayreuth-Besuch, aber es ist weder von einem Verhältnis mit Lechter, noch von einem Bruch mit ihm nach 1933 die Rede – und auch nicht von Hildegund Rogner als Begleiterin bei der Italien- und der Bayreuthreise.

Hildegund hatte den Krieg nicht überlebt und konnte sich nicht gegen Vorwürfe wehren, eine bekennende Nationalsozialistin gewesen zu sein, was auf Elisabeth Waldmann eindeutig zutraf.

7. Karl Jordan und sein Umgang mit dem Andenken und Erbe von Ottokar und Hildegund

Offenbar hatte Ottokar auch nach seiner Habilitation in Kiel Kontakt zu Karl Jordan gehalten, denn er wusste, als er am 1. Februar 1945 sein Testament niederschrieb, dass dieser in Erlangen wohnte und kannte auch seine Adresse. Er verfügte, dass Karl Jordan „meine Bücher – und zwar die in der Wohnung Berlin-Wilmersdorf, Rüdesheimer Str. 25a stehenden Bücher und die mit Büchern gefüllten Kisten und Koffer im Keller dieser Wohnung (Keller 318)" erhalten und über diese Erbschaft informiert werden sollte[59]. Dann machte er noch die Ergänzung, die sich natürlich auch in Hildegunds gleichlautendcm Testament findet, das Historische Seminar in Kiel habe „alle auf Nikolaus von Kues und die mittelalterliche Philosophie bezüglichen Bücher und Gegenstände an die Cusanus-Commission der Heidelberger Akademie der Wissenschaften, Heidelberg, Karlstraße 4, abzugeben. Zu benachrichti-

---

[57] Vgl. *Barbian*, Jan-Pieter: Literaturpolitik im „Dritten Reich". Institutionen, Kompetenzen, Betätigungsfelder, Frankfurt 2019, S. 116. Im biographischen Artikel von *Fuchs*, Elisabeth Steil-Beuerle wird ihre berufliche Tätigkeit im Dritten Reich verschwiegen und lediglich mitgeteilt, sie habe für das Feuilleton des „Völkischen Beobachters" vor allem Theaterkritiken geschrieben.

[58] *Elisabeth Steil-Beuerle*, Melchior Lechter. Leserbrief, in: Frankfurter Allgemeine Zeitung Nr. 240 vom 15. Oktober 1965 S. 10.

[59] Siehe das Testament unten S. 216.

gen ist Prof. Dr. Ernst Hoffmann, Ziegelhauser Landstraße 43". Offenbar waren Ottokar und Hildegund übereingekommen, dass seine ‚Fachbücher' nach Kiel und ihre nach Heidelberg kommen sollten, also jeweils an den Ort, dem sie sich wissenschaftlich verbunden fühlten. Es ist wohl nicht überinterpretiert, wenn man die Formulierung „Gegenstände" im Testament auf die Urkunde des Nikolaus von Kues bezieht, die Hildegund von Ernst Schulz 1939 geschenkt bekommen hatte und die sie nun den Heidelbergern vermachte. Angesichts der Tatsache, dass das Kieler Seminargebäude und die Bibliothek bei einem Bombenangriff am 4. Januar 1944, also wenige Wochen nach Ottokars erfolgreicher Lehrprobe dort, vernichtet worden war[60], war dies ein großzügiges Vermächtnis.

Um den Transport der Bücher von Berlin nach Kiel kümmerte sich schließlich Helmuth Scheel. Am 4. September 1945 schrieb Helmuth Scheel an Luise Menzel in Bad Sachsa, nachdem er ihren Aufenthaltsort und ihre Adresse ausfindig gemacht hatte, einen Brief: „Ich habe hier auf Bitte von Herrn Professor Jordan die Bücher aus dem Nachlass Ihres Sohnes übernommen, sorgfältig verpackt und sie für einen Transport nach Kiel zurechtgelegt. Bisher konnten die Kisten aber noch nicht abbefördert werden. Darüber ist Herr Professor Jordan genau unterrichtet. Rein persönliche Sachen habe ich bei der Durchsicht nicht mehr gefunden mit Ausnahme der Doktordiplome und einiger Notizbücher Ihrer Schwiegertochter, die ich deren Eltern ausgehändigt habe"[61].

Im darauffolgenden Jahr, nachdem Helmuth Scheel Berlin verlassen und Ordinarius an der Johannes-Gutenberg-Universität Mainz geworden war, musste er allerdings bei einem Besuch in Heidelberg feststellen, dass die Heidelberger gar nichts von Hildegunds Vermächtnis wussten, weil die Fotokopien der Testamente wohl auf dem Postweg verloren gegangen waren und weil die Kieler, d. h. Karl Jordan, den testamentarischen Willen von Ottokar und Hildegund nicht erfüllt hatten. Scheel übergab den Heidelbergern nun Fotokopien der Testamente, damit sie ihr Recht in Kiel geltend machen konnten. Dies berichtete er am 27. Juli 1947 Ottokars Mutter[62].

Karl Jordan wird aber nicht nur in den Briefen von Helmuth Scheel erwähnt, sondern auch in einem Schreiben des Orientalisten Franz Taeschner, der sich im August 1946 bei Luise Menzel rechtfertigte, da Karl Jordan ihm geschrieben habe, sie hätte gesagt, er habe Bücher ihres Mannes entliehen und nicht zurückgegeben. Gegen diesen Vorwurf verwahrte sich Taeschner, der auch in seinem Nachruf als äußerst integrer Mensch und Wissenschaftler be-

---

[60] Vgl. *Jordan*, Geschichte der Philosophischen Fakultät, S. 94.
[61] Der Brief befindet sich im Familienarchiv Menzel.
[62] Siehe Anm. 46.

schrieben wird[63], energisch und man fragt sich unwillkürlich, wann Luise Menzel, die weit weg von Kiel in Bad Sachsa lebte, einen solchen Vorwurf gegenüber Karl Jordan in Kiel eigentlich hätte äußern sollen. Jordan versuchte offenbar, über die ihm durch Ottokars Erbschaft zugefallenen Bücher hinaus, weitere an sich zu bringen, denn er behauptete auch gegenüber einer Nachbarin von Luise Menzel, unter den Büchern von Theodor Menzel befänden sich noch welche aus dem Besitz von Ottokar, die somit ihm zuständen[64].

Jordan übernahm die Bücher von Ottokar und Hildegund für das Historische Seminar und verlor kein Wort mehr darüber – auch nicht in seinem Nachruf auf Ottokar Menzel im 1951 erschienenen Band des Deutschen Archivs[65], in dem er – genau wie Theodor Mayer in seinem Antwortbrief an Wilhelm Heinrich Scheidt – Hildegund und ihren Tod gar nicht erwähnte. Auch eine Inventarisierung wurde im Historischen Seminar Kiel nicht vorgenommen[66].

Was sind die möglichen Gründe für Karl Jordans Verhalten? Warum versuchte er das Andenken an einen jungen begabten und in Kiel habilitierten Gelehrten, der noch in seinem Testament das Historische Seminar beschenkt hatte, möglichst zu unterdrücken? Eine Erklärung ist, dass er glaubte, verschleiern zu müssen, dass er jemanden habilitiert hatte, der seiner Meinung nach dem Regime nahe gestanden hatte, weil er selbst bemüht war, seine ‚braune Vergangenheit' zu verheimlichen: Karl Jordans Edition der Urkunden Heinrichs des Löwen für die MGH enthielt im Vorwort den Dank an den Reichsführer SS Heinrich Himmler, der auch den Druck mitfinanziert hatte[67]. Außerdem hatte Jordan wiederholt in der Hauszeitschrift des NS-Ahnenerbes publiziert, aber nach Kriegsende bis zum Eintritt in den Ruhestand im Jahr 1975 bemühte er sich ohne jede Scham, alle glauben zu machen, die Mediävisten und somit auch er selbst hätten während des Dritten Reiches nur die ‚reine Wissenschaft' betrieben und sich politisch nicht mit dem Regime arrangiert oder gar liiert[68]. Da Ottokar in seinem Kieler Le-

---

[63] Vgl. *Kissling*, Hans-Joachim: Nachruf Franz Taeschner, in: Zeitschrift der Deutschen Morgenländischen Gesellschaft 118 (1968) S. 14–17.

[64] Alle Briefe befinden sich im Familienarchiv Menzel.

[65] *Jordan*, Ottokar Menzel, S. 261.

[66] Mitteilung von Prof. Andreas Bihrer (Kiel) vom 1.4.2022.

[67] Vgl. dazu *Mentzel-Reuters*, Reichsinstitut, S. 38 und 51–53.

[68] Vgl. *Jordan*, Aspekte der Mittelalterforschung, bes. S. 336–339, so z.B. S. 335: „Wenn sich die deutsche Mediävistik im Unterschied zur Forschung zur neueren und neuesten Geschichte weitgehend dem Zugriff der neuen Machthaber entziehen konnte, so hat dies mehrere Gründe. Einmal standen die ideologischen Repräsentanten des Nationalsozialismus dem Mittelalter, für das sich die große gestaltende Kraft des Christentums und der Kirche nicht leugnen ließ, ablehnend gegenüber" – angesichts seiner Publikationen im Dritten Reich und seiner finanziellen Förderung eine dreiste

benslauf seine Tätigkeit in der Kriegsgeschichtlichen Abteilung und seine
Auszeichnung, das Kriegsverdienstkreuz, besonders betont hatte[69], hielt Jordan es sicher nicht zuletzt im eigenen Interesse und dem des Seminars für
besser, ihn nicht mehr zu erwähnen.

Aber Jordans ,damnatio memoriae' Ottokars ging noch weiter: Von der in
Kiel eingereichten Habilitationsschrift über den spätmittelalterlichen Staats-
denker Engelbert von Admont hatte Ottokar ein Exemplar an die MGH geschickt, um es einlagern zu lassen, doch es verbrannte zusammen mit anderen
MGH-Materialien im Salzbergwerk von Stassfurt bei Magdeburg[70]. Das
andere Exemplar besaß als Erstgutachter der Arbeit Karl Jordan. Davon teilte
dieser allerdings, obwohl korrespondierendes Mitglied der MGH seit dem
Jahr 1948, dem Münchner Institut nichts mit[71], als Hermann Heimpel und
Herbert Grundmann nach dem Krieg die Arbeit an der Reihe „Staatsschriften
des späten Mittelalters" wiederaufnahmen[72]. Und weder Heimpel noch
Grundmann scheinen in Kiel nachgefragt zu haben. Als Karl Jordan in den
Ruhestand trat, besaß er, wie ein Helfer beim Ausräumen des Dienstzimmers
sich erinnert, noch dieses Exemplar von Ottokars Habilitationsschrift, ent-
sorgte es dann anscheinend aber, denn in seinem Nachlass im Universitätsarchiv in Kiel, der gesäubert wurde, ist es nicht mehr vorhanden[73].

Erst Ende 1982 versuchte man dann in Kiel, die Umstände der Menzel-
schen Erbschaft zu rekonstruieren und insbesondere zu ergründen, warum
das Historische Seminar eine Cusanus-Urkunde und damit zusammenhän-
gend den Brief eines gewissen Ernst Schulz von 1939 als Expertise besaß[74].
Helmut G. Walther, in dessen Dienstzimmer die Urkunde nun hing, infor-
mierte Erich Meuthen, der an den „Acta Cusana" arbeitete, über diese Urkunde und befragte Bernhard Bischoff wie auch Karl Jordan. Die Ergebnisse

---

Lüge. Vgl. kritisch über Jordan auch *Cornelissen*, Das Kieler Historische Seminar,
S. 252.

[69] Siehe dazu oben S. 90 f.

[70] Siehe dazu oben S. 89.

[71] Vgl. *Grundmann*, Herbert: Monumenta Germaniae Historica 1819–1969, München 1969, S. 38.

[72] Der 1. Band der Staatsschriften des späteren Mittelalters mit Schriften Alexanders von Roes, hg. von Herbert Grundmann und Hermann Heimpel erschien 1958,
der 2. Band mit Schriften Engelberts von Admont, hg. von Karl Ubl im Jahr 2004 in
der Reihe MGH Staatsschriften 1, 1 und 1, 2.

[73] Ich danke Prof. Thomas Vogtherr (Osnabrück) für die Mitteilung vom 19.3.2021,
dass er das Exemplar von Menzels Habilitationsschrift beim Ausräumen von Jordans
Dienstzimmer in den Händen hielt, und ich danke Prof. Gerhard Fouquet (Kiel) für
die Durchsicht von Karl Jordans Nachlass.

[74] Den im Historischen Seminar zusammen mit der Cusanus-Urkunde aufbewahrten Briefwechsel, aus dem im Folgenden zitiert wird, machte mir Prof. Gerhard Fouquet (Kiel) zugänglich, wofür ich ihm herzlich danke.

der schriftlichen und telefonischen Erkundigungen gab er brieflich an Meuthen weiter, aber das Wissen war äußerst lücken- und fehlerhaft: Bernhard Bischoff äußerte nur die Vermutung, Ottokars Karriere sei „vielleicht über Kiel gegangen", Genaueres wusste er nicht und nannte Hildegund in seinem Brief „Hildegard"; er nannte zwar den Titel ihrer Dissertation, die er aus der Erbschaft von Ernst Schulz besaß, hatte aber keine Ahnung, zu welchem Ereignis sein „bester Freund", der „mit beiden (Menzels) befreundet" gewesen sei, die Urkunde geschenkt hatte; er vermutete lediglich, dass es in Berlin gewesen sein könnte, wo sie sich wenige Monate nach Schulz das Leben genommen hätten. Karl Jordan teilte Helmut G. Walther telefonisch mit, Ottokar sei ein gebürtiger Kieler gewesen, der auch über Holsteinisches gearbeitet hätte, im Krieg zur Luftwaffe eingezogen gewesen sei und sich nicht in Berlin habilitieren konnte, weil er „Schwierigkeiten" mit Fritz Rörig gehabt habe. Ist es wirklich glaubhaft, dass der Historiker Karl Jordan nicht mehr wusste, dass Ottokar in der Kriegsgeschichtlichen Abteilung beim Oberkommando der Wehrmacht beschäftigt gewesen war?

Außerdem behauptete Jordan, der Nachlass hätte nicht nur Ottokars Bücher umfasst, wie Helmut G. Walther an Erich Meuthen schrieb, „sondern auch Besitz Frau Menzels. So besitzt das Historische Seminar, wie ich in der Zwischenzeit selbst nachprüfte, mehrere Sonderdrucke von Aufsätzen O. Menzels, die jedoch wegen ihrer handschriftlichen Widmungen an die damalige Braut H. Rogner aus dem Nachlass Frau Menzels stammen müssen. Aus ihm stammen auch mehrere Exemplare der von E. Hoffmann betreuten zweisprachigen Cusanus-Text-Ausgaben in der Philosophischen Bibliothek des Felix-Meiner-Verlags, an denen Frau Menzel-Rogner ja als Übersetzerin selbst beteiligt war (Heft 5, Idiota de staticis experimentis, u. H. 10, Idiota de mente). Die im Nachlass enthaltenen Doppelexemplare der Reihe hat Herr Jordan damals an die Heidelberger Akademie abgegeben. Unter dem Nachlass Frau Menzels befand sich auch die Cusanus-Urkunde, aber – außer dem Schenkungsbrief von Ernst Schulz – nichts an brieflichem oder handschriftlichem Material." Jordan verschwieg also auch jetzt, dass Hildegunds Bücher für Heidelberg bestimmt gewesen waren, und dazu passt, dass nicht nur Jordans Exemplar von Ottokars Habilitationsschrift nicht mehr vorhanden ist, sondern dass auch keine Kopie des Testaments bei den Kieler Unterlagen liegt, denn dieses muss er als Erbe bekommen haben. Nach seiner Mitteilung schickte er also den Heidelbergern nur die Doubletten zu und die Bücher, die das Historische Seminar Kiel nicht brauchen konnte, reichte er an die Kieler Germanisten oder die Universitätsbibliothek weiter: so gelangte Hildegunds Exemplar der „Huldigung", das sie 1932 Ottokar gewidmet hatte, in die Universitätsbibliothek[75]; das Germanistische Seminar scheint mehrere Bü-

---

[75] Siehe dazu oben S. 37 mit Anm. 85.

cher aus ihrem Nachlass erhalten zu haben, so eine Handschrift zu Fra Angelico und Stefan Georges Sonett „Ein Anglico"[76]. Diese ist, genau wie Lechters wertvolles Rilke-Fotoalbum mit Widmung an Hildegund[77], in Kiel derzeit nicht auffindbar.

Karl Jordans Nachruf auf Ottokar Menzel im Deutschen Archiv von 1951 endete mit dem Satz: „Nach Kriegsende hätte er in Kiel eine fruchtbare Lehrtätigkeit beginnen können, wenn nicht dieses äußerlich so harmonisch erscheinende Leben einen so jähen tragischen Abschluss gefunden hätte[78]". Seine Formulierung lässt vermuten, dass er von Robert Holtzmann die „persönlichen Gründe" Ottokar Menzels für den Suizid, d. h. seine Affäre erfahren hatte, weshalb er, ohne die Ehe mit Hildegund zu erwähnen, die Andeutung von dem „äußerlich so harmonisch erscheinenden Leben" machte.

Interessant ist jedoch Jordans telefonische Auskunft zum Tod der Menzels von 1982, die Helmut G. Walther ebenfalls an Erich Meuthen weitergab: „Im Frühjahr 1945 beging Menzel mit seiner Frau Selbstmord, dessen Gründe auch engsten Verwandten und Freunden nie richtig klar wurden. Nach Auskunft Jordans soll Menzel aber befürchtet haben, im Zusammenhang mit den verstärkten NS-Verfolgungen nach dem 20. Juli 44 gegen Widerständler verhaftet zu werden". Hatte Karl Jordan wirklich vergessen, was er wusste und im Nachruf nicht preisgab, oder wollte er mit dieser Behauptung wiederum von Ottokars Tätigkeit ablenken und hoffte, dass dies nie ans Licht kommen würde?

---

[76] *Jörg-Ulrich Fechner*, „Der alte Meister und mein sehr früher verehrter Lehrer der Mönch von Fiesole". Überlegungen zu Stefan Georges Sonett „Ein Angelico", in: Il Cacciatore di silenzi. Studi dedicati a Ferrucio Masini a cura di Paolo Chiarini 2, Rom 2003, S. 387–408. Fechner fand 1985 „in dem Kieler Teilnachlass von Melchior Lechter aus dem Zwischenbesitz von Hildegund Rogner eine umfängliche Handschrift" (S. 404).

[77] Siehe oben S. 69 f. mit Anm. 114.

[78] *Jordan*, Ottokar Menzel, S. 261.

VIII. Schluss

In den vergangenen Jahren sind wiederholt Biographien geschrieben worden über Historiker, die im oder nach dem Zweiten Weltkrieg Karriere machten und deren Werdegang aufschlussreich ist, um das Leben von Wissenschaftlern im und nach dem Dritten Reich zu verstehen. Selten war es dagegen möglich, für einen jungen Gelehrten, der es noch nicht zu einer Professur gebracht und auch den Krieg nicht überlebt hatte, ein detaillierteres Lebensbild zu verfassen – lediglich Carl Erdmann, der 14 Jahre ältere Kollege von Ottokar Menzel beim Reichsinstitut für ältere deutsche Geschichtskunde, wurde kürzlich von Folker Reichert biographisch gewürdigt, wobei sich allerdings so manche ‚Leerstellen' in seinem Lebenslauf nicht füllen ließen. Außerdem haben sich in den vergangenen Jahren gleich zwei Autoren mit Felix Hartlaub, der ein Jahr jünger war als Ottokar Menzel, auseinandergesetzt.

In einem Doppelportrait das berufliche wie das private Leben des Professorensohnes Ottokar Menzel näher zu beleuchten und auch das seiner Ehefrau Hildegund, die wie ihr Mann Wissenschaftlerin war und den bedeutenden Jugendstilkünstler Melchior Lechter gut kannte, wurde durch die Gunst der Überlieferung möglich und so konnte nach den beruflichen Zielen des Ehepaares Menzel gefragt und kleinere Einblicke in ihr Privatleben gewonnen werden, mithin ihr Leben während des Dritten Reiches etwas beleuchtet werden.

Einige Ergebnisse dieser ‚Spurensuche' sollen hier zusammengefasst werden, um ihre Lebensläufe in den Kontext der Betrachtung des Privaten im Nationalsozialismus zu stellen, wie eine ertragreiche Reihe des Instituts für Zeitgeschichte heißt: Dass der in Odessa geborene und in den ersten zehn Lebensjahren in Russland aufgewachsene Professorensohn Ottokar Menzel als einzig überlebendes Kind seiner Eltern den gleichen Karriereweg wie sein Vater anstrebte und fast bis zum Ende seines Lebens trotz Unterbrechungen und Schwierigkeiten weiterverfolgte, ist weniger bemerkenswert als die Tatsache, dass er im Unterschied zu seinem Vater, der kurz nach der Machtergreifung in die NSDAP eintrat und ein Bekenntnis der Kieler Professoren zu Hitler unterschrieb, nie in die Partei eintrat und auch keine Mitgliedschaft in anderen parteinahen Organisationen aufzuweisen hatte. Schon in seinem ersten Heidelberger Studiensemester im Sommer 1932 knüpfte Ottokar offenbar nähere Kontakte zu zwei Hochschullehrern, die gegen die Nationalsozialisten eingestellt waren, nämlich Ernst Hoffmann und Gustav Radbruch, und pflegte diese Beziehungen auch nach 1933. Selbst als Ottokar sehr nahe am ‚Zentrum der Macht' arbeitete, nämlich in der Abteilung Kriegsgeschichte beim OKW, was ihn bis zum 1. Februar 1945 vor dem Fronteinsatz bewahrte, trat er nicht in die NSDAP ein. Seine Kollegin Marianne Feuersenger zeichnete ihn als Kollegen, der eine gewisse kritische Distanz zu seiner Arbeit behielt, genau wie Felix Hartlaub. Dennoch arbeiteten beide bis zum Schluss für das Regime.

War die Entscheidung für eine Doktorarbeit in der mittelalterlichen Geschichte noch der Versuch gewesen, eine ‚unpolitische' berufliche Nische zu finden, als sich 1933 abzeichnete, dass die Slawistik und osteuropäische Geschichte, für die Ottokar Menzel aufgrund von Herkunft und Sprachkenntnissen prädestiniert war, von den neuen Machthabern wenig geschätzt und ihre Vertreter schikaniert wurden, so hatte er nach seiner Dissertation 1935 zwar den Antrag auf Mitgliedschaft beim NS-Dozentenbund gestellt, um eine Assistentenstelle an der Berliner Universität antreten zu können, gab diese Anstellung jedoch bald wieder auf und versuchte, seinen Weg mit Hilfe eines Stipendiums der Deutschen Forschungsgemeinschaft und einem Volontariat im Bayerischen Bibliotheksdienst zu gehen. Weiß man auch kaum etwas über den privaten Freundeskreis von Ottokar Menzel, so sind unter den Wissenschaftlern, zu denen er engere Kontakte unterhielt, Gelehrte, die dem Regime kritisch gegenüberstanden wie Ernst Schulz, Norbert Fickermann, Carl Erdmann und Felix Hartlaub, außerdem sein Doktorvater Robert Holtzmann in Berlin und Professor Ernst Hoffmann in Heidelberg.

Diese gewisse, passive Distanz zum Regime ist möglicherweise durch die Bekanntschaft mit seiner ‚großen Liebe' Hildegund Rogner gefördert worden, die er im Frühjahr 1932 kennenlernte. Die zwei Jahre ältere Tochter eines Volksschullehrers, die in den entscheidenden Jahren von Schulzeit und Studium durch den Jugendstilkünstler und Freund Stefan Georges, Melchior Lechter, geprägt wurde, übernahm vermutlich dessen Abneigung gegen die Nationalsozialisten, deren Antisemitismus Lechter abstieß, da er von mehreren vermögenden jüdischen Familien großzügig unterstützt wurde, vor allem nachdem er künstlerisch keinen Erfolg mehr hatte. Dies hinderte Lechter freilich nicht daran, lebenslange Freundschaften mit Albert Jung und Heinrich Heim, den auch Hildegund kannte, zu pflegen, obwohl beide unter den Nationalsozialisten Karriere machten. Hildegund Rogner trat nie in die NSDAP ein, obwohl sowohl ihr Vater wie auch ihre Brüder Mitglieder waren.

Zu den Vorbehalten gegenüber dem Regime dürfte aber auch die Tatsache beigetragen haben, dass sowohl Ottokar Menzel als auch Hildegund Rogner davon betroffen waren, dass Theodor Menzel den Ariernachweis für seine schon längst in Odessa verstorbene Schwiegermutter nicht beschaffen konnte und schließlich von engagierten Nationalsozialisten in Kiel unter fadenschei-

nigem Vorwand in den vorzeitigen Ruhestand gedrängt wurde. Eine Verlobung von Ottokar und Hildegund konnte daher erst sechs Jahre nach Beginn
ihrer Freundschaft und Liebesbeziehung stattfinden, nämlich im März 1938,
nachdem vom Ministerium akzeptiert worden war, dass eine Geburtsurkunde
für Luise Menzel aus Russland nicht zu beschaffen war. Aus diesem Grund
musste Hildegund Rogner, die als promovierte Philosophin wenig Chancen
auf dem Arbeitsmarkt hatte, als begabte Mathematikerin aber umso größere,
im Herbst 1937 bei der Deutschen Versuchsanstalt für Luftfahrt in Adlershof
eine Stelle annehmen, da sie (noch) nicht verheiratet war. Ein halbes Jahr
nach der Heirat gab sie diese, wie man vermuten kann, ungeliebte Tätigkeit
bei der DVL wieder auf, um sich schlecht bezahlter wissenschaftlicher Arbeit
widmen zu können. Erstaunlicherweise gelang es ihr, mit dieser ,schöngeis-
tigen Tätigkeit' als berufstätig anerkannt zu werden, was sie vor anderen
„kriegswichtigen" Arbeitsverpflichtungen bewahrte. Hildegund Menzel, eine
hochbegabte und engagierte Wissenschaftlerin, versuchte wohl, erst recht
nach Ausbruch des Krieges, möglichst viel Zeit mit ihrem Mann zu verbringen, woran neben einer möglichen persönlichen Abneigung gegen den Arbeitsstellenleiter ihre Tätigkeit für die Leibniz-Ausgabe an der Preußischen
Akademie scheiterte. Da sie in Ottokar Menzel einen Partner hatte, der, was
damals nicht die Regel war, eine ihm geistig ebenbürtige Frau zu schätzen
wusste, fiel ihr das vermutlich nicht schwer, weil er ihre wissenschaftliche
Arbeit anerkannte und beide vermutlich aus der fachlichen Nähe ihrer Ar-
beitsgebiete profitierten.

Erkennbar ist, dass Ottokar Menzel bereit war, sich beruflich anzupassen,
um Karriere zu machen: er übernahm Editionsprojekte für die neu gegründeten Reihen der von den Nationalsozialisten zum Reichsinstitut beförderten
Monumenta Germaniae Historica und verstand sich offenbar gut mit dem
von den Nationalsozialisten kommissarisch eingesetzten Leiter Wilhelm Engel, der nur sieben Jahre älter war als er selbst. Als dann eine Eheschließung
mit Hildegund Rogner möglich wurde, unternahm er größere Anstrengungen,
in ein Beschäftigungsverhältnis zu gelangen, mit dem er sich und seine Frau
ernähren konnte: Die Stelle im Statistischen Reichsamt hatte er vermutlich
der Vermittlung seiner Verlobten und ihrer Bekanntschaft mit dem 1933 von
den Nationalsozialisten eingesetzten Präsidenten des Statistischen Reichsamts zu verdanken und er war dort sicher willkommen, weil er die für seinen
Arbeitsplatz in der Ostabteilung des Reichsamts erforderlichen Sprachkenntnisse mitbrachte; dass die Beschäftigung mit wehrwissenschaftlichen Fragen
der Kriegsvorbereitung diente, kann ihm kaum verborgen geblieben sein.

Seit Kriegsausbruch stand Ottokar Menzel unter der ständigen Anspannung, an die Front eingezogen zu werden. Die wenigen Monate von Mitte
Mai bis Mitte August 1941, in denen er zunächst bei der Flak in Berlin und
danach vielleicht in Griechenland Dienst tun musste, scheinen dann auch,

ähnlich wie bei Felix Hartlaub, für einen Intellektuellen wie ihn ein trauma-
tisches Erlebnis gewesen zu sein. Es verstärkte in den folgenden Jahren die
Angst vor dem Fronteinsatz und davor, weiteren Schikanen ausgesetzt zu
sein, so dass sein Handeln von dem Willen bestimmt wurde, dies zu vermeiden. Es gelang ihm zunächst auch, durch die Tätigkeit im Statistischen
Reichsamt und danach als wissenschaftlicher Hilfsarbeiter bei der Leibniz-
Ausgabe der Preußischen Akademie der Wissenschaften vom Fronteinsatz
zurückgestellt zu werden und seine Karriere voranzutreiben zu können. Hier
war der von den Nationalsozialisten zum Direktor der Preußischen Akademie
eingesetzte Orientalist Helmuth Scheel von großer Bedeutung, der auch für
Hildegunds Beschäftigung dort sorgte. Neben der Arbeit für die Akademie
legte Ottokar nun wieder wissenschaftliche Publikationen vor und schrieb
Rezensionen. Die Tätigkeit bei der Leibniz-Ausgabe war dann mit hohen
Anpassungsleistungen an das nationalsozialistische System verbunden: Die
vom Arbeitsstellenleiter der Leibniz-Ausgabe, Joseph Ehrenfried Hofmann,
gewünschten Gutachten, um sich von politisch nicht-genehmen Mitarbeitern
trennen zu können, und die Bereitschaft, beim sog. Kulturgutschutz in Paris
oder in den besetzten Ostgebieten mitzuarbeiten, sind Belege dafür.

Ottokar Menzels Briefe im Zusammenhang mit der Suche nach Leibniz-
Handschriften in Russland dokumentieren seine Überzeugung von der kultu-
rellen Überlegenheit Deutschlands gegenüber Polen, der Tschechoslowakei
und Russland, die auch in seinen wissenschaftlichen Besprechungen dieser
Jahre zum Ausdruck kommt. Man kann hier sehr deutlich sehen, dass das
Denken zunehmend von den Denk- und Handlungskategorien des Regimes
beeinflusst wurde und der Krieg gegen diese Länder seine Billigung fand.
Für diese Denkhaltung waren vermutlich nicht zuletzt die Erfahrungen seiner
Eltern in Russland vor, während und nach dem Ersten Weltkrieg prägend.
Nur zum Teil hatte Ottokar diese Ereignisse bewusst erlebt, aber der Verlust
des kultivierten (deutschen) Lebensumfeldes in Odessa wird immer ein
Thema in der Familie gewesen sein. Obwohl der Orientalist Theodor Menzel
sich für die Länder, in die er reiste, deren Sprachen er beherrschte und über
die er wissenschaftlich arbeitete, sehr interessierte, war er zutiefst von der
Überlegenheit der Deutschen und des Deutschen Reiches überzeugt.

Die ihm von seinem Kollegen in der Kriegsgeschichtlichen Abteilung,
Felix Hartlaub, attestierte „Gewieftheit" verlieh Ottokar Menzel Ende 1942
dann wohl den Mut, eine Habilitation ausgerechnet in der ‚Höhle des Löwen', d. h. in Kiel anzustreben, der Universität, an der sein Vater vorzeitig in
den Ruhestand geschickt worden war und deren Professoren in besonderem
Maße dem Regime nahestanden. In seinem geschickt formulierten Lebenslauf betonte er seine Tätigkeit in der Kriegsgeschichtlichen Abteilung beim
OKW und setzte wohl darauf, dass dies auch beim NS-Dozentenbund Eindruck machen würde, so dass man über fehlende Parteimitgliedschaft oder

Engagement bei NS-nahen Organisationen hinwegsehen würde. Diese Rechnung ging auf und aufgrund seiner wissenschaftlichen Befähigung absolvierte er die Habilitation in Kiel mit Erfolg.

Zumindest bis Ende 1943 scheint Ottokar Menzel nach Kriegsende eine Karriere als Professor für Mittelalterliche Geschichte und Editor der MGH angestrebt zu haben, so dass er die unter den Umständen des Krieges mühevollen Anstrengungen für die Habilitation unternommen hat. Irgendwann im Jahr 1944 muss er allerdings diesen Optimismus, nach dem Krieg eine erfolgreiche Laufbahn als Hochschullehrer einschlagen zu können, verloren haben. Welches die dafür ausschlaggebenden Faktoren waren, ist schwer zu ergründen – wiederholte Bombenangriffe, die die Dienststelle und die eigene Wohnung betrafen; Nachrichten und Berichte über die zunehmend desaströse Lage an allen Fronten, die seine Abteilung aus erster Hand erhielt und die zu Wutanfällen seines cholerischen Chefs Walter Scherff führten, dessen ,Blitzableiter' sein (fast) einziger Mitarbeiter Ottokar Menzel wurde; die ständigen Reisen zwischen Berlin und Berchtesgaden sowie schließlich die Angst, in den Strudel des Attentats vom 20. Juli zu geraten. Von besonderer Bedeutung für die Entscheidung zum Suizid Anfang Februar 1944 dürften aber auch sein Verhältnis zur Schauspielerin Nora von Rautenberg und der Freitod seines Freundes Ernst Schulz kurz vor Weihnachten 1944 gewesen sein, dessen Tat er offenbar als „Gang in die Freiheit" empfand. Ob Ottokar wegen seiner Geburt in Odessa die Russen und die Rache der Sieger fürchtete oder ob Hildegund und er davon ausgingen, dass man ihn nach dem Krieg wegen seiner Tätigkeit in der ,Nähe' der Machtzentrale und der völkerrechtswidrigen Befehle des Regimes zur Verantwortung ziehen würde, bleibt ungewiss, spielte vermutlich aber auch eine Rolle bei dem fatalen Entschluss. Der Selbstmord durch Erschießen von Ernst Schulz, mit dem Ottokar wie Hildegund eng befreundet waren und der vor allem Ottokar tief bewegt haben muss, mag der entscheidende Wendepunkt gewesen sein: Obwohl die Wahl dieser Todesart dem katholisch getauften Ottokar die doppelte psychische Belastung aufbürdete, erst seine Frau und dann sich selbst töten zu müssen und hierbei nicht versagen zu dürfen, beschritten beide diesen Weg, während viele andere, die sich im Frühjahr 1945 das Leben nahmen, Gift als ,leichteren' Ausweg wählten; offenbar wollten sie sicherstellen, dass der Plan gelang. Dass Hildegund den Entschluss fasste, mit ihrem Mann zu sterben, d. h. von dessen Hand, hatte sicher damit zu tun, dass sie nicht allein zurückbleiben wollte, weil sie in ihrer Familie offenbar außer ihrem damals schon sehr kranken Vater wenig Rückhalt hatte. Ein starkes Motiv war aber wohl auch der Wille, allen zu zeigen, dass sie die einzige Frau im Leben ihres Mannes gewesen war und dass diese Liebe so groß war, dass sie nur durch den Tod beendet werden konnte. Dies wollte sie vielleicht auch ganz besonders Ottokars Geliebter demonstrieren.

Dass beide mit ihrem Selbstmord den Eltern eine große Last aufbürdeten, dürfte ihnen bewusst gewesen sein und erklärt das Fehlen von Abschiedsbriefen wie auch Hildegunds Unfähigkeit, ihrer Freundin Hedy am 3. Februar 1945 ihre Absichten zu offenbaren, denn zum Zeitpunkt ihres Briefes stand der gemeinsame Entschluss, „Schluss zu machen", längst fest, wie Hildegunds Gespräch mit Charlotte Holtzmann und Ottokars mit Marianne Feuersenger am 27. Januar bezeugen sowie Ottokars Testament vom 1. Februar. Das Fehlen von Abschiedsbriefen in dieser Situation war und ist aber nicht ungewöhnlich. Die große Fürsorge für die 16jährige Schwester und Schwägerin Ingeborg, die das gemeinsame Testament und der ‚Abschiedsbrief‘ Hildegunds an Hedy Bühner dokumentieren, mag neben den unbestreitbaren Gefühlen für das Mädchen, das fast auch ihr eigenes Kind hätte sein können, auch eine Art ‚Bitte um Verzeihung‘ gewesen sein und eine Kompensation für die nicht geschriebenen Abschiedsbriefe, denn davon, dass die Eltern Rogner und die Geschwister auch Kenntnis von Hildegunds Brief an die Freundin erhalten würden, werden Hildegund und Ottokar ausgegangen sein. Zudem hatte Ottokar versucht, mit einem Schreiben an seine Mutter vom 26. Dezember 1944 und einem Dankbrief an seinen Schwiegervater vom 31. Januar 1945, die auch in Hildegunds Namen verfasst sind, eine Art von Abschiedsbrief zu schreiben und zumindest der Mutter eine Erklärung zu liefern.

*

Dass Ottokars Menzels Tätigkeit bei der Kriegsgeschichtlichen Abteilung und der Suizid die Vermutung nahelegte und nahelegt, hier habe ein überzeugter Nationalsozialist das Ende des Dritten Reiches nicht überleben wollen, ist verständlich und hat in der Nachkriegszeit nicht zuletzt in Bezug auf Hildegund zu Fehldeutungen und Missverständnissen geführt.

Die Familienangehörigen blieben ratlos zurück und versuchten vermutlich, ‚nach vorne zu schauen‘, zumal der Daseinskampf in der unmittelbaren Nachkriegszeit hart war und wenig Zeit für Reflexionen über das, was gewesen war, ließ. Nur Ottokars Mutter und Hildegunds Vater versuchten in Briefen, diese Tat zu verarbeiten und Erklärungen für das Unfassbare zu finden. Ohne die Briefe von Fritz Rogner an Luise Menzel mit ihren Begründungen für den Doppelselbstmord wäre ein wichtiges Motiv, nämlich Ottokars ‚Seitensprung‘, unbekannt geblieben, aber dies war nur wenigen Eingeweihten bekannt und hätte nach dem Willen von Hildegunds Mutter nicht einmal Ottokars Mutter mitgeteilt werden sollen, worüber Fritz Rogner sich mit seinem Brief hinwegsetzte.

Im Tod der beiden jungen Menschen liegt vermutlich der Schlüssel für den unterschiedlichen Umgang mit der Erinnerung an Ottokar und Hildegund in der Nachkriegszeit: Die einen gingen davon aus, dass sie Selbstmord begangen hatten, weil sie überzeugte Nationalsozialisten gewesen waren, so Marguerite Hoffmann und Michael Landmann, die jüdischen Freunde von Melchior Lechter. Die anderen, die selbst im Dritten Reich Karriere gemacht hatten wie Ottokars fünf Jahre älterer Kollege Karl Jordan und Hildegunds Freundin Elisabeth Waldmann, schwiegen über sie, um nicht an Dinge zu rühren, an die sie selbst nicht mehr erinnert werden wollten und die sie für karriereschädigend hielten. Auch in Bezug auf Ottokars Kollegen Felix Hartlaub ist ja in der Nachkriegszeit eine durchaus ambivalente Bewertung spürbar, so dass sein Tod von einem, der zu den Gegnern und Verfolgten des Dritten Reiches gehört hatte, „als durchaus logischer Abschluss eines fragwürdigen Lebens" bezeichnet wurde[1], während die Familie sich viele Jahre an die Hoffnung klammerte, Felix könne noch am Leben sein. Seine Biographin Monika Marose unternahm schließlich 2005 den wenig überzeugenden Versuch, Felix „mit dem Widerstand gegen das Hitler-Regime in Verbindung zu bringen", doch was Wolfgang Schwiedrzik für Hartlaub völlig zu Recht betont hat, gilt auch für Ottokar Menzel, nämlich dass er „zu einer Generation von Deutschen gehörte, die in die Verbrechen des Hitler-Regimes – willentlich oder gegen ihren Willen – verstrickt wurden. Man kann die komplizierte Situation, in die Felix Hartlaub geriet, weder dadurch aufschlüsseln oder entschärfen, dass man ihn à priori als einen der wenigen Aufrechten darstellt, die nur Opfer waren oder ‚unter der Tarnkappe' heimlich Widerstand gegen das Regime leisteten, noch dadurch, dass man sie den Tätern zurechnet und aburteilt. Jede binäre, nur schwarz-weiß zeichnende Form der Analyse und Darstellung ist unangebracht"[2].

Felix Hartlaub bleibt jedenfalls derjenige, der den jungen Intellektuellen dieser Generation, die den Krieg nicht überlebt haben, eine Stimme gegeben hat, so dass wir deren Lebenswirklichkeit und auch die Tragik ihres Lebens in der Diktatur zumindest bedingt nachvollziehen können. Daher soll Hartlaub auch hier das letzte Wort haben: „Das plötzliche Verschwinden eines Menschen oder der Tod – es lässt sich ja nicht umschreiben – ist so verschlossen, unausdeutbar und einmalig, erst von später her gesehen gewinnt er seine Wirklichkeit und etwas wie Sinn und Umriss"[3].

---

[1] Das Zitat stammt von Paul Geheeb (1870–1961), dem Leiter der Odenwaldschule, die Felix Hartlaub eine Zeitlang besucht hatte; vgl. *Weichelt*, Der verschwundene Zeuge, S. 46.

[2] Wolfgang *Schwiedrzik* im Vorwort der Neuausgabe der Dissertation von Felix *Hartlaub*, Juan d'Austria, S. 22.

[3] Felix Hartlaub an Melitta Laenebach am 30. Januar 1943 (*Ewenz*, In den eigenen Umriss gebannt, 1 S. 582).

IX. Nachwort

Als ich im Frühjahr 2020 auf Ottokar Menzel, den Mitarbeiter des Reichs-instituts für ältere deutsche Geschichtskunde, wie die MGH von 1935 bis 1945 hießen, stieß, besaß das Institut weder ein Foto von ihm, noch eine Personalakte oder Informationen, die über das hinausgingen, was in Karl Jordans Nachruf auf Menzel im Deutschen Archiv von 1951 stand. Seine merkwürdigen Andeutungen über Menzels „verantwortliche Stelle" im Krieg und sein Satz über das „äußerlich so harmonisch erscheinende Leben" mach-ten mich neugierig und angesichts des von Jordan eingangs erwähnten Sui-zids Menzels drängte sich mir wie vermutlich jedem Leser der Verdacht auf, Ottokar Menzel sei ein überzeugter Nationalsozialist gewesen, der das Ende des Dritten Reiches nicht überleben wollte, wie so manche anderen. Es gab im Archiv der MGH nur wenige Briefe von und über Ottokar Menzel, darun-ter das Schreiben von Wilhelm Scheidt an den MGH-Präsidenten Theodor Mayer vom 9. Februar 1945, in dem er diesen vom Suizid des Ehepaares in Kenntnis setzte. Mich überraschte dieses kurze Schreiben, denn von einem Doppelselbstmord war in Jordans Nachruf seltsamerweise nicht die Rede und auch Mayer ging in seinem Antwortschreiben nur auf den Tod des ehemali-gen Mitarbeiters und nicht auf den seiner Ehefrau ein.

Durch Internetrecherchen konnte ich bald die Frage klären, welche „ver-antwortliche" Stellung Ottokar Menzel im Krieg bekleidet hatte und staunte nicht schlecht: Ich stieß zunächst auf den Aufsatz von Marianne Feuersenger über das Attentat vom 20. Juli 1944, in dem sie berichtet, ihr Kollege „Dr. Menzel" habe noch am 11. Juli 1944 in der Kaserne Strub in Berchtesgaden mit dem Hitler-Attentäter Claus Graf von Stauffenberg zusammengestanden und nach dem Attentat die Befürchtung geäußert, alle, die mit Stauffenberg gesehen worden seien, könnten verhaftet werden. Aber war dieser Mitarbei-ter der Kriegsgeschichtlichen Abteilung beim OKW tatsächlich der Mediävist und Monumentist Ottokar Menzel? Gewissheit brachte dann ihr Buch, denn dort teilte sie mit, dass ein einziger Mitarbeiter der Kriegsgeschichtlichen Abteilung kein Militärhistoriker, sondern Mittelalterhistoriker und Schüler von Robert Holtzmann gewesen sei. Damit war die Frage beantwortet, wo Ottokar Menzel während des Krieges tätig gewesen war.

Die von Jordan im Nachruf verschwiegene Tätigkeit Menzels legte nun erst recht den Verdacht nahe, es mit einem überzeugten Nationalsozialisten zu tun zu haben, denn ich konnte mir nicht vorstellen, dass jemand „im Vor-

zimmer der Macht" gearbeitet haben sollte, der nicht ein begeisterter Nationalsozialist war. Die Charakterisierung ihres Kollegen durch Marianne Feuersenger weckte dann allerdings Zweifel, denn sie war kein Mitglied der
NSDAP geworden, stammte aus einer Familie, die gegen das Regime war,
und hatte sich eine kritische Distanz zu ihren Vorgesetzten und den Ereignissen gewahrt. Immer wieder fand ich in ihrem Buch humorvolle, bissige und
skeptische Kommentare, mit denen Ottokar Menzel die aktuelle Situation
oder Kollegen bedacht hatte. Besonders berührte mich bei der Lektüre dann
das angebliche Gespräch zwischen ihr und Ottokar Menzel im Januar 1945
über den geplanten Suizid. Nun wollte ich mehr über ihn, seine Frau und die
genauen Todesumstände in Erfahrung bringen. Außerdem hoffte ich, endlich
ein Foto von ihm in einem Archiv zu finden.

In seiner Berliner Promotionsakte von 1935 war dann auch der Vor- und
Mädchenname seiner Frau genannt, ein Foto war allerdings nicht angeheftet,
genauso wenig wie in der Kieler Personalakte für seine Habilitation im Jahr
1943. Die Akte des NS-Dozentenbunds der Berliner Universität von 1936/37
enthielt dann wenigstens ein (schlechtes) Passbild und zum ersten Mal, ein
halbes Jahr, nachdem ich mit meinen Forschungen über ihn begonnen hatte,
sah ich den damals 23jährige Ottokar Menzel: ein Mann mit dicken Brillen-
gläsern, der sehr jung aussah und unsicher wirkte. Dass er eine Brille trug,
wusste ich schon aus Marianne Feuersengers Buch, aber „gutaussehend", wie
sie schrieb, fand ich ihn eigentlich nicht.

Weitere Internetrecherchen ergaben dann, dass Ottokar Menzels Ehefrau
ebenfalls Wissenschaftlerin gewesen war; dass sie den Dichter Stefan George
verehrte, erfuhr ich ebenfalls aus Marianne Feuersengers Buch.

Mit Spannung erwartete ich nun das Digitalisat von Hildegund Rogners
Promotionsakte, doch auch sie enthielt kein Foto. Diese Enttäuschung war
umso größer, als ich inzwischen auf einen berühmteren Mitarbeiter der
Kriegsgeschichtlichen Abteilung gestoßen war, der dort allerdings nur kurze
Zeit beschäftigt gewesen war, aber seinem Vater wiederholt von Ottokar
Menzel berichtet und auch seine Frau beschrieben hatte: Felix Hartlaub.
„Eine sehr sympathische bescheidene Dame mit mächtiger blonder Denkerstirn, äußerlich ganz unintellektuell", stand in seinem Brief an den Vater aus
dem Jahr 1944, und ich hätte zu gerne gewusst, ob seine Beschreibung zutraf. Allerdings hatte ich keine Idee, wie ich an ein Foto von Hildegund
Menzel-Rogner kommen sollte. Immerhin ergaben weitere Recherchen, dass
sie den Jugendstilkünstler und Freund Stefan Georges, Melchior Lechter, gut
gekannt hatte.

Zu diesem Zeitpunkt hatte ich Stoff für einen Aufsatz über das Wissenschaftler-Ehepaar zusammengetragen und mir war bewusst, dass ich nur über
Nachlässe der Familien von Ottokar Menzel und Hildegund Rogner an wei-

tere Dokumente und Fotos und damit Erkenntnisse über ihr Leben kommen könnte. Aber wie sollte ich in Erfahrung bringen, ob es noch Nachkommen der Familien gab, da das Ehepaar offenbar kinderlos gestorben war?

Dann stieß ich auf eine Notiz, dass die Bayerische Staatsbibliothek in München im Jahr 2011 aus dem Besitz von Ottokar Menzels Vater Theodor 180 wertvolle orientalische Handschriften zum Geschenk erhalten hatte, und zwar von der Witwe seines Neffen, Mathilde Menzel. Dies war zwar schon fast zehn Jahre her und Mathilde Menzel musste schon damals hochbetagt gewesen sein, wie ich ausrechnete, aber ich wandte mich trotzdem Anfang Oktober 2020 an die Leiterin der Abteilung für orientalische Handschriften und fragte nach Kontaktdaten der Familie Menzel. Die Antwort fiel enttäuschend aus: Mathilde Menzel sei schon 2011 über 80 Jahre alt gewesen und von weiteren Mitgliedern der Familie habe man keine Adresse. Ende Februar 2021 wendete sich dann das Blatt und ich erhielt aus der Staatsbibliothek die Mitteilung, Mathilde Menzel sei ein halbes Jahr zuvor gestorben und nun hätten sich ihre Töchter gemeldet, die Bücher und Dokumente aus dem Nachlass von Theodor Menzel an die Staatsbibliothek abgeben wollten.

Diese Kontaktdaten öffneten mir den Familiennachlass Menzel, der viele Fotos und Dokumente enthielt, darunter auch die von Hitler und Göring unterzeichnete Entlassungsurkunde für Ottokars Vater Theodor. Erstmals sah ich auch eine Kopie des Testaments der beiden und vor allem Fotos von Hildegund Menzel. Nun konnte ich mich davon überzeugen, dass Felix Hartlaubs Beschreibung zutreffend gewesen war.

Ottokar Menzels Großcousinen beschäftigte die Frage, die sich auch ihre Eltern immer gestellt hatten, nämlich die nach den Gründen für den Suizid der beiden jungen Leute und die Frage, wo sie begraben worden waren. Das Buch von Marianne Feuersenger kannten sie nicht und die Kinderbüste der Nymphenburger Porzellanmanufaktur hielten sie für eine Darstellung des kleinen Ottokar.

Ein zoom-Vortrag über das Schicksal von Ottokar Menzel, den ich für unsere während der Pandemie gestartete Vortragsreihe der MGH hielt und der übers Internet verfügbar war, erwies sich dann als Glücksfall für die weitere Erforschung der Biographie: In dem Testament von Ottokar und Hildegund Menzel, von dem Ottokars Großcousinen eine Kopie besaßen, wurde zu meiner Überraschung als Haupterbin die 18 Jahre jüngere Schwester namens Ingeborg genannt. Von Geschwistern war in Hildegund Rogners Lebenslauf für die Promotion 1936 aber nicht die Rede gewesen und so hatte ich vermutet, sie sei ein Einzelkind gewesen. Wie aber sollte man herausfinden, ob es noch Nachfahren der Familie Rogner gab? Und wieder hatte ich Glück: Hildegund Rogners Neffe und seine Frau räumten zu dieser Zeit ihren Dachboden auf und überlegten zusammen mit ihrer Tochter, was sie mit den

Exemplaren von Ottokars und Hildegunds Publikationen machen sollten, da sie sie nicht ins Altpapier geben wollten. Sie suchten im Internet nach einer geeigneten Bibliothek und stießen auf meinen Vortrag. Es war also ganz ähnlich wie bei Ottokars Großcousinen, die zur selben Zeit den Nachlass ihrer Mutter ordneten. Familie Rogner nahm den Kontakt zu mir auf und auch ein weiterer Neffe begann nun in seinen ‚Schätzen‘ zu suchen, wobei er Hildegunds Postkarten aus Ischia zutage förderte. Genau wie Familie Menzel rätselte Familie Rogner über die Gründe für den gemeinsamen Suizid der Tante und ihres Mannes, aber immerhin wussten sie, wo die beiden ihre letzte Ruhe gefunden hatten. Die Suche nach dem Grab auf dem Stahnsdorfer Waldfriedhof führte dann zu dem beide Familien verblüffenden Ergebnis, dass Ottokar dort zwei Gräber hatte und dass der Familiengrabstein heute noch unversehrt steht.

Im weiteren Verlauf meiner Recherchen erhielt ich sehr viel Unterstützung, nicht nur von Mitgliedern der Familien Menzel und Rogner, sondern auch von zahlreichen Kolleginnen und Kollegen aus verschiedenen Fächern und von verschiedenen Universitäten, die mithalfen, dass sich aus vielen Puzzleteilen schließlich die Biographie von Ottokar und Hildegund Menzel rekonstruieren ließ, so dass dieses Forschungsprojekt für mich zu einer immer wieder spannenden und faszinierenden ‚Schatzsuche‘ wurde. Ich konnte in der Diskussion nach meinen Vorträgen jedes Mal feststellen, dass das Interesse für das Schicksal dieser jungen Leute, die so früh ihrem Leben ein Ende gesetzt hatten, groß war. Auch wenn Ottokar Menzel am Ende seines Lebens seine Situation und die seiner Frau so empfunden haben mag wie in der Ghasel August von Platens, die er als Motto seines Nachrufs auf Ernst Schulz auswählte: „Es liegt an eines Menschen Schmerz, an eines/Menschen Wunde nichts … Es fragt die Welt nach meinem Ziel, nach deiner letzten Stunde nichts …“, wurde immer wieder spürbar, dass dies nicht so war: Familie, Freunde und Kollegen fragten nach dem 6. Februar 1945 sehr wohl danach – und auch alle, die in den vergangenen drei Jahren etwas über das Schicksal von Ottokar und Hildegund erfuhren.

Anhang: Briefe und Dokumente

1. Briefe von Ottokar Menzel

Nr. 1

*Ottokar Menzel an Hermann Heimpel (Göttingen, Niedersächsische Staats-
und Universitätsbibliothek Cod. Ms. H. Heimpel Cod. E 1: 981; maschinenschriftlich).*

Berlin-Adlershof,
Silberbergerstrasse 16.   Berlin, den 8. September 1937

Hochverehrter Herr Professor,

verzeihen Sie bitte, dass Sie erst heute von mir eine Nachricht erhalten. Doch
ich war in den vergangenen Wochen ziemlich schwer an einer Blasen- und
Nierengeschichte erkrankt und bin erst seit einigen Tagen wieder auf. Daher
habe ich mich noch nicht nach dem Verbleib der beiden Wernigeroder Handschriften[1] erkundigen können. Ich werde mich in den nächsten Tagen um sie
kümmern. Wie ich hörte, war Herr Griewank[2] bis zum 7. September verreist;
vielleicht kann also jetzt, nach seiner Rückkehr eine Entscheidung der Forschungsgemeinschaft erwartet werden.

Nachdem ich mir Engelberts de regimine principium noch einmal angesehen habe[3], glaube ich doch, dass es besser ist, die Reihe nicht mit dieser
Schrift zu eröffnen, und ihre Ausgabe lieber – wenn überhaupt – bei einer

---

[1] Vermutlich handelt es sich in einem Fall um die Handschrift Berlin, Staatsbibl.
Preuß. Kulturbesitz Ms. lat. fol. 924 des Speculum virtutum Engelberts von Admont, die aus der Bibliothek der Grafen von Stolberg-Wernigerode stammte und in
der Edition von Karl Ubl berücksichtigt wurde; siehe zu dieser Edition oben S. 166
Anm. 72.

[2] Karl Griewank (1900–1953), Historiker und seit 1926 hauptberuflicher Mitarbeiter der Notgemeinschaft für die deutsche Wissenschaft; vgl. *Kaiser*, Tobias: Karl
Griewank (1900–1953). Ein deutscher Historiker im „Zeitalter der Extreme", Stuttgart 2007, S. 88 ff. zu seiner Tätigkeit für Notgemeinschaft/Forschungsgemeinschaft
für die deutsche Wissenschaft. Siehe zu Ottokars Stipendienantrag oben S. 64 ff.

[3] Engelbert von Admonts Schrift De regimine principum ist bis heute bei den
MGH nicht ediert worden.

späteren Gelegenheit einzuschalten. Von de ortu[4] habe ich inzwischen eine neue, bei Posch nicht verzeichnete Handschrift festgestellt[5].

Mit sehr ergebenen Grüssen und Heil Hitler!

Ihr Ottokar Menzel

Nr. 2

Ottokar Menzel an Hermann Heimpel (Göttingen, Niedersächsische Staats- und Universitätsbibliothek Cod. Ms. H. Heimpel E1: 981; maschinenschriftlich).

Berlin-Adlershof,
Silberbergerstrasse 16.   Berlin, den 12. IX 1937

Hochverehrter Herr Professor,

empfangen Sie bitte aufrichtigen und herzlichen Dank für Ihren gütigen Brief. Leider kann ich Ihnen noch immer keine Entscheidung der For-schungsgemeinschaft melden. Nachdem ich Engel[6] mehrfach gemahnt hatte, teilte er mir gestern nach einem Telephongespräch mit, dass wahrscheinlich für den kommenden Mittwoch eine Antwort zu erwarten sei. Inzwischen habe ich mich mit Eifer und wirklicher Freude an den Engelbert von Admont gesetzt, nachdem meine kleine Monumentenedition fertiggestellt ist[7]. Von Engelberts Schrift de ortu et fine habe ich 4 neue Handschriften aufgefunden, die Posch nicht kennt[8], so dass sich die Gesamtzahl auf 8 erhöht; von de regimine habe ich ebenfalls 2 weitere Codices festgestellt[9]. Empfangen Sie bitte Dank für die freundliche Vermittlung der österreichischen Handschrif-ten. Ich bin schon begierig, in der Editionsarbeit voranzukommen, und freue mich auch auf die Durcharbeitung der Neuausgabe des Alexander[10].

Mit dem Ausdruck aufrichtigen Dankes

Ihr Ottokar Menzel

---

[4] *Schneider*, Herbert (Hg.): Engelbert von Admont, De ortu et fine imperii, MGH Staatsschriften des späteren Mittelalters 1, 3, Wiesbaden 2015.

[5] Gemeint ist *Posch*, Andreas: Die staats- und kirchenpolitische Stellung Engel-berts von Admont, Paderborn 1920.

[6] Wilhelm Engel (1905–1964), kommissarischer Präsident des Reichsinstituts äl-tere deutsche Geschichtskunde 1936/1937; siehe oben S. 62 und öfter.

[7] Gemeint ist Menzels Edition der Liutbirg-Vita, MGH. Kritische Studientexte; siehe dazu oben S. 63.

[8] Siehe Brief Nr. 1 Anm. 4.

[9] Siehe Brief Nr. 1 Anm. 5.

[10] Die Edition des Alexander von Roes, herausgegeben von Hermann Heimpel und Herbert Grundmann, erschien erst im Jahr 1958; siehe unten Anm. 30.

Nr. 3

Ottokar Menzel an Hermann Heimpel (Göttingen, Niedersächsische Staats-
und Universitätsbibliothek Cod. Ms. H. Heimpel E 4: 21; handschriftlich
[rechts oben von Heimpels Hand (?) „gefallen").

Berlin, 27. März 1938

Hochverehrter Herr Professor,

erlauben Sie mir bitte, Ihnen und Ihrer hochverehrten Frau Gemahlin tiefen
und aufrichtigen Dank zu sagen, für die schönen Tage, die ich in Ihrem gast-
freien Hause verleben durfte. Auch für manche Anregung habe ich Ihnen
herzlich zu danken[11]. Hoffentlich erschreckt Sie die Veränderung in meinem
persönlichen Leben, die Sie mit der gleichen Post erreichen wird, nicht ebenso, wie einstmals die Ihrige Finke erschreckte[12].

Inzwischen ist aus Rom der Film einer Photographie der dortigen Engelbert Handschrift (De ortu) eingetroffen. Ich werde ihn morgen vergrössern
und abziehen lassen und dann gleich mit der Bearbeitung des Textes beginnen.

Leider schweigt die Notgemeinschaft noch immer, obwohl es schon be-
denklich dem 1. April zugeht[13].

Übermitteln Sie bitte Ihrer sehr verehrten Frau Gemahlin dankbare und
ergebene Empfehlungen und empfangen Sie bitte selbst aufrichtigen Dank
von

Ihrem Ottokar Menzel

---

[11] Siehe oben S. 64 ff.: Heimpel hatte Menzel eingeladen, bei ihm in Leipzig zu
wohnen, während er eine Engelbert-Handschrift untersuchte.

[12] Siehe oben S. 58: Ottokar Menzel spielt auf seine Verlobung mit Hildegund
Rogner an; die Verlobungsanzeige hat sich im Nachlass Heimpel erhalten. Offenbar
hatte Heimpel ihm während des Aufenthalts in Leipzig erzählt, dass sein eigener Lehrer, der renommierte Historiker Heinrich Finke (1855–1938) in Freiburg im Breisgau,
nicht begeistert war über die Heiratspläne des jungen Heimpel, der 1928 die promovierte Pädagogin Elisabeth Michel (1902–1972) geheiratet hatte.

[13] Siehe zu dem Stipendienantrag die folgenden Briefe 4 und 5 und oben S. 64 ff.

Nr. 4

*Ottokar Menzel an Hermann Heimpel (Göttingen, Niedersächsische Staats-
und Universitätsbibliothek Cod. Ms. H. Heimpel E 4: 21; handschriftlich).*

München, 10. April 1938
z. Zt. Pension Romana
Akademiestrasse 7

Hochverehrter Herr Professor,

erlauben Sie mir bitte, Ihnen für Ihre freundlichen Glückwünsche auch im
Namen von Fräulein Rogner aufrichtigen und herzlichen Dank zu sagen[14],
den ich auch Ihrer hochverehrten Frau Gemahlin zu übermitteln bitte. Von
Herrn Most erfuhr ich zu meinem Bedauern, dass Sie sich nicht wohl fühlten. Hoffentlich erreichen diese Zeilen Sie bereits wieder bei guter Gesundheit.

In meinem persönlichen Leben hat sich wieder ein gewisser Wandel vollzogen. Dass ich erst jetzt Ihnen davon schreibe, bitte ich zu verzeihen, denn
die letzten Tage waren voll Unruhe für mich. Es ist nämlich eine nunmehr
schon anderthalb Jahre zurückliegende Bewerbung von mir um Aufnahme in
den bayerischen Bibliotheksdienst zusagend ganz plötzlich entschieden worden[15]. Ich erhielt diese Nachricht überraschend durch einen Eilbotenbrief
mitgeteilt und habe eine Weile geschwankt, ob ich nach München gehen
sollte, ob nicht. Schliesslich habe ich mich doch entschlossen; denn bei den
reichlich unsicheren Verhältnissen im akademischen Leben möchte ich wenigstens als Sicherung das Bibliothekar-Examen ablegen. In meinen Plänen
ändert sich nichts, vor allem auch nichts in unseren gemeinsamen Arbeiten.
Die Notgemeinschaft hat nach einigem Hin und Her mir auch unter diesen
veränderten Umständen nach einer persönlichen Aussprache mit Herrn Griewank[16] das Stipendium um ein Jahr verlängert. Der Dank dafür gebührt vor
allem Ihnen, hochverehrter Herr Professor. – Eine zweimalige Unterredung
mit Herrn Professor Stengel[17], die ich wegen unserer Ausgaben, besonders
der Art der Reihe hatte, verlief ohne Ergebnis, da Professor Stengel erst einige Gutachten abwarten wollte und sich offenbar selbst noch nicht über
diese Dinge klar war. Ich selbst erwarte jetzt täglich die Vergrösserungen des
Films der römischen Handschrift aus Berlin. Nach Ostern werde ich versu-

---

[14] Siehe oben Anm. 12 zu Brief 3.

[15] Siehe oben S. 67 zu Ottokars Eintritt in den bayerischen Bibliotheksdienst.

[16] Siehe oben Anm. 2 zu Brief 1.

[17] Edmund Ernst Stengel (1879–1968), seit Ende 1937 Präsident des Reichsinstituts für ältere deutsche Geschichtskunde; siehe oben S. 66 f. zu Ottokars Auseinander-
setzungen mit ihm.

chen, die noch nicht eingesehenen österreichischen Handschriften von de ortu[18] hierher zu bekommen. Jetzt müsste das eigentlich ins Werk zu setzen sein. – Hoffentlich enttäuscht Sie meine Flucht in die Bibliothek nicht.

Leider zeigt sich München in wenig frühlinghaftem Gewand. Seit zwei Tagen tobt ein heftiger Schneesturm, der die Stadt ganz in Weiss eingehüllt hat. Es ist bitter kalt.

Bitte empfangen Sie für die kommenden Ostertage die aufrichtigsten Festwünsche und dankbare Grüsse

Von Ihrem Ottokar Menzel

Nr. 5

Ottokar Menzel an Hermann Heimpel, (Göttingen, Niedersächsische Staats- und Universitätsbibliothek Cod. Ms. H. Heimpel H 10: 1; maschinenschriftlich).

München, den 30. April 1938.
Leopoldstrasse 54.

Hochverehrter Herr Professor,

verzeihen Sie bitte, wenn ich mit einer recht unerfreulichen geschäftlichen Angelegenheit vor Sie trete und Sie bitte, sich mit dieser Angelegenheit zu befassen. Vielleicht hat auch Herr Most schon diese Bitte an Sie gerichtet.

Eben erhielt ich das beigelegte Schreiben in zwei Durchschlägen von Herrn Professor Stengel[19] zugesandt und geriet beim Lesen in nicht geringes Staunen. Zunächst ein Wort darüber, was die äussere Form betrifft: was soll dieses Schreiben darstellen? Als einen Vertrag kann man es nicht ansprechen, da ihm weder ein Angestelltentarif oder etwas Ähnliches zu Grunde liegt, noch irgendwelche Besprechungen ihm vorausgegangen sind. Übrigens müsste mir dann ja auch ein von Herrn Professor Stengel eigenhändig unterschriebenes Exemplar zugegangen sein. Der Inhalt ist allerdings noch erstaunlicher. Zu berichtigen ist zunächst, dass das Stipendium nicht auf Antrag des Präsidenten des Reichsinstituts, sondern, wie das Bewilligungsschreiben der Forschungsgemeinschaft eindeutig sagt, auf Ihren Antrag erfolgt ist. Ferner ist der Zweck des Stipendiums falsch angegeben. Das Stipendium ist durchaus, wie es die Satzungen der Forschungsgemeinschaft erfordern, für selbständige Arbeiten bewilligt worden, die unter zwei Themen genauer be-

---

[18] Siehe Anm. 4.

[19] Siehe Anm. 17 und oben S. 66 f. zu Ottokars Verhältnis zu Stengel und dessen Schwierigkeiten mit den Mitarbeitern des Reichsinstituts.

zeichnet sind. (Die Editionen sind ja nur ein Teil der Gesamtaufgabe). Dann
finde ich es, um es ehrlich herauszusagen, empörend, ein Stipendium in ein
Angestelltenverhältnis pressen zu wollen (Urlaub!), ohne die Vorteile eines
Angestelltenverhältnisses oder wenigstens dessen Einkünfte zu gewähren.
Zumal, schon rein äusserlich gesehen, durch die jetzt verfügte Besteuerung
der Stipendien alle Vorteile des Stipendiaten dem Angestellten gegenüber
weggefallen sind. Ich finde, dass die ganze Fassung des Schreibens dem Sinn
eines Stipendiatenverhältnisses widerspricht. Den Urlaubsparagraphen emp-
finde ich geradezu als ehrenrührig. Was schliesslich die erarbeiteten Materialen betrifft, so wäre es eine bisher bei Notgemeinschaftsstipendiaten er-
staunliche Neuerung, wenn man ihre Vorarbeiten im Augenblick des Erlö-
schens des Stipendiums Ihnen abnehmen wollte. Wann wäre das so gehand-
habt worden! (Ausserdem hätte auch nur die Notgemeinschaft Rechte an den
Materialen und keinesfalls der vermeintliche Antragssteller).

Doch ich will Sie, hochverehrter Herr Professor, nicht länger mit den Aus-
brüchen meines etwas stürmisch erregten Gemütes aufhalten. Doch möchte
ich nicht ohne Ihr Wissen und Ihren Rat Herrn Professor Stengel antworten.
Ich bin entschlossen, dieses Schreiben nicht zu unterzeichnen, genau so wie
ich entschlossen bin, die mir sehr ans Herz gewachsenen Arbeiten unter allen
Umständen fortzusetzen und zum Ende zu führen. Ich betrachte mich als
Stipendiaten der Deutschen Forschungsgemeinschaft und fühle mich als vom
Reichsinstitut durchaus unabhängig. Vielleicht könnten Sie, wenn auch Herr
Most[20] mit einem gleichen Schreiben bedacht worden ist, Herrn Professor
Stengel nach dem Sinn dieser Aktion befragen[21].

Verzeihen Sie bitte nochmals den heutigen „Geschäftsbrief" und empfangen Sie bitte ergebene Empfehlungen und aufrichtigen Dank.

von Ihrem Ottokar Menzel.

---

[20] Rolf Most (1911–1941), der für die Reihe der Staatsschriften des späten Mittelalters die Schriften Lupolds von Bebenburg edieren sollte, dann aber an der Ostfront fiel.

[21] Das Verhältnis zwischen Heimpel und Stengel war angespannt, wie aus dem
Briefwechsel zwischen beiden vor Bewilligung der Stipendien für Menzel und Most
hervorgeht; siehe oben S. 65 f.

Nr. 6

Ottokar Menzel an seine Tante Maria Menzel in München (Familienbesitz, handschriftlich).

Berlin, 10. November 1938

Liebe Tante[22],

die plötzliche Nachricht von dem jähen Verlust[23], den Du erlitten hast, hat mich tief erschüttert. Es ist besonders schmerzlich, dass nach der letzten schweren Zeit, die Ihr gemeinsam trugt, Dich und Robert auch noch diese schwere Prüfung getroffen hat. Hoffentlich kann Dir die Freude an Robert ein Trost im Schmerz sein. Nimm bitte von mir mein aufrichtiges und mitfühlendes Beileid entgegen, das ich Dich auch Robert[24] zu übermitteln bitte. Möge Dir Gott in seiner Güte die schwere Zeit der Trauer segnen.

Sei versichert der tiefen und aufrichtigen Teilnahme

Deines Neffen Ottokar

Nr. 7

Ottokar Menzel an Hermann Heimpel (Göttingen, Niedersächsische Staats- und Universitätsbibliothek Cod. Ms. H. Heimpel H 10: 1; maschinenschriftlich).

Berlin-Adlershof, 28. 12. 38
Adlergestell 235.

Hochverehrter Herr Professor,

erlauben Sie mir bitte, Ihnen und Ihrer sehr verehrten Frau Gemahlin auch im Namen meiner Frau herzlich für Ihre guten Wünsche zu danken.

Ich trete freilich mit einem schlechten Gewissen vor Sie, denn mein Schweigen war über alle Gebühr lang und anhaltend. Doch hoffe ich dennoch bei Ihnen auf eine gewisse Nachsicht, wenn ich sage, dass die letztvergangenen Monate mir wirklich wenig Erfreuliches brachten und mich ziemlich verstummen liessen. Über all dies zu schreiben erlassen Sie mir bitte, denn es würde mir eine Belebung unangenehmer Erinnerungen bedeuten. –

---

22 Maria Menzel (1887–1968), die Schwägerin von Theodor Menzel.

23 Der 1881 geborene Robert Menzel, einer der jüngeren Brüder von Ottokars Vater Theodor, war am 8. November 1938 in München gestorben.

24 Robert Menzel (1914–2008), der Sohn von Maria und Robert Menzel und Neffe von Theodor Menzel.

Unser Unternehmen habe ich keineswegs verlassen. Es liegt mir genau so sehr am Herzen wie in den Tagen der gemeinsamen Besprechungen. Mein Teil ist in der Zwischenzeit weiter gediehen und soll in diesem, dh. im neuen Jahr, wie ich hoffe, zu einem guten Ende geführt werden. Die Münchner Lehrlingsstelle habe ich am 1. September mit einer Stelle in der Ostabteilung des Statistischen Reichsamts vertauscht[25], die die gleichen Dienststunden von mir fordert, mir aber eine Existenzgrundlage bietet. So kann ich wenigstens mit einer gewissen Ruhe den Arbeiten an unserem Unternehmen nachgehen und die grössere, zur Habilitation bestimmte Abhandlung vorbereiten. Da meine Übersiedelung nach Berlin nur eine Veränderung des rein Äusserlichen bedeutet, nicht eine Wandlung der eigentlichen Arbeiten und Ziele, so glaube ich, dass mein Schweigen entschuldbarer wird. Zu Herrn Professor Stengels Schar habe ich mich übrigens nie gezählt – ich habe ja meine Meinung bei den unerfreulichen Vertrags„verhandlungen" dargelegt[26] – und ich bin froh, mich von dem einst so schönen Unternehmen der Monumenta Germaniae unabhängig zu wissen, das jetzt persönlich und sachlich, wie Sie wohl erfahren haben werden, nicht gerade das Bild der Blüte bietet.

Engelberts de ortu ist in den Kollationen, Quellenuntersuchungen und -nachweisen schon weit gediehen. Von grösstem Wert ist für mich der Gedankenaustausch mit Herrn Dr. Ernst Schulz[27] in München, der zwei neue Werke Engelberts bestimmt hat und eine philologische Arbeit über die Sprache Engelberts und seine Abhängigkeit vom Stil der einzelnen Aristotelesübersetzungen vorbereitet[28]. Es wird dadurch möglich sein, über die Bedeutung Engelberts ein begründeteres Urteil zu gewinnen als bisher. Viel Zeit und Kraft kostet die genaue Durchsicht der zahlreichen anderen, oft sehr umfangreichen Arbeiten Engelberts (es gibt deren einige 20), die natürlich zur Gewinnung eines Gesamtbildes und für die Edition unerlässlich ist. In der Hauptsache sind noch zwei äussere Schwierigkeiten zu überwinden: die Beschaffung der einen de ortu-Handschrift aus dem Domkapitel in Prag, die fast unmöglich zu sein scheint, und die Benutzung einzelner Handschriften in Admont, die für den Augenblick ausgeschlossen ist, da die Admonter Bibliothek seit dem Sommer – in der Auseinandersetzung zwischen Staat und katholischer Kirche in Österreich – geschlossen und versiegelt worden ist[29].

25 Siehe oben S. 74 f. zu Ottokars Tätigkeit im Statistischen Reichsamt, die wohl Hildegund vermittelt hatte.

26 Siehe den vorhergehenden Brief und oben S. 66.

27 Ernst Schulz (1897–1944), der Freund und Privatgelehrte, der bei Bernhard Schmeidler in Erlangen promoviert worden war; siehe oben S. 86.

28 *Schulz*, Ernst: Zur Beurteilung Engelberts von Admont, in: Archiv für Kulturgeschichte 29, 1939, S. 51–63.

29 Vgl. zu den Problemen der österreichischen Klosterbibliotheken während des Dritten Reiches *Egger*, Christoph/*Kaska*, Katharina: „... dass die Codices finanziell

Auf eine Klärung der Verhältnisse in Admont warte ich natürlich mit Ungeduld. Wie weit sind die übrigen Teile unseres Unternehmens herangereift? Dass der Pavo[30] noch immer nicht in Druck gegangen ist, habe ich von Herrn Professor Stengel selbst gehört.

Ich hoffe zuversichtlich, dass Sie mein Schweigen mir vergeben und es nicht als Undank deuten. Hoffentlich bringt uns das neue Jahr einen sichtbaren Beginn unseres Unternehmens!

Bitte erlauben Sie mir, Ihnen und Ihrer verehrten Frau Gemahlin zum Jahreswechsel ergebene Wünsche zu senden, denen sich meine Frau anschliesst.

In dankbarer Ergebenheit

Ihr Ottokar Menzel

Nr. 8

Ottokar Menzel an seine Tante Maria Menzel in München (Familienbesitz, handschriftlich).

Kiel, 13. März 1939

Liebe Tante,

ganz plötzlich ist Vater einem Herzschlag erlegen. Mitten aus seiner Arbeit heraus hat ihn der Tod in der Nacht vom Donnerstag auf den Freitag entrafft, ohne Krankheit und ohne lange Leiden. Ich weilte mit meiner Frau gerade in den Bergen, so dass ich erst mühsam gesucht und benachrichtigt werden musste – und erst am Sonntag-Morgen in Kiel eintraf. Du wirst es fühlen, wie schwer uns der jähe Schlag getroffen hat. Bitte teil auch Robert, dessen Anschrift nicht nicht kenne, die Nachricht mit.

Vielleicht bist Du so lieb und lässt in der kommenden Woche in München für Vater eine Totenmesse lesen. Teil mir bitte die Unkosten, die Dir meine Bitte verursacht, mit.

Nimm für heute mit diesen wenigen Zeilen vorlieb. Empfang von uns allen herzliche Grüsse

Dein Neffe Ottokar

---

unproduktiv im Archiv des Stifts liegen". Bücherverkäufe österreichischer Klöster in der Zwischenkriegszeit, Wien 2022.

[30] Der „Pavo" ist eine der Schriften des spätmittelalterlichen Gelehrten Alexanders von Roes, die erst nach dem Krieg in kritischer Edition erschien: *Grundmann*, Herbert/*Heimpel*, Hermann (Hgg): Schriften des Alexander von Roes und des Engelbert von Admont Teil 1: Alexander von Roes, Schriften (Memoriale de prerogativa Romani imperii – Noticia seculi – Pavo), MGH Staatsschriften des späteren Mittelalters Bd. 1, Stuttgart 1958.

Nr. 9

*Ottokar Menzel an Hermann Heimpel (Göttingen, Niedersächsische Staats-
und Universitätsbibliothek Cod. Ms. H. Heimpel E4: 21; handschriftlich).*

Berlin – Adlershof, 20. 04. 39
Adlergestell 235

Hochverehrter Herr Professor,

erlauben Sie mir bitte, Ihnen für Ihre Beileidsworte aufrichtig zu danken[31].
Sie können sich denken, dass die vergangenen Wochen für mich nicht einfach waren, zumal meine Mutter seit Monaten leidend ist.

Mit Freude las ich in Ihren Zeilen, dass Sie im Orient gewesen sind. Ich
bin selbst mehrere Monate in Anatolien gewesen[32] und kann es mir vorstellen, wieviel Anregungen und Eindrücke Sie gewonnen haben werden.

Wie geht es dem Leipziger Teil unseres Unternehmens? Am 1. April habe
ich Herrn Professor Stengel einen Bericht über den Stand meiner Arbeiten
eingeliefert[33]. Inzwischen bin ich durch Vermittlung von Professor Zatschek[34] in den Besitz einer Photographie der Prager Handschrift (Domkapitel) von Engelberts „De ortu" gelangt[35].

Bitte vergeben Sie für heute diese wenigen dürren Zeilen.

Bitte empfangen Sie ergebene Empfehlungen, die ich auch Ihrer verehrten
Frau Gemahlin zu übermitteln bitte,

von Ihrem Ottokar Menzel

---

[31] Ottokars Vater Theodor war am 10. März 1939 im 61. Lebensjahr gestorben.

[32] Vermutlich meint Ottokar den Aufenthalt mit seinem Vater im Sommer 1932;
siehe oben S. 41.

[33] Für alle Mitarbeiter des Reichsinstituts, die an einer Edition arbeiteten, war ein
Bericht über die Arbeitsfortschritte in jedem Jahr obligatorisch.

[34] Heinz Zatschek (1901–1965), der seit 1929 Professor an der Deutschen Universität in Prag war.

[35] Die Prager Handschrift wurde in der Edition von Schneider (siehe oben
Anm. 4) berücksichtigt.

Nr. 10

Ottokar Menzel an Hermann Heimpel (Göttingen, Niedersächsische Staats- und Universitätsbibliothek Cod. Ms. H. Heimpel E 1: 981; maschinenschriftlich).

Dr. Ottokar Menzel   31.10.1939
Berlin-Wilmersdorf
Rüdesheimer Strasse 25 a.

Hochverehrter Herr Professor,

Fast vermute ich, dass diese Zeilen Sie irgendwo fern bei der Truppe erreichen werden. Ich selbst bin vorläufig noch in Berlin und werde wahrscheinlich auch in den nächsten Wochen noch im Amt bleiben. Allerdings hat sich die Arbeit seit Kriegsbeginn so gemehrt, dass zur wissenschaftlichen Betätigung nur wenig Zeit bleibt. Der Engelbert ist nur wenig voran gekommen. Von „de ortu" und „de regimine"[36] habe ich noch weitere Handschriften festgestellt, die im Augenblick nicht leicht zu beschaffen sind, da sie in österreichischen Klöstern und in Böhmen liegen. Wie steht es mit den anderen Teilen unseres Unternehmens? Herr Most[37] wird wohl auch im Felde sein. Kennen Sie die HS. Basel UB F. V. 6. (saec. XV) des „Pavo"[38], auf die ich durch einen Münchener Freund aufmerksam gemacht wurde? Darf ich mit diesen Zeilen eine Bitte verknüpfen: Der Leipziger Verlag Köhler und Amelang[39] hat mit mir wegen eines Bändchens verhandelt, in dem die Geschichte des spätmittelalterlichen Kaisergedankens behandelt werden soll. In ihm sollen die Hauptvertreter der staatsrechtlichen Theorie vorgeführt werden und das Besondere und Deutsche am Kaisergedanken des Spätmittelalters herausgearbeitet werden. Also im wesentlichen Dinge, die ich in jener Arbeit zu untersuchen begonnen habe, für die mir die Forschungsgemeinschaft ein Stipendium erteilte. Ich möchte mich freilich an ein solches Buch nicht ohne Ihren Rat wagen und nicht ohne zu wissen, ob ein solcher Plan nicht in Ihre eigenen Absichten eingreift.

Empfangen Sie bitte ergebene Empfehlungen und aufrichtige Wünsche

von Ihrem Ottokar Menzel

Darf ich Sie auf meine neue Anschrift aufmerksam machen.

---

[36] Siehe oben Anm. 3.

[37] Siehe oben Anm. 20.

[38] Die Baseler Handschrift, auf die Ottokar hier aufmerksam macht, wurde in der 1958 erschienenen Edition von Grundmann und Heimpel (siehe Anm. 30) berücksichtigt. Der erwähnte Münchner Freund war wohl wiederum Ernst Schulz.

[39] Im Verlag Köhler und Amelang erschienen während des Dritten Reiches auch Publikationen des NS-Ahnenerbes; vgl. *Kater*, Michael H.: Das „Ahnenerbe" der SS 1935–194, Studien zur Zeitgeschichte 6, 2006, S. 51, 104 und 109.

Nr. 11

*Ottokar Menzel an Hermann Heimpel (Göttingen, Niedersächsische Staats-
und Universitätsbibliothek Cod. Ms. H. Heimpel E 1: 981; handschriftlich).*

Berlin-Wilmersdorf, 31.12.1939
Rüdesheimer Strasse 25a

Hochverehrter Herr Professor,

empfangen Sie bitte Dank für Ihre gütigen Zeilen, auf die ich Ihnen schon
lange antworten wollte. Aber die gegenwärtige Zeit bringt Unruhe genug, so
dass man kaum zu einer Stunde der Besinnung kommt. Es war für mich eine
grosse Freude, von Ihnen aus dem Felde zu hören und zu erfahren, dass Sie
wohlauf sind. Ja, unser Unternehmen hat jetzt wenigstens einen halben
Schritt in die Öffentlichkeit getan: das fertige Manuskript von Scholz[40] sah
ich in den MG, wo es Herr Fickermann[41] einer Durchsicht unterzieht. Aber
was wird aus den anderen Arbeiten? Ich bin vorläufig noch hier; jedenfalls
bis zum Frühjahr. Trotz einer Reklamation war ich zweimal einberufen, bin
aber von meinem Amt wieder frei gemacht worden. Natürlich habe ich jetzt
so viel Arbeit, so viel Hast, dass die Fortführung der Engelbert-Ausgabe fast
ganz ruht. Eine Besserung sehe ich nicht ab. Denn geht die Amtsarbeit zurück, so werde ich wohl ins Feld ausrücken. Die Staatsschriften sind ein
rechtes Schmerzenskind. Auch ich hoffe, dass sie nicht wieder wie früher der
Ungunst der Zeit erliegen.

Ergebenen Dank sage ich Ihnen für Ihre Worte zum Koehler- und Ame-
lang-Plan[42]. Ich werde vorläufig keinen Vertrag mit dem Verlag schliessen.
Denn es ist gegenwärtig schwer, für längere Zeit zu planen.

Hoffentlich konnten Sie die Festtage in Leipzig im Kreis der Ihren verbringen, die ich alle wohlauf hoffe. An Ihre Frau Gemahlin sende ich mit
gleicher Post die Basler Notiz.

Beim Eintritt ins neue Jahr sind immer der Hoffnungen und Erwartungen
viele. Diesmal, glaube ich, räumt man gern der Hoffnung ein noch weiteres

---

[40] Richard Scholz (1872–1946), außerplanmäßiger Professor in Leipzig, der für
die MGH eine Edition in den Staatsschriften des späteren Mittelalters Bd. 2 herausgab: Die Werke des Konrad von Megenberg. Teil 1: Planctus ecclesiae in Germaniam,
Leipzig 1941.

[41] Norbert Fickermann (1905–1995), ein Schüler des Mittellateiners Karl Strecker;
siehe zu ihm oben S. 64.

[42] Siehe den vorhergehenden Brief, in dem Ottokar an Heimpel schrieb, er habe
ein Angebot erhalten, in dem Verlag ein Buch zu publizieren.

Feld ein als sonst. Aus aufrichtigem Herzen wünsche ich Ihnen das Beste und Glückhafteste im anhebenden Jahr.

Empfangen Sie bitte herzliche Grüsse und die Versicherung steter Dankbarkeit von

Ihrem
Ottokar Menzel

Nr. 12

Ottokar Menzel an Norbert Fickermann (Stadtarchiv Soest, Nachlass Norbert Fickermann; handschriftlich).

Berlin Wilmersdorf, 1.12.40
Rüdesheimer Str. 25a

Lieber Herr Fickermann[43],

eigentlich wollte ich Sie heute in Ihrem Feldlager überfallen, aber das Unglück wollte es, dass ich nicht nur eine dringende Arbeit für die Akademie erledigen musste, die morgen früh fertig sein soll, sondern auch heute Nachtwache im Gebäude der Akademie habe[44]. Ich schreibe Ihnen diese Zeilen in einer muffigen Wachstube.

Viel Neues gibt es nicht zu berichten. Erdmann[45] hat Stengel[46] von dem Missverständnis erzählt, das ihm bei der Lektüre Ihres Briefes passiert ist. Er soll gesagt haben: „Warum schreibt F. nicht klarer"[47]? Strecker[48] will übrigens, wie er mir vor einigen Tagen sagte, in Ihrer Angelegenheit mit Stengel sprechen. Edward Schröder[49] hat bereits seinen Beitrag zur Strecker-Festschrift eingesandt; Schulz[50], Bischoff (!)[51], Lehmann[52], Schmeidler[53], Stroux[54]

---

[43] Siehe Anm. 41.

[44] Ottokar war zu dem Zeitpunkt Angestellter bei der Preußischen Akademie für die Leibniz-Ausgabe; siehe oben S. 75 ff.

[45] Carl Erdmann (1898–1945), der langjährige Mitarbeiter der MGH; siehe zu ihm oben S. 64.

[46] Siehe Anm. 17.

[47] Es ist unklar, worum es bei diesem Missverständnis ging.

[48] Karl Strecker (1861–1945), Fickermanns akademischer Lehrer.

[49] Edward Schröder (1858–1942).

[50] Ernst Schulz; siehe Anm. 27.

[51] Bernhard Bischoff (1906–1991); siehe zu ihm oben S. 87, 125 und unten S. 195.

[52] Paul Lehmann (1884–1964).

[53] Bernhard Schmeidler (1879–1959).

[54] Johannes Stroux (1886–1954).

einen Beitrag zugesagt. Sie sehen, das ‚Jubelwerk' ist gesichert[55]. Sie werden doch nicht fehlen?

Hoffentlich sind Sie wohlauf und nach wie vor guter Dinge. Es ist leider so abscheulich kalt geworden, dass Sie wenig beim Aussendienst zu beneiden sein werden. Haben Sie wenigstens Aussicht, zu Weihnachten zu hause zu sein?

Ich hoffe, mein Traktätlein aus der Reformationszeit noch vor dem Fest beenden zu können[56] und dann ein opusculum für Strecker verfassen zu können[57].

Verzeihen Sie bitte diesen Nachtwächterbrief, der Ihnen nur einen herzlichen Gruss aus Berlin bringen soll.

Ihr
Ottokar Menzel

Nr. 13

Stellungnahme Ottokar Menzels zur Ablehnung seines Antrags auf Archivrecherchen in Moskau und Leningrad durch die Hauptarchivverwaltung in Moskau vom 8. Januar 1941 für das Reichsministerium für Wissenschaft, Erziehung und Volksbildung (Berlin, Archiv der Berlin-Brandenburgischen Akademie, Leibniz-Ausgabe, Personalakte Menzel).

Die Antwort[58] der Hauptarchivverwaltung in Moskau geht von völlig falschen Voraussetzungen aus und zeigt, dass die Archivverwaltung nicht begriffen hat, worum es der Akademie der Wissenschaften geht, wenn sie eine wissenschaftliche Kraft zu Archiv- und Bibliotheksarbeiten nach Moskau und Leningrad entsenden will.

---

55 Die Festschrift für Karl Strecker erschien unter dem Titel Corona Quernea. Festgabe Karl Strecker zum 80. Geburtstage dargebracht, Schriften des Reichsinstituts für ältere deutsche Geschichtskunde. Monumenta Germaniae Historica Bd. 6, Stuttgart 1941; siehe dazu auch oben S. 83.

56 Johannes Kymeus: Des Babsts Hercules wider die Deudschen, Wittenberg 1538. Als Beitrag zum Nachleben des Nikolaus von Cues im 16. Jahrhundert eingeleitet und hg. von Ottokar Menzel, Sitzungsberichte der Heidelberger Akademie der Wissenschaften, phil.-hist. Kl. Jg. 1940/41 = Cusanus-Studien 6, Heidelberg 1941.

57 *Menzel*, Ottokar: Bemerkungen zur Staatslehre Engelberts von Admont und ihrer Wirkung, in: Corona Quernea (wie Anm. 55), S. 390–408.

58 Siehe zu dem Schriftwechsel und Ottokars Absicht, nach Moskau zu reisen, oben S. 80 f.

Das Buch von Posselt, Peter der Große und Leibniz[59], in dem nach Auffassung der Moskauer Hauptarchivverwaltung alle in der UDSSR befindlichen, Leibniz betreffenden Stücke veröffentlicht sein sollen, ist nicht nur vor fast 100 Jahren (1843) erschienen und längst überholt, sondern ist überhaupt nicht als ernste wissenschaftliche Quellenveröffentlichung anzusprechen. Zudem gibt es, was der Moskauer Archivverwaltung entgangen zu sein scheint, eine neuere Arbeit über Leibnizens Beziehungen zu Russland, die aber ebenfalls veraltet (1873 erschienen!) und unvollständig ist und keineswegs den Arbeiten der Akademie als Grundlage für ihre Leibniz-Ausgabe dienen kann.

Der Akademie liegt daran 1) Photographien von den bisher bekannten Stücken anfertigen zu lassen 2) die gesamten, bisher weder veröffentlichten, noch ausgewerteten Berichte der russischen Gesandten usw. an Peter den Grossen über Leibniz und einzelne wichtige Nachlässe von Gelehrten, mit denen Leibniz in Briefverkehr gestanden hat, durcharbeiten zu lassen (über die Einzelheiten unterrichtet der Bericht vom 20.V.40-Nr. 697/40), 3) auch die Leibniz-Stücke zu erfassen, die seit Posselt und der 1873 erschienenen Arbeit von Cuerrier[60] aufgetaucht, aber noch nicht im Druck bekannt gemacht worden sind. Denn die Behauptung der Moskauer Archivverwaltung, es seien seit dem Buch von Posselt keine neuen Stücke mehr aufgefunden worden, ist vollkommen unrichtig. Der Leibniz-Kommission sind sowohl in Moskau, wie in Leningrad derartige neue Stücke bekannt. Ja ein Einzelfall hat neulich gezeigt, dass man bei sorgfältiger Durchsicht der in Frage kommenden Materialien mit einer ganzen Reihe von neuen Funden rechnen kann.

Die Antwort der Moskauer Hauptarchivverwaltung macht den Eindruck, als ob die sowjetischen Behörden die gesamte Angelegenheit hinziehen möchten. Das ist umso befremdender, als die wissenschaftlichen Stellen in der UDSSR keinerlei Interesse an den Leibniz-Materialien haben. Sie haben weder in den letzten 70 Jahren etwas aus ihnen veröffentlicht, noch planen sie irgend eine Publikation.

Für die Leibniz-Kommission der Preussischen Akademie der Wissenschaften dagegen sind die in der UDSSR aufbewahrten Leibniz-Materialien von entscheidender Bedeutung, da der Fortgang der grossen Leibniz-Ausgabe ohne ihre Kenntnis gefährdet ist. Sie legt daher großen Wert auf die Durchführung der geplanten Reise, die sich im Rahmen der mit der UDSSR vereinbarten Kulturabmachungen ermöglichen lassen würde.

Me 8/1.41

---

59 *Posselt*, Moritz Conrad Friedrich Ferdinand: Peter der Große und Leibnitz (sic!), Dorpat und Moscau 1943.

60 *Guerrier*, Woldemar: Leibniz in seinen Beziehungen zu Russland und Peter dem Großen. Eine Geschichtliche Darstellung dieses Verhältnisses nebst den darauf bezüglichen Briefen und Denkschriften, Sankt Petersburg 1873.

Nr. 14

Ottokar Menzel an Bernhard Bischoff (München, MGH-Archiv K 195/32, handschriftlich).

10.4.1944

Lieber Herr Bischoff[61],

nach langer Zeit erfuhr ich etwas durch Ernst Schulz[62] von ihren Schicksalen und Erfolgen. Zunächst herzlichen Glückwunsch zum >Dr. habil.<. Weniger schön fand ich die weiteren Nachrichten. Doch hoffe ich, dass Ihr Beinbruch gut und ohne alle Komplikationen heilt und Sie bald im Kreis Ihrer Familie einen Genesungsurlaub verbringen können.

Mir ist es im vergangenen Jahr sehr wechselnd ergangen. Doch will ich Sie nicht mit der historia calamitatum mearum langweilen. Jedenfalls sind wir am 24. März erneut stark „durchgeblasen" worden und leben in den primitivsten Verhältnissen. Ein Teil meiner Bücher, und gerade der wertvollste ist schon am 22. November vorigen Jahres untergegangen. Hoffentlich haben Sie gute Nachrichten von den Ihren.

Mit den schönsten Wünschen

Ihre Ottokar Menzel

Nr. 15

Ottokar Menzel an seine Mutter Luise Menzel (Familienbesitz, handschriftlich).

26.12.44

Liebe Mutter[63],

das war ein stilles und schwermütiges Fest in diesem Jahr. Am Tag vor dem Heiligen Abend erhielt ich einen Abschiedsbrief von meinem Freund Ernst Schulz in München, dessen Namen Du wohl auch kennst. Nachdem sein Heim beim letzten Angriff vom Brand vernichtet worden war, hat er freiwillig in ruhiger Gelassenheit, wie sich für einen geistigen Menschen ziemt, den Tod gewählt. Dies Ereignis überschattet unsere Tage.

---

[61] Siehe oben Anm. 51 und oben S. 123 ff. zu den erwähnten Bombenangriffen, die die Menzelsche Wohnung betrafen.

[62] Siehe oben Anm. 27.

[63] Siehe zu dem Brief oben S. 127 f und 137.

Du wirst hoffentlich froher die Tage des Festes verlebt haben, wenn wohl auch Dir das Herz schwer gewesen ist bei den Gedanken an die Verluste und Schläge des vergangenen Jahres. Hab Dank für Deinen Tannenzweig, der unseren Gabentisch ziert. Der Gabentisch ist, gemessen an der Zeit, sehr reich. Auf ihm liegen auch die letzten Geschenke des in die Freiheit gegangenen Freundes.

Dir wünschen wir beide ein gutes, gesundes Neues Jahr voll Heiterkeit und innerer Ruhe – uns allen mehr Glück und Freude als in der letzten Zeit.

Hoffentlich sind alle unsere Sendungen bei Dir eingetroffen. Also Glückauf für 1945! Mit vielen guten Wünschen von uns beiden

Dein Ottokar

Nr. 16

Ottokar Menzel an Helmuth Domizlaff (München, BSB Autographensammlung; handschriftlich).

20.1.1945
Berlin-Wilmersdorf, Rüdesheimer Strasse 20a

Lieber Herr Domizlaff[64],

seien Sie bitte sehr für Ihren Brief bedankt. Auch ich habe das Bedürfnis, ausführlicher mit Ihnen zu sprechen. Ich bemühe mich deshalb um einen kurzen Sonderurlaub nach München. So ganz einfach ist die Sache nicht, weil meine Abstellung zur Front unmittelbar bevorsteht[65]. Dennoch hoffe ich, dass es irgendwie klappen wird. Bei den schlechten Verkehrsverhältnissen und Nachrichtenverbindungen werde ich unter Umständen in der kommenden Woche in München unangemeldet auftauchen. Könnten Sie dann nach München herüberkommen? Oder soll ich nach Übersee reisen[66]? Ich schreibe gleichzeitig an Frau Bischoff[67], die so freundlich war, mir eine Übernachtungsmöglichkeit zu bieten, und bitte sie auch, wenn möglich, die Bücher aus der Hochbrückenstrasse nach Planegg bringen zu lassen, damit sie dort nicht ausgebombt werden, wenn sich meine Reise verzögern sollte.

---

64 Helmuth Domizlaff (1902–1983), ein Antiquar, der mit Ernst Schulz zusammen im Antiquariat von Jacques Rosenthal gearbeitet hatte; vgl. *Löffelmeier*, Die Rosenthals S. 210 und öfter.

65 Am 23. Januar 1945 erfuhr Ottokar, dass er an die Front abgegeben würde; siehe oben S. 120.

66 Helmuth Domizlaff lebte in Übersee am Chiemsee.

67 Hanne Bischoff, mit der Bernhard Bischoff seit 1935 verheiratet war.

Ich hoffe also auf eine baldige Begegnung. Vergeben Sie bitte das eilige Geschmiere.

Mit den besten Empfehlungen, denen sich meine Frau anschliesst, und herzlichen Grüßen

Ihr
Ottokar Menzel

Nr. 17

Ottokar Menzel an Fritz Rogner (Familienbesitz, handschriftlich).

31.1.1945

Lieber Schwiegervater[68]!

Dein Glückwunsch, der pünktlich zum Festtag kam[69], hat mich sehr erfreut. Es war sehr freundlich von Dir, daß du an meinen Geburtstag gedacht hast, obschon die Zeiten alles andere als festlich sind. – Dies wird wohl für lange Zeit der letzte Brief sein, den Du von uns erhältst; denn die Ereignisse überstürzen sich und die Verbindung wird immer schwieriger. Deshalb ist es mir eine Pflicht – und ich spreche zugleich in Hildegunds Namen – Dir ausführlicher für alle Freundlichkeit und Förderung zu danken. Sowohl Hildegund wie ich verdanken Dir, Deiner Güte und Nachsicht viel. Wir wären sicher beide nicht so weit auf unserem gemeinsamen Weg gelangt, wenn uns nicht Dein Wohlwollen und Deine Unterstützung begleitet hätte. Das haben wir beide Dir nie vergessen, und Du wirst es sicher gefühlt haben, daß wir Dir zu Dank verpflichtet und uns dieser Verpflichtung bewußt waren. Wir sind beide zu ernst und zu verschlossen, um viele Worte zu machen. Aber dies Dir zu sagen, war mir ein inneres Bedürfnis, und ich weiß, daß auch Hildegund so wie ich empfindet, ja noch viel stärker und inniger, weil Blutsbande sind, die sie an Dich binden. – Also sei noch einmal für alles von Herzen bedankt. Dir wünschen wir vor allem Gesundheit und Ruhe in den Stürmen dieser Zeit. Hoffentlich überstehst Du alle Fährnisse glücklich und ungebrochen.

Leb recht wohl und verzeih' diesen Brief, der mir vom Herzen kam. Alle guten Wünsche, die wir beide haben, geleiten Dich!

Dein Ottokar

---

[68] Fritz Rogner (1883–1947); siehe zu dem Brief oben S. 137.

[69] Ottokar war am 31. Januar 1912 geboren und dieser Brief ist der letzte, der von ihm erhalten ist.

2. Briefe von Hildegund Rogner/Hildegund Menzel

Nr. 1

Hildegund Rogner an Wolfgang Frommel (Den Haag, Literatuurmuseum, Nachlass Wolfgang Frommel, handschriftlich).

Berlin-Grunewald, im Hornisgrund 6.
27. Juni 1931.

Lieber Wolfgang[70], es ist ganz früher Morgen und ich bin so schlaftrunken wie damals in jener Winternacht, dass ich Ihnen nichts als Staunen auszudrücken vermag. Ahnungsvoll aufblühend wächst mein Blick in den beginnenden Sonnentag.

Als Sie mir vor 2 Monaten einen Kartengruss sandten, wusste ich, dass Sie mich Elisabeth[71] zu liebe einbezogen unter die Menschen, für die das Erscheinen des neuen Bandes Gewissheit und stärkere Verpflichtung bedeutet, und ich schwieg ... bis mich eine Not zwang. Sie versprachen mir die Erfüllung meines Wunsches. Nun will ich Ihnen gestehen, dass ich seit Wochen nicht mehr ohne dieses Bildnis bin. Rechtmässig wenn auch heimlich nahm ich es aus einer Schublade, weil es besser dazu taugt, vor mir zu sein und lebendig als in einem Holzschreine zwischen Bildern und anderen toten Dingen zu trocknen. So lebt dieses Antlitz zu jeder Zeit vor meinen Augen. Ja fast ist es mir so verwachsen, dass sein Fern-Sein Schmerz bedeutet. (Dies als >Korrektur<!)

Unser gemeinsamer meisterlicher Freund[72] war zur Kur in Bad Oeynhausen. Danach verbringt er noch 14 Tage in Neuhaus im Solling, die ihm sehr wohl tun, obgleich das Alleinsein zuweilen niederdrückt. Am 2. Juli trifft er wieder hier ein. Wolfgang, ich mache Ihnen den Vorschlag, am Sonnabend, den 4.7. nach Berlin zu kommen. Sie sehen dann Meister Lechter heiter, strahlend und bald und auch die Ausstellung noch[73].

Wenn Sie auch einen grossen Teil der Bilder einzeln sahen, so lohnt es sich wirklich, den Gesamteindruck in der Anordnung und Zusammenstellung des Werkers zu empfangen.

Werden Sie am Sonnabend um ½ 4 h in der Kleiststrasse sein, oder früher?

Herzlichst   Ihre Hildegund –

---

[70] Wolfgang Frommel (1902–1986); siehe oben S. 34 ff. zum Hintergrund des Briefes.

[71] Elisabeth Waldmann [Steil-Beuerle] (1908–1985), Hildegunds Klassenkameradin.

[72] Melchior Lechter (1865–1937).

[73] Siehe zur Ausstellung von Lechters Bildern in seiner Wohnung in der Kleiststraße 4 oben S. 33.

Nr. 2

Hildegund Rogner an Hanna Bauer-Hilsdorf (Stuttgart, Stefan George-Archiv, Sondersammlung A, 0485).

Kiel, den 29. Dezember 1937

Hochverehrte gnädige Frau[74]!

Nach einigen Irrfahrten erreichte mich gerade in den Weihnachtstagen Ihre schöne Sendung[75], die so recht dazu angetan ist, noch einmal das Hohe und Reine des Künstlerlebens ausstrahlen zu lassen, mit einer Inbrunst, die nur aus innigster Seelenverwandtschaft herrühren kann.

Empfangen Sie für diese Gabe Ihres mitfühlenden Herzens meinen tief-empfundenen Dank!

Hildegund Rogner

Nr. 3

Hildegund Menzel an Joseph Ehrenfried Hofmann (Privatbesitz, handschrift-lich).

Berlin-Wilmersdorf
Rüdesheimer Str. 25a
7. Januar 1940

Sehr verehrter Herr Professor[76]!

Herr Prof. Ernst Hoffmann[77] hatte die Freundlichkeit mich darauf auf-merksam zu machen, dass die Fahnenabzüge der seinerzeit von Kliban-

---

[74] Hanna Bauer-Hilsdorf (1900–1997), eine Tochter von Lechters Freund Theodor Hilsdorf; siehe zu dem Brief oben S. 70 f.

[75] Offenbar verbrachte Hildegund die Weihnachtstage im Haus ihrer zukünftigen Schwiegereltern in Kiel, während Hanna Bauer-Hilsdorf ihre Sendung entweder an die Adresse der Eltern Rogner (Im Hornisgrund 6 im Grunewald) geschickt hatte oder nach Adlershof in die Volkswohlstraße 86.

[76] Joseph Ehrenfried Hofmann (1900–1973), Mathematik-Historiker und Leiter der Leibniz-Arbeitsstelle bei der Preußischen Akademie der Wissenschaften; siehe dazu oben S. 76 ff. Möglicherweise diente der Brief und der daraus hervorgehende Besuch Hildegunds bei Hofmann der Anbahnung ihrer Anstellung in der Leibniz-Arbeitsstelle.

[77] Ernst Hoffmann (1880–1952), der Leiter der Cusanus-Arbeitsstelle bei der Heidelberger Akademie der Wissenschaften, der mit Ottokar und Hildegund Menzel freundschaftlich verbunden war; siehe oben S. 40.

sky[78] aufgefundenen mathematischen Traktate des Nikolaus von Cues in ihrer Obhut sind. Da diese Traktakte nicht erschienen sind[79], ich sie gern bei meiner Übersetzung von De staticis experimentis[80] einsehen würde, werde ich mir erlauben, am kommenden Mittwoch, den 10. Januar vormittags bei Ihnen in der Akademie vorzusprechen. Darf ich Ihnen gleichzeitig ein Exemplar einer Arbeit von mir über Cusanus übersenden[81].

Mit ergebener Empfehlung

und Heil Hitler!

Hildegund Menzel

---

[78] Raymond Klibansky (1905–2005), ein Schüler von Ernst Hoffmann, der in Bernkastel-Kues die mathematischen Schriften des Cusanus, De quadratura circuli, De Caesarea circuli quadratura, Aurea propositio in mathematicis entdeckt hatte; vgl. *Ernst*, Paul: Die Cusanus-Edition der Heidelberger Akademie der Wissenschaften, Jahresheft der Heidelberger Akademie 1930/31, S. XIII–XVII. Klibansky wurde im April 1933 aufgrund seiner jüdischen Herkunft entlassen und emigrierte zunächst nach London; vgl. *Klibansky*, Raymond: Erinnerungen an ein Jahrhundert. Gespräche mit Georges Leroux, Frankfurt am Main 2001.

[79] Der Band erschien erst Jahre nach Ende des Zweiten Weltkrieges: *Josepha* und *Joseph Ehrenfried Hofmann* (Hgg.): Nikolaus von Kues, Die mathematischen Schriften, Hamburg 1952.

[80] Nikolaus von Cues: Der Laie über Versuche mit der Waage. Idiota de staticis experimentis, hg. von Menzel-Rogner, Hildegund, Schriften des Nikolaus von Cues im Auftrag der Heidelberger Akademie der Wissenschaften in deutscher Übersetzung herausgegeben von Hoffmann, Ernst, Heft 5, 1942.

[81] *Rogner*, Hildegund: Die Bewegung des Erkennens und das Sein in der Philosophie des Nikolaus von Cues, Heidelberg 1937, (zugleich Diss. phil. Berlin 1936). Der Brief an Hofmann war in dieses Exemplar der Dissertation eingelegt und befindet sich in Privatbesitz.

Nr. 4

Hildegund Menzel an ihre Freundin Hedy Bühner (Privatbesitz, handschrift-lich).

Berlin-Wilmersdorf
Rüdesheimer Str. 25a
3. Februar 1945.

Meine liebe Hedy[82]!

Dies ist nun gar kein rechter Geburtstagsbrief. Aus einer Frontstadt kann ein solcher auch nicht kommen. Deshalb schicke ich ihn auch nicht mit der Post[83].

Seit wir uns zuletzt sahen, ist es nicht gelungen, Nachrichten über Deinen Mann zu bekommen[84]. Ganz allgemein sind Auskünfte über in Rumänien oder Bulgarien seinerzeit Vermisste nicht möglich. Mein Mann hat sich an die höchsten Stellen gewandt – ohne Erfolg. Leider ist bisher auch über den Verbleib Deines Schwagers[85] nichts gekommen. Mein Mann hat bei anderen Nachforschungen in dieser Himmelsrichtung bereits Erfolg gehabt. Aller-dings waren das Leute im Offiziersrang. Wir denken also immer noch etwas zu hören. Dort sind solche Massen unversehrt in die Gefangenschaft gezo-gen, dass ihre karteimässige Erfassung Zeit braucht. Und anscheinend wer-den zunächst die hochgestellten Gefangenen erfasst. Also nicht den Kopf sinken lassen. Die Nachforschungen laufen weiter und werden von Zeit zu Zeit angemahnt. Bitte sag das auch Deiner Schwiegermutter[86].

Ich habe Dir heute nun einiges zu sagen, da ich vermute, dass unsere Post-verbindung von Berlin mit der Aussenwelt ganz aufhören wird und wir län-gere Zeit vielleicht nichts von einander hören werden.

Du hast bei unserem mehrfachen Zusammensein, vor allem in den schönen Wochen, die ich dort bei Euch verleben durfte, gewiss gefühlt, in welch glücklicher Ehe ich mit meinem Mann gelebt habe. Wir kennen uns volle dreizehn Jahre, haben sehr ernste und unendlich schöne gemeinsame Stunden verlebt. Da er vorläufig hier bleiben muss, habe ich mich entschlossen, bei

---

[82] Hedy Bühner (1907–2001); siehe zu dem Brief oben S. 132 f.

[83] Der Brief lag vermutlich bei den Testamenten und dem Brief an Wilhelm Scheidt, sich um den Nachlass zu kümmern, als dieser die beiden am Abend des 6. Februar tot in ihrer Wohnung fand.

[84] Georg Bühner (1913–1945), Hedys Ehemann, lebte zum Zeitpunkt der Abfas-sung des Briefes schon nicht mehr, sondern war in einem russischen Lager an Typhus gestorben, was sie aber erst 1946 erfuhr.

[85] Adolf Bühner (1919–2009), Georgs jüngerer Bruder.

[86] Martha Bühner (1889–1979), die Mutter von Georg und Adolf.

ihm zu bleiben. Vielleicht kommen wir noch einmal heraus aus der Stadt. Vielleicht geschieht uns auch nichts. Die Hauptsache ist: wir stehen zusammen. Du wirst meinen Entschluss begreifen und billigen.

Meine Schwester Ingeborg[87] ist jetzt 16 Jahre alt. Sie ist nach abenteuerlicher Fahrt eben hier in Berlin aus der Kinderlandverschickung eingetroffen. Dass sie nun auch noch bleibt, bis man evt. nur noch zu Fuss aus der Stadt kommt oder gar nicht, soll auf jeden Fall vermieden werden. Da die Verwandten alle in Schlesien oder der schon besetzten Mark Brandenburg sind, weiss ich wirklich nicht, wo mit ihr hin. Ich möchte Dich darum in diesem Augenblick bitten – und mein Mann schliesst sich dieser Bitte an; denn wir haben beide die Kleine sehr lieb – nimm das Kind auf und stehe ihr mit Rat und Tat bei. Du bist sehr gewandt und wirst gewiss einen Weg finden, um ihr über die nächsten Wochen hinwegzuhelfen. Ich glaube nicht, dass es für lange Zeit sein wird. Es wird ja auch einmal wieder anders kommen. Vielleicht kann sie dort weiter zur Schule gehen oder bei Euch als „Hausangestellte" sein oder wenn nicht anders bei Herrn Rowedder in der Fabrik[88] arbeiten. Du würdest mir eine grosse Liebe erweisen, wenn Du sie in Euer Dachzimmer aufnimmst und ich sie dort einmal wiederfinde.

Finanziell soll sie Dich in keiner Weise belasten. Mein Vater ist zwar krank und alt, wird sie aber in jeder Weise unterstützen. Du kannst über diese Dinge ganz offen mit ihr sprechen und ihr Eure Forderungen mitteilen.

Ausserdem lebt meine Schwiegermutter in Bad Sachsa am Südharz, Horst Wesselstr. 1[a][89]. Sie kennt meine Schwester und wird ihr auch gerade in diesem Punkte helfen.

Wir wollen versuchen, das Kind noch aus der Stadt zu bringen, ehe es zu spät ist[90]. Ausser guten Wünschen geben wir ihr nicht viel mit. Kleiden muss sie sich aus unseren Beständen bei Dir. Da sie kaum etwas tragen kann und nicht viel mehr hat, haben wir ihr erlaubt, unsere bei Euch untergestellten zwei Koffer und den Inhalt der grossen Kiste zu benutzen, bzw. sich das eine oder andere daraus passend machen zu lassen. Sie hat also volles Verfügungsrecht über unsere Sachen.

Die Zeit drängt, sodass ich keinen zweiten Brief an Deine Schwiegermutter schreiben kann. Gib ihr bitte diesen zu lesen. Meine Bitte ist gleichzeitig

---

[87] Ingeborg Rogner (1928–2020), Hildegunds Schwester.

[88] Die Tuchfabrik Ernst Rowedder in Mühlhausen, die bis 1952 existierte; vgl. *Jordan*, Reinhard: Chronik der Stadt Mühlhausen in Thüringen 7, Mühlhausen 2001, S. 205.

[89] Luise Menzel (1870–1947), Ottokars Mutter.

[90] Dies gelang mit Hilfe von Ottokars Freund und Kollegen Wilhelm Scheidt; siehe oben S. 133.

an sie gerichtet. Ich weiss, dass ich viel, sehr viel von Dir und Deiner Schwiegermutter bitte. Aber es gilt, ein junges, heiteres Menschenleben zu retten.

Leb wohl! Vielleicht sehen wir uns noch einmal. Dann soll Dir alles vergolten werden. Halte sie bitte zum Arbeiten an, was es auch sei, und nimm sie warm an Dein Herz.

Herzlichst wie immer Deine Hildegund –

3. Briefe von Ernst Schulz,
Marianne Feuersenger und Fritz Rogner

Nr. 1

Ernst Schulz an Hildegund Menzel (Kiel, Historisches Seminar, handschriftlich).

Dr. Ernst Schulz
Steinsdorfstrasse 8
München 22
Telefon 297470

München 29.6.39

Sehr verehrte, liebe Gnädige Frau!

Obwohl[91] inzwischen 15 Jahre die Isar herabgeflossen sind, erinnere ich mich noch gut meiner Stimmung an dem Tage, da meine Handlungsgehilfenzeit bei dem alten Hebräer Jacques Rosenthal[92] zu Ende war. Ich glaube also, nur einigermaßen imaginieren zu können, was der morgige Tag für Sie bedeutet, gratuliere Ihnen herzlich zu diesem Feste und bitte Sie, das beiliegende schmudlige, zerrissene u. geflickte Pergamentum wohlwollend als ein Andenkscl an Ihren Befreiungstag an- und aufzunehmen. Leider ist es nur eine sehr bescheidene Erinnerungsgabe, die sich Ihnen hier naht (ein Ablassbrief Ihres Freundes Nicolaus von 1451 für eine Marienkapelle vor den Toren von Uslar im Hannöverschen)[93]. Das Blatt trägt zwar den Namen Ihres Helden an der Spitze, ist aber nicht von ihm selbst geschrieben, denn dazu war er zu vornehm. Auch unterschrieben hat nicht er es, sondern sein Secretarius, denn die eigenhändigen Unterschriften waren dazumal noch nicht wieder

---

[91] Siehe zu dem Brief von Ernst Schulz (1897–1944) oben S. 86.

[92] Das Antiquariat von Jacques Rosenthal in der Briennerstraße in München; siehe dazu oben S. 87 mit Anm. 51.

[93] Siehe zu diesem Ablassbrief oben S. 86 mit Anm. 48.

erfunden. Sein Siegel hing zwar einstmals daran, aber der Zahn der Zeit hat es abgenagt. Dass der Herr Kardinal diesen Ablassbrief den Petenten höchstselbst überreicht hat, ist wohl kaum anzunehmen. Dagegen ist es denkbar, dass er beim Hindurchrauschen durch seine Kanzlei einmal einen Blick darauf geworfen hat, und jedenfalls damit das Blatt aus seiner Mainzer Behausung. Wenn Sie also gütigst anderthalb Augen zudrücken u. es noch als eine Art von Reliquie gelten lassen wollen, so würden Sie mich dadurch hoch beglücken.

Aber, um's Himmels willen, halten Sie es nicht für ein lästiges oder zudringliches Menetekel oder Mahnmal, sondern nur für ein Erinnerungszeichen an den Beginn einer neuen Lebensepoche, in der Sie mehr als bisher sich der cribratio farinae[94] u. auf dem Divân der venatio sapientiae[95] werden widmen können. Q. F. F. F. Q. S.[96]

Ihrem Ehegespons antworte ich dieser Tage auch; nach den klassischen Regeln der Kritik u. Hermeneutik muss der 31. Juli richtig sein[97]. Doch auch dann bleibt die Sache (um wieder bayerisch zu reden) überflüssig wie ein Kropf.

Ihnen beiden die herzlichsten Grüße und Wünsche,
mit denen ich verharre als
Ihr ergebenster
Ernst Schulz

---

[94] Cribratio Alchorani (Sichtung des Koran) heißt eine Schrift des Nikolaus von Kues und *farina* bedeutet Mehl.

[95] De venatione sapientiae (Über die Jagd nach Weisheit) heißt eine Schrift des Nikolaus von Kues.

[96] Abkürzung für „quod felix, faustum, fortunatumque sit" (Möge es glücklich, erfolgreich und glückbringend sein).

[97] Es ist unklar, worum es bei dem versprochenen Brief von Ernst Schulz an Ottokar ging.

Nr. 2

Marianne Feuersenger an ihre Mutter Charlotte und ihre Schwester Eva in München (München, Institut für Zeitgeschichte, Nachlass Marianne Feuersenger ED 344-20-45 bis ED 344-20-48, maschinenschriftlich, Unterschrift handschriftlich, Auszüge).

Berlin, den 24.September 1943.

Liebe Mama, Liebe Eva!

Ich[98] schreibe diesen Brief gleich mit Durchschlag, so daß jeder von Euch eine Ausfertigung bekommt. An Mama habe ich gestern abend ja noch einen etwas kläglichen Brief geschrieben. Nachher kam Frau Dr. Menzel und haben wir noch zusammengesessen und uns nett unterhalten. Sie ist eine ganz reizende, kluge Frau. Frau Menzel hat es wirklich nicht leicht, denn sie muß auch 50 Stunden in der Woche arbeiten. Nur hat sie keine feste Arbeitszeit. Sie schreibt und gehört dazu ja eine gründliche Vorbereitung und geistige Konzentration. Jetzt hat sie im Haushalt gar keine Hilfe und macht alles alleine. Sie will ihren Beruf aber nie aufgeben – nicht etwa wegen des Geldes, sondern weil sie ihn liebt und er ihr Freude macht. Das Kochen hat ihr übrigens auch erst ihr Mann beigebracht. Diese Frau ist so klug, wie ich es mir immer gewünscht habe. Dann kann man sich auch wirklich einen Beruf schaffen. Und auch er ist nicht so, wie die meisten Männer. Er freut sich über eine gelungene Arbeit von ihr mehr als wenn sie ihm noch so fabelhafte Speisen und Gerichte vorsetzen würde. Nebenbei gesagt, kocht sie jetzt aber auch ausgezeichnet. Aber es ist nicht die Hauptsache und das ist angenehm. Im großen und ganzen haben Menzels zum Leben und in der Lebensart unsere Einstellung, nur dass sie viel klüger sind. Über Frau Scheidt[99] bekam ich auch noch allerhand Interessantes zu hören und wurde nur bestätigt, was ich mir schon immer dachte und zusammengereimt hatte. Wir kamen auf dieses Thema durch mein Wohnen bei Menzels und weil Scheidt darüber etwas ärgerlich ist, weil er doch gerne dort einziehen wollte. Aber Frau Menzel sagt ganz richtig, daß sie sich die Arbeit nicht übernehmen kann. Sie hat ihm auch gesagt, daß er selbstverständlich und herzlich gerne kommen könne, aber es ist ihr unmöglich, ihn völlig zu bedienen, er müßte dann eben auch selbst etwas tun. Ebenso mag sie nicht so, wie es Frau Scheidt gewollt hatte, für ihn kochen (mit den slowakischen Zutaten), um nicht doch einmal später vorgeworfen zu bekommen, daß sie sich mit von diesen Vorräten ge-

---

[98] Siehe zu diesem Brief oben S. 71 f., 120, 125 und 161 f.

[99] Ilona Scheidt, die Ehefrau von Ottokars Vorgesetztem Wilhelm Heinrich Scheidt.

nährt hätten. … Frau Menzel meinte, daß die Ehe wohl noch solange dauern würde, wie der Krieg ist – nachher?? …

Sonnabend, den 25.9.43.

Gestern abend wurde es fast Mitternacht, weil Frau Dr. Menzel und ich wieder ins Erzählen kamen. Sie stopfte Strümpfe und leistete ich dabei Gesellschaft. Er mußte ins F.H.Qu.[100] zum Chef fahren und war gar nicht sehr glücklich darüber, weil er gerade eine ungünstige Zeit erwischt. Es steht nämlich so allerhand bevor und herrscht dann ja immer Hochspannung. Morgen soll Dr. Menzel wieder zurückkommen. Nachdem wir erst so etwas über Dr. Scheidt[101] und Gattin geredet haben, denn da gibt es wieder etwas Neues, kamen wir auf wertvollere Dinge zu sprechen. Ich bin von Frau Dr. Menzel von Tag zu Tag mehr angetan. Also, was Scheidt betrifft, das 2. ist unterwegs (in etwa 8 Monaten Ankunft) und ist er sehr sehr unglücklich über sein dauerndes Pech. Es wird also sehr kinderreich, sagte Frau Menzel.

Dann erzählte mir Frau Dr. Menzel von Freundschaften. Sie meinte, daß Scheidt so gar keine Beziehungen (freundschaftliche) zum anderen Geschlecht hätte und eigentlich hätte doch jeder Mensch solche. Sie steht noch immer, jetzt leider durch die Vorschriften sehr eingeengtem Verkehr, mit 2 Franzosen, einem Marquis[102] und einem Priester[103]. Mit dem Marquis ist sie dadurch so zusammengekommen, weil sie beide über dasselbe Thema geschrieben haben. Und über alle Ehen seinerseits und die ihre hinaus besteht diese Freundschaft. Dann erzählte sie von ihrem großen Erlebnis: Bayreuth. 1930 ist sie in Bayreuth gewesen und sogar Gast von Winifred Wagner[104]. Auch durch einen lieben Freund, einen Maler[105], ist sie dazu gekommen. Es gab dann ein Telegramm „erwarte Dich dann und dann" und los ging es. Sie hatte schon Rom gesehen[106], es war also nicht der erste starke Eindruck, den sie von irgendetwas empfing, und doch wird ihr Bayreuth unvergeßlich sein. Toscanini[107]

---

100 Das Führerhauptquartier in der sog. Wolfsschanze bei Rastenburg in Ostpreußen.

101 Wilhelm Heinrich Scheidt (1912–1954), Ottokars direkter Vorgesetzter und Freund; siehe oben S. 98 f.

102 Maurice de Gandillac (1906–2006); siehe oben S. 161.

103 René de Naurois (1906–2006); siehe oben S. 161.

104 Winifred Wagner (1897–1980), die Schwiegertochter von Richard Wagner und Festspielleiterin seit 1930; siehe auch oben S. 163 zu dieser Bayreuth-Reise, von der auch Marguerite Hoffmann schrieb.

105 Melchior Lechter; siehe oben S. 25 f.

106 Im Jahr 1929; siehe oben S. 30 f.

107 Der Dirigent Arturo Toscanini (1867–1957), der 1930 zum ersten Mal in Bayreuth ans Pult trat; vgl. zu Bayreuth 1930 auch *Feuersenger*, Im Vorzimmer der Macht, S. 104.

allein schon ein Erlebnis. 1930 hat sie dort auch den Tannhäuser gesehen mit Gerhard[108], allerdings besann sie sich nicht darauf, nur auf den Tannhäuser an und für sich. Frau Dr. Menzel ist hochbegabt, sie sollte sogar einmal Pembaur-Schülerin[109] werden und auch Gesang studieren. Da sie aber alles, was sie tut, sehr konzentriert macht, konnte sie sich nur für eines entscheiden und siegte dann nicht einmal die Mathematik, sondern die Philosophie, der sie sich nun ganz verschrieben hat. Sie hat auch noch Stefan George kennengelernt und ihm seine Gedichte vorsprechen müssen[110]. Menzels lesen jetzt noch viel, also laut. Sie las mir gleich ein George-Gedicht vor, wie es der Meister gesprochen wünschte[111] und zum Vergleich Rilke, der ganz anders gebracht werden muß[112]. Ich muß noch viel lernen. Frau Menzel spornt mich tüchtig an. Sie sagt, daß ich doch noch jung wäre und schließlich könnte das geistige Gut, den inneren Besitz niemand einem nehmen, während wir die andern Besitztümer ja doch verlorengehen[113]. Die Auffassung von Frau Menzel, daß man doch mit dem, was man in diesem Leben gewonnen hat (innerlich), mit dem Päckchen, mit dem man scheiden muß, später wieder beginnen muß, finde ich sehr schön. Ich werde jetzt Rilke Briefe lesen.

Heute gehe ich nach dem Dienst erst einmal schnell zu Frau Menzel. Wir wollen ganz rasch und einfach nur etwas warmes essen. Morgen gibt es dafür Entenbraten. Sie hat noch nie eine Ente zubereitet. Gestern abend bekam ich schon Entenklein. Also Mama, Du muß unbedingt, wenn wir noch alle da sind, zu Weihnachten solch einen Vogel organisieren. Ebenso gibt es morgen,

---

108 Der Sänger Gerhard Hüsch (1901–1984), mit dem Marianne Feuersenger befreundet war und von dem sie auch in ihrem Buch wiederholt berichtet. Auch Ottokar kannte Hüsch, der bei einem Berlin-Aufenthalt bei ihm übernachtete; vgl. *Feuersenger*, Im Vorzimmer der Macht, S. 179, zu September 1943: „Nachher fuhr ich nach Potsdam, Hüsch zu Menzel. Die beiden haben sich dann noch bis 1 Uhr nachts unterhalten".

109 Der Pianist und Komponist Josef Pembaur (1875–1950), mit dem Melchior Lechter befreundet war (vgl. *Schütze*, Melchior Lechter, S. 1523), so dass der Kontakt mit Hildegund wohl über ihn zustandegekommen war.

110 Diese Behauptung wird durch keine andere Quelle gedeckt, aber möglicherweise lernte Hildegund den Dichter bei seinem Besuch in Lechters Ausstellung kennen; siehe oben S. 34.

111 Vgl. zur Vortragsweise von George-Gedichten *Egyptien*, Jürgen: Stefan George. Dichter und Prophet, Darmstadt 2018, S. 157.

112 Zur Vortragsweise von Rilke bei seinen Gedichten vgl. *von Thurn und Taxis-Hohenlohe*, Marie: Erinnerungen an Rainer Maria Rilke, Leipzig 1932; 2. Aufl. 1966, S. 24.

113 Diese Vorstellung war vermutlich von Melchior Lechter beeinflusst; vgl. zu dessen Vorstellungen *Stottmeister*, Jan: Der George-Kreis und die Theosophie. Mit einem Exkurs zum Swastika-Zeichen bei Helena Blavatsky, Alfred Schuler und Stefan George, Göttingen 2014, bes. S. 317 ff. zu Lechters Glaube an Wiedergeburt.

als Sonntagsfrühstück, für jeden (auch mich) ein Ei und zwar hat sie gerade 4 frische von ihrer Schwiegermutter ...

Das Kriegssachschadenantragsformular habe ich gestern auch geholt[114]. Dazu noch etwas: Obwohl der Mieterbund geschrieben hat, er riete uns, erst noch Miete zu zahlen, darfst Du, Mama, das auf keinen Fall tun. Die Rückerstattung, von der der Mieterbund geschrieben hat, erfolgt nämlich erst nach dem Kriege!!! Dr. Menzel sagt, wir sollten lieber dem Hauswirt mitteilen, daß wir bereit sind, später die evtl. doch fällige Miete, nachzuzahlen. Der Mieterbund selbst braucht ja augenblicklich dem Staat auch nicht dafür zahlen, da die Wohnungen ja nicht bewohnbar sind. Also vorläufig keine Miete zahlen! Teile das auch dem Landratsamt mit und verzichte auf die Mietbeihilfe.

Am Sonnabend, d.18., kam ich abends um 20 Uhr auf dem Lehrter-Bhf. an, übernachtete bei Dr. Menzels und fuhr am Sonntag um 8.05 Uhr weiter ...

           Viele herzliche Grüße von Eurer
           Marianne

Ich habe heute vergebens hier Post von Euch erwartet.

Nr. 3

Fritz Rogner an Luise Menzel (Privatbesitz, handschriftlich).

Berlin-Grunewald, 20.2.45
Im Hornisgrund 6

Sehr geehrte Frau Menzel!

Sie[115] werden gewiß schon durch Herrn Dr. Scheidt[116] erfahren haben, welches Schreckliche sich hier ereignet hat. Wir sind noch ganz fassungslos und können uns diesen furchtbaren Entschluß unserer Kinder nicht erklären. Sie haben sich uns gegenüber nie ausgesprochen, dann hätten wir versucht, sie auf andere Gedanken zu bringen, dagegen ihren Bekannten gegenüber haben sie schon wochenlang davon gesprochen und alles bis ins Kleinste vorbereitet, ihr Eigentum verteilt, an jeden Gegenstand einen Zettel mit dem Namen

---

[114] Es wurde von Ottokar Menzel und Gerhard Hüsch als Zeugen unterschrieben; vgl. *Feuersenger*, Im Vorzimmer der Macht, S. 179.

[115] Siehe zu dem Brief oben S. 56.

[116] Ottokar hatte seinen Freund und Kollegen, der auch sein unmittelbarer Dienstvorgesetzter war, in einem Brief gebeten, nach seinem Tod alle zu benachrichtigen; siehe oben S. 136 und 159.

des Empfängers angebracht, zwei Testamente geschrieben[117] usw. Was sie zu diesem Verzweiflungsschritt getrieben hat, wird wohl immer ein Rätsel bleiben. Ottokar hat sich im Dienst nichts zuschulden kommen lassen, sein Chef[118] will sogar die Grabrede halten. Am 28. Febr. 14:40 Uhr ist die Beerdigung auf dem Wilmersdorfer Waldfriedhof in Stahnsdorf[119]. – Ich denke, sie haben beide die Nerven verloren: die schreckliche Gegenwart, die trostlose Zukunft, allerdings spielt auch eine „Frau" eine unrühmliche Rolle dabei[120]. Trotzdem muß man aber doch die Ehe als eine harmonische bezeichnen. Es tut uns sehr leid, daß Sie Ihren Schmerz so allein tragen müssen, wir sind jetzt wenigstens zwei dazu. Ich bin allerdings erst seit vorgestern hier. Wenn wieder Reisemöglichkeiten sein werden, müssen Sie uns einmal besuchen, damit wir uns aussprechen können.

Zwei gepackte Koffer, die für Sie bestimmt sind, nehmen wir solange in Verwahrung, bis die Eisenbahn wieder Gepäck annimmt[121].

Inge[122] ist im letzten Augenblick noch aus Hinterpommern herausgekommen und befindet sich bei der Familie von Ottokars Chef in Cannstadt. Es ging alles Hals über Kopf, darum konnten wir Ihr freundliches Anerbieten nicht annehmen, vielen Dank! Vielleicht können wir uns einmal in Artern treffen, wenn ich wieder auf meiner Dienststelle: Nessa, Kr. Weißenfels bin.

Schreiben sie uns auch einmal!

Im tiefsten Schmerz
Ihr F. Rogner u. Frau

---

[117] Siehe unten S. 215 ff. die beiden Testamente.

[118] Gemeint ist Wilhelm Scheidt, der die Grabrede hielt; siehe auch den folgenden Brief.

[119] Siehe zum Grab oben S. 144 ff.

[120] Siehe dazu oben S. 139 ff. und unten S. 212 f.

[121] Die beiden Koffer wurden aus dem Keller der Rogners gestohlen, wie Selma Rogner 1947 dem Erben von Luise Menzel, Robert Menzel in einem Brief mitteilte.

[122] Ingeborg Rogner (1928–2020), Hildegunds Schwester; siehe dazu oben S. 133.

Nr. 4

Fritz Rogner an Luise Menzel (Privatbesitz, handschriftlich).

Eichkamp, d. 1.3.45

Sehr geehrte Frau Menzel!

Es tut uns furchtbar leid, daß Sie die Nachricht so spät oder vielleicht gar nicht erhalten haben und sie so lange in der Ungewißheit verharren mußten. Ich kann mir das nicht erklären. Dr. Scheidt hat Ihnen doch sofort nach dem schrecklichen Ereignis brieflich Mitteilung gemacht (Telegramme und Telefongespräche wurden nicht angenommen) und ich habe Ihnen auch gleich nach meinem Eintreffen hier geschrieben. So konnten Sie nicht einmal bei der Beerdigung, die erst gestern stattgefunden hat, zugegen sein. Wir haben versucht, die Totenfeier so würdig und feierlich zu gestalten, wie es eben in der jetzigen Zeit mit den täglichen Alarmen und Unterbrechungen der Bahnlinien möglich ist. Einen Geistlichen hatten wir nicht[123], dafür hat aber Rittmeister Scheidt, der Vorgesetzte und Freund Ihres Sohnes, eine sehr schöne Rede gehalten[124]. So ruhen denn die beiden schon einen Tag in kühler Erde. Morgen hat Hildegund ihren 35. Geburtstag[125], da wollen wir nach Stahnsdorf fahren und sehen, ob die Hügel schon hergerichtet sind.

Nach diesem furchtbaren Schicksalsschlag hat das Leben für mich keinen Reiz mehr, aber (für Sie ist es) ja noch schlimmer. Sie haben das einzige, was Sie noch auf der Welt besaßen, verloren. Wie gern möchten wir mit Ihnen einmal sprechen und uns gegenseitig unser Leid klagen! Besuchen Sie uns doch, sobald es möglich ist!

Ich schreibe in Eile, denn jeden Abend sind 2–3 Std. Stromsperre und dann 2 Std. Alarm; überall sind schon Panzersperren und Barrikaden gebaut. Die Zustände hier sind kaum erträglich.

Viele Grüße Ihr F. Rogner u. Frau

---

[123] Siehe oben S. 137: Claus Grimm schrieb in seinen Erinnerungen, Ottokar und Hildegund hätten keinen Geistlichen bei dem Begräbnis gewünscht.

[124] Siehe den vorigen Brief.

[125] Hildegund war am 2. März 1910 geboren worden.

Nr. 5

Fritz Rogner an Luise Menzel (Privatbesitz, handschriftlich).

Eichkamp, d. 20.3.45

Sehr geehrte Frau Menzel!

Ihren Brief v. 13. erhielten wir heute[126]. Es tut uns sehr leid, daß Sie sich über das schreckliche Unglück mit keinem Menschen aussprechen können, deswegen auch so wenig davon erfahren. Aber Frau Keller[127], die bis in die letzten Tage mit den beiden zusammen war, wird Ihnen einmal ausführlich berichten. Wir wissen ja alles auch nur von ihr und der Aufwartefrau[128]. Uns gegenüber waren sie ja sehr verschlossen, wir standen ihnen innerlich fern, wie uns Ottokar in seinem Abschiedsbriefe schrieb. Sein Entschluß zur Tat stand wohl schon seit Weihnachten fest, als er die Nachricht erhielt, daß sein Freund in München dasselbe getan hat. Hilde hat lange geschwankt, der Entschluß ist ihr sicher sehr schwer geworden; denn sie hat in der letzten Zeit viel geweint, aber zu ihren Bekannten hat sie immer Andeutungen gemacht, daß sie mit ihrem Manne gehe. Ihren Wunsch, Blumen zu besorgen, werden wir erfüllen, sobald etwas zu haben sein wird. Übrigens hatten wir zur Beerdigung sehr schöne Blumen u. Kränze. Das Bild habe ich noch nicht finden können, über den Betten hing ein Engelsbild[129]. Ich werde mir die größte Mühe geben, es hervorzusuchen. Über die Verteilung der Sachen werden Sie vom Gericht eine Abschrift des Testaments erhalten[130]. Vieles haben die beiden in der letzten Zeit verschenkt auf geradezu verschwenderische Weise. Wir haben jetzt die Last mit der Räumung der Wohnung, die am 1.4. schon wieder bezogen wird. Besonders die Bibliothek, die die Universität Kiel geerbt hat[131], macht uns viel Sorge. Ich bin schon ganz krank geworden von den Aufregungen und Lauferein und werde vorläufig noch nicht auf meine Dienststelle nach Nessa zurückkehren, aus unserem Zusammentreffen kann also noch nichts werden. Das Leben ist jetzt hier sehr ungemütlich, jeden

---

[126] Siehe zu dem Brief oben S. 139 und 142.

[127] Frau Keller war wohl eine Nachbarin im Haus Rüdesheimer Straße 25a, wie sich aus dem Berliner Stadtadressbuch ergibt, in dem für 1943 ein Hans Keller, Kaufmann, genannt ist, der allerdings bereits am 10.7.1945 starb (freundliche Mitteilung von Corinna Rogner, Berlin).

[128] Nicht bekannt.

[129] Es ist unklar, was für ein Bild hier gemeint ist.

[130] Die Kopie des Testaments, die das Nachlassgericht Charlottenburg verschickte, hat sich im Familiennachlass Menzel erhalten.

[131] Bei der Versendung der Bücher nach Kiel, die testamentarisch festgelegt war (siehe unten S. 216), war der Direktor der Preußischen Akademie, Helmuth Scheel, behilflich; siehe oben S. 164.

Tag sind mehrere Angriffe, am Sonntag war es wieder ganz schlimm. Panzersperren, Schützengräber und Geschützstellungen werden auch überall gebaut. Am Ostrand der Stadt hört man den Kanonendonner von der Oderfront. Wer weiß, was wir noch alles erleben müssen, was den beiden nun erspart ist!

Nun seien Sie recht herzlich gegrüßt von
Ihrem F. Rogner und Frau

Nr. 6

Fritz Rogner an Luise Menzel (Privatbesitz, handschriftlich).

Bln. Charlottenburg, d. 23.10.46
Eschen Allee. Paulinenhaus, Stat. 4 Z. 1

Liebe Frau Menzel!

Ihre beiden Briefe haben wir erhalten[132]. Hoffentlich gelingt es Ihnen, in Kiel eine Wohnung zu bekommen[133]. Leider konnte ich nicht eher schreiben, ich bin seit Ende Juli krank und arbeitsunfähig. Das eine Jahr als Bauarbeiter hat mein Herzleiden dermaßen verschlimmert, daß ich ins Krankenhaus gebracht werden mußte. Zu alledem habe ich Anfang Oktober den Arm gebrochen u. trage ihn in Gips. Sie schrieben, ich sollte Sie einmal besuchen, damit Sie einmal etwas Näheres von der Tragödie in unserer Familie erfahren. Das ging nun leider nicht, denn 1. bin ich krank, 2. gibt es für solche Reisen keine Genehmigung, und schwarz möchte ich nicht über die Zonengrenze gehen und 3. muß ich auch sehr mit meinen Mitteln rechnen, denn mein Einkommen ist recht klein, und von meinen Konten bekommt man nichts ausgezahlt, in Berlin ist man noch nicht so weit wie dort.

In einem früheren Brief machten Sie Ottokar den Vorwurf, er hätte Hilde nicht mitnehmen dürfen. Damit tun Sie ihm Unrecht, es war ihr dringendster Wunsch, ihn nicht allein aus der Welt gehen zu lassen. Für ihn stand ja der Entschluß seit dem Freitod seines Münchner Freundes[134] unumstößlich fest. Wie kam sie nun zu dem furchtbaren Entschluß? Ottokar hatte einen Seitensprung gemacht, er war in die Netze der Filmschauspielerin Nora von Rautenberg[135] geraten. Diese Frau war ihm sogar nach Berchtesgaden nachgereist

---

[132] Diese Briefe sind nicht erhalten.

[133] Luise Menzel gelang es nach dem Krieg nicht, eine Zuzugsgenehmigung für Kiel zu erhalten; siehe oben S. 147.

[134] Ernst Schulz; siehe oben S. 128.

[135] Siehe zu Nora von Rautenberg (1907–?) und Ottokars Zeit in Berchtesgaden oben S. 117 f.

u. hatte mit ihm dort gelebt, auch sehr weitgehende Versprechungen von ihm erhalten. Sogar an seinem Hochzeitstag[136] ließ er Hildegund allein und war mit dieser andern zusammen. Als Hildegund dahinter kam, war sie total gebrochen. Frau Kellers[137] Trost, daß jede Frau mit der Untreue ihres Mannes rechnen müsse, hatte keine Wirkung, sie bekam schwere Herzkrämpfe. Nun aber pflegte er sie in rührender Weise, ließ von der andern ab und söhnte sich mit H. wieder aus. Diese wollte ihn nun nicht wieder weglassen, sondern ging lieber mit ihm in den Tod. Sie hat sich uns gegenüber nie darüber ausgesprochen. Was wir darüber wissen, haben wir von Frau Keller und der Aufwartefrau Otto[138] erfahren. Ich bitte Sie, diese ganze Sache in einem eventl. Antwortbriefe nicht zu erwähnen, denn meine Frau wollte nicht, daß ich Ihnen das mitteile, aber ich sage mir, die Wahrheit, auch wenn sie bitter ist, ist immer noch besser, als gar nichts zu erfahren. Schade, daß Sie im Sommer nicht einmal nach Grunewald gekommen sind. Ich hätte Sie gerne zu den Gräbern geführt. Ich habe die Grabstelle (20 qm) schön mit Alpenrosen, Wacholder u. a. bepflanzt, die Gräber selbst mit immergrünen Pflanzen eingefaßt und den ganzen Sommer mit blühenden Blumen geschmückt. Gern hätte ich einen schönen Stein setzen lassen, aber da fehlt mir das Geld dazu. Meine Verhältnisse habe ich Ihnen ja schon dargelegt, und das, was die Kinder der Inge vermacht haben[139], ist von den Russen auf der Bank beschlagnahmt worden, also unwiderbringlich verloren. Ich habe darum von einem Bekannten ein schlichtes Kreuz aus Eichenholz anfertigen lassen. Das muß fürs erste genügen bis einmal bessere Zeiten kommen oder ich der dritte im Bunde da draußen bin, denn mein Zustand erscheint mir hoffnungslos, während des Schreibens habe ich mehrere schwere Anfälle gehabt, und nur durch Tabletten erhalte ich mich aufrecht.

Leben Sie wohl und seien Sie vielmals gegrüßt von
Ihrem F. Rogner

---

[136] Ottokar und Hildegund hatten am 22. Dezember 1938 geheiratet.
[137] Siehe oben Anm. 58.
[138] Nicht bekannt.
[139] Siehe das Testament unten S. 215–218.

Nr. 7

Fritz Rogner an Luise Menzel (Privatbesitz, handschriftlich).

Ch. d. 11.11.46

Sehr geehrte Frau Menzel!

Ich wollte Ihnen Ihren Brief v. 30.10. schon in der vorigen Woche beantworten, konnte aber nicht schreiben, es ging mir zu schlecht. Recht vielen Dank für das Geld, aber so war doch die Sache nicht gemeint. Ich habe Ihnen doch nur meine Einkommensverhältnisse auseinandergesetzt, um zu begründen, warum ich den Kindern – meine ganze Liebe und mein einziger Stolz – keinen würdigen Denkstein errichtet habe. Ich werde aber das Geld aufheben als Grundstock für einen Denkmalfond.

Sie haben recht, Hilde hat sich keinem herzlich angeschlossen. Auch das will ich Ihnen erklären. Sie hat in ihren späteren Mädchenjahren nie so rechte Mutterliebe erfahren. Wie oft habe ich sie vor den Launen der Mutter und den Tätlichkeiten ihres Bruders in Schutz nehmen müssen bis zu ihrem 23. Jahre. So hat sie sich ganz auf sich selbst zurückgezogen bis Ottokar kam, in dem sie dann vollständig aufging. Sie hat auch an keinen von uns einen Abschiedsbrief, es war ihr wohl zu schwer, geschrieben, während Ottokar mir noch an seinem letzten Geburtstage einen herzlichen Abschieds- und Dankesbrief nach Nessa schickte[140]. Wenn Sie es interessiert, bekommen Sie einmal eine Abschrift davon.

Wie geht es mit Ihrem Fuß? Ist die Wunde nach der Operation nicht ordentlich geheilt oder haben Sie andere Beschwerden? Ich hoffe doch noch, daß Sie einmal nach Berlin kommen können und sich, wenn auch nicht mit mir, so doch mit meiner Frau aussprechen[141]. Meine Mutter ist jetzt mit ihren 85 1/2 Jahren auch endlich zu uns gekommen[142]. Sie wurde von den Polen aus Schlesien vertrieben, hat all das Flüchtlingselend durchgemacht und ist jetzt bei uns, vorläufig ohne Einreisegenehmigung und ohne Karten. Meine Frau war nicht in Mühlhausen, Inge hat sich ihre Sachen allein geholt. Von Dr. Scheidt wissen wir nichts. Mein jüngster Sohn[143] war im Sommer 45 einmal dort, um Inge zu suchen, da wir ja damals nicht wußten, wo sie war.

---

[140] Siehe oben S. 137 Ottokars Brief an Fritz Rogner vom 31. Januar 1945, seinem Geburtstag. Es ist der letzte Brief, der von Ottokar erhalten ist.

[141] Luise Menzel kam vor ihrem Tod nicht mehr aus Bad Sachsa nach Berlin.

[142] Auguste Rogner (1861–1951), die am 4. Dezember 1951, genau wie Fritz Rogner im März 1947, in dem Grab auf dem Stahnsdorfer Waldfriedhof beerdigt wurde; siehe oben S. 152.

[143] Heinz Rogner (1913–1997).

Herr Scheidt war nicht anwesend, sonst hat er auch nichts von ihm erfahren können[144].

Mein Herzleiden wird immer schlimmer, dagegen verläuft die Heilung des Armbruches, es ist das linke Handgelenk, ganz normal.

Nun lassen Sie es sich gut gehen und seien Sie vielmals gegrüßt von Ihrem F. Rogner

4. Das Testament von Ottokar und Hildegund Menzel

Letztwillige Verfügung.

Ich, Dozent Dr. phil. habil. Ottokar Menzel, geboren am 31.1.1912 zu Odessa, wohnhaft in Berlin-Wilmersdorf, Rüdesheimer Str. 25a, bestimme für den Fall meines Todes folgendes:

I. mein gesamter Nachlass mit allen mir zustehenden Rechts- und Erbansprüchen fällt an meine Ehefrau Dr. phil. Hildegund Menzel geb. Rogner, geboren am 2.3.1910, wohnhaft ebenfalls in Berlin-Wilmersdorf, Rüdesheimer Str. 25a, ohne alle Einschränkung.

II. Sollte meine Ehefrau bei meinem Tode nicht mehr am Leben sein, so bestimme ich:

a) mein Vermögen an Bargeld und Wertpapieren (Postscheck-Konto Berlin 192252, Bankkonto bei der Dresdner Bank Berlin – Stadtzentrale – 20-5452, Wertpapierdepot bei der gleichen Bank) fällt an meine Schwägerin Ingeborg Rogner, geboren am 2.8.1928 zu Berlin-Charlottenburg, wohnhaft in Berlin-Grunewald, Im Hornisgrund 6

b) alle Möbel, Kleider, Wäschestücke und der gesamte Hausrat fallen ebenfalls an Ingeborg Rogner,

c) alle in Mühlhausen in Thüringen bei Frau Dr. Martha Bühner[145], Windeberger Landstr. 40 von mir deponierten Sachen fallen ebenfalls an Ingeborg Rogner bis auf die dort untergestellten Bücher,

d) die in Mühlhausen deponierten Kisten mit Büchern sowie die in Niederdorla liegenden Bücherkisten fallen an Frau Hedy Bühner[146] und Frau Martha Bühner in Mühlhausen in Thüringen, Windeberger Landstr. 40,

---

144 Wilhelm Heinrich Scheidt verließ Berlin im April 1945 und fuhr nach Berchtesgaden, wo er in amerikanische Kriegsgefangenschaft geriet; 1946 sagte er bei den Nürnberger Prozessen aus; siehe oben S. 157 f.

145 Siehe zu Martha Bühner (1889–1979) oben S. 154.

146 Siehe zu Hedy Bühner (1907–2001), der Schwiegertochter von Martha Bühner, oben S. 153 f.

e) die in Rehbrücke deponierten Sachen, u.a. ein Pastell-Bild von Melchior Lechter, fallen an Fräulein Ilse Ohm[147], Berlin-Friedenau, Cranachstr. 19. Die Sachen liegen bei Frau Margarete Hassenstein[148], Rehbrücke, Begas-Str. 4,

f) meine Bücher – und zwar die in der Wohnung Berlin-Wilmersdorf, Rüdesheimer Str. 25a stehenden Bücher und die mit Büchern gefüllten Kisten und Koffer im Keller dieser Wohnung (Keller 318) fallen an das Historische Seminar der Universität Kiel. Davon ist Professor Dr. Karl Jordan[149] z.Zt. Erlangen, Am Eichenwald 15 zu benachrichtigen,

g) die aus dem Nachlass von Dr. Ernst Schulz[150] mir zugefallenen in München aufbewahrten Bücher gehören dann Dr. Bernhard Bischoff[151], Planegg bei München, Hindenburgallee 47,

h) alle durch die Universitätsbibliothek Kiel geborgenen Bücher und meine Bücher und Habseligkeiten in Kiel, Tirpitzstrasse 138, fallen an meine Mutter, Luise Menzel[152], geb. Hierburger, Bad Sachsa, Horst-Wessel-Str. 1a bei Hülsse. Ihr stelle ich anheim, diese Bücher der Universitätsbibliothek in Kiel zu vererben oder sie zu verkaufen.

Diese letztwillige Verfügung habe ich klaren Sinnes eigenhändig geschrieben und eigenhändig unterschrieben.

Berlin-Wilmersdorf, am 1. Februar 1945.

Dr. phil. habil. Ottokar Menzel

Nachtrag: 1) An Ingeborg Rogner fällt auch die für meinen Todesfall abgeschlossene Lebensversicherung über RM 5000.– (fünftausend): Allianz-Lebensversicherungs AG, Stuttgart-W, Silberburgstr 174 Nr. des Versicherungsscheines: 1638396. Der Schein befindet sich in einem Stahlfach in der Dresdner Bank, Berlin, Stadtzentrale.

2) Das Historische Seminar der Universität Kiel hat alle auf Nikolaus von Kues und die mittelalterliche Philosophie bezüglichen Bücher und Gegen-

---

147 Vermutlich eine Freundin von Hildegund.

148 Anna Margarete Hassenstein (geb. 1888) ist noch 1949 unter der Adresse in Rehbrücke im Stadtadressbuch von Potsdam genannt. Sie war möglicherweise eine Kollegin von Fritz Rogner, da sie Lehrerin und 1908 in Breslau tätig war; Datenbank der Bibliothek für Bildungsgeschichtliche Forschung//DIPF/Archiv, Gutachterstelle des BIL – Personalbögen der Lehrer höherer Schulen Preußens Verzeichnungseinheit Nr. 80400.

149 Siehe zu Karl Jordan (1907–1984) oben S. 163 ff.

150 Siehe zu Ernst Schulz (1897–1944) oben S. 86 ff. und 196 f.

151 Siehe zu Bernhard Bischoff (1906–1991) oben S. 125 ff. und 195.

152 Luise Menzel (1870–1947).

stände an die Cusanus-Commission der Heidelberger Akademie der Wissenschaften, Heidelberg, Karlstrasse 4, abzugeben. Zu benachrichtigen ist Prof. Dr. Ernst Hoffmann[153], Heidelberg, Ziegelhäuser Landstr. 43. – Diesen Nachtrag habe ich eigenhändig geschrieben und unterschrieben zu Berlin am 3. Februar 1945. Dr. phil. habil. Ottokar Menzel

Letztwillige Verfügung[154].

Ich, Dr. phil. Hildegund Menzel, geborene Rogner, geboren am 2. März 1910 zu Breslau, wohnhaft in Berlin-Wilmersdorf, Rüdesheimer Str. 25a, bestimme für den Fall meines Todes folgendes:

I. Mein gesamter Nachlass mit allen mir zustehenden Rechts- und Erbansprüchen fällt an meinen Ehemann Dozent Dr. phil. habil. Ottokar Menzel, geboren am 31. Januar 1912 zu Odessa, wohnhaft ebenfalls in Berlin-Wilmersdorf, Rüdesheimer Str. 25a, ohne alle Einschränkung

II. Sollte mein Ehemann bei meinem Tode nicht mehr am Leben sein, so bestimme ich:

a) mein Vermögen an Bargeld und Wertpapieren (Postscheck Konto Berlin 192252, Bankkonto bei der Dresdner Bank Berlin Stadtzentrale 20-5452, Wertpapierdepot bei der gleichen Bank und Stahlfachinhalt) fällt an meine Schwester Ingeborg Rogner, geboren am 2.8.1928 zu Berlin-Charlottenburg, wohnhaft in Berlin-Grunewald, Im Hornisgrund 6,

b) alle Möbel, Kleider, Wäschestücke und der gesamte Hausrat fallen ebenfalls an Ingeborg Rogner,

c) alle in Mühlhausen in Thüringen bei Frau Dr. Martha Bühner, Windeberger Landstr. 40 von mir deponierten Sachen fallen ebenfalls an Ingeborg Rogner bis auf die dort untergestellten Bücher,

d) die in Mühlhausen deponierten Kisten mit Büchern sowie die in Niederdorla liegenden Bücherkisten fallen an Frau Hedy Bühner und an Frau Martha Bühner in Mühlhausen in Thüringen, Windeberger Landstr. 40,

e) die in Rehbrücke deponierten Sachen, u. a. ein Pastellbild von Melchior Lechter, fallen an Fräulein Ilse Ohm, Berlin-Friedenau, Cranachstr. 19. Die Sachen liegen bei Frau Margarete Hassenstein, Rehbrücke, Begasstr. 4,

f) meine Bücher – und zwar die in der Wohnung Berlin-Wilmersdorf, Rüdesheimer Str. 25a stehenden Bücher und die mit Büchern gefüllten Kisten und Koffer im Keller dieser Wohnung (Keller 318) fallen an das

---

153 Ernst Hoffmann (1880–1952); siehe zu ihm oben S. 40 und 160 f.

154 Siehe zur Kommentierung der Namen das vorhergehende Testament.

Historische Seminar der Universität Kiel. Davon ist Prof. Karl Jordan z. Zt. Erlangen, Am Eichenwald 15 zu benachrichtigen, alle philosophischen Bücher und Manuskripte, sowie alle auf Nikolaus von Cues und die mittelalterliche Philosophie bezüglichen Bücher und Gegenstände fallen an die Cusanus-Commission der Heidelberger Akademie der Wissenschaften, Heidelberg, Karlstr. 4. Zu benachrichtigen ist Prof. Dr. Ernst Hoffmann, Heidelberg, Ziegelhäuser Landstr. 43.

Diese letztwillige Verfügung habe ich klaren Sinnes eigenhändig geschrieben und eigenhändig unterschrieben.

Berlin-Wilmersdorf, am 4. Februar 1945.

Dr. phil. Hildegund Menzel
geborene Rogner

Quellen- und Literaturverzeichnis

1. Quellen

Zu Ottokar Menzel

Berlin, Archiv der Berlin-Brandenburgischen Akademie der Wissenschaften, Leibniz-Ausgabe, Personalakte Nr. 776: Menzel (Ottokar und Hildegund Menzel)

Berlin, Friedhof Stahnsdorf Register Nr. 1006 (Grabkarte Ottokar Menzel)

Berlin, Humboldt-Universität, Universitätsarchiv: HU UA Phil. Fak. 01 Nr. 818 (Promotionsunterlagen Ottokar Menzel)

Berlin, Humboldt-Universität, Universitätsarchiv: HU UA NS-Doz. 2, Nr. ZD I 0695 (Akte Ottokar Menzel beim NS-Dozentenbund)

Berlin, Landesarchiv, Bestand B Rep. 021 (Meldebescheinigung Ottokar Menzel)

Berlin, Landesarchiv Bestand P Rep. 570 Nr. 1774 (Totenschein und Untersuchung Ottokar Menzel und Hildegund Menzel)

Berlin, Landesarchiv P Rep. 641 Nr. 156 (Heiratsurkunde Ottokar Menzel und Hildegund Rogner, Berlin Adlershof Nr. 239 vom 22. Dezember 1938)

Berlin, Landesarchiv, Standesamt Berlin-Schmargendorf Nr. 546 (Sterbeurkunde Ottokar Menzel)

Göttingen, Niedersächsische Staats- und Universitätsbibliothek Cod. Ms. H. Heimpel E1:981, E4:21 und H10:1 (9 Briefe von Ottokar Menzel an Hermann Heimpel sowie seine Verlobungsanzeige)

Kiel, Landesarchiv Schleswig, Archiv der Christian-Albrechts-Universität Abt. 47 Nr. 6862 (Personalakte Ottokar Menzel)

Kiel, Landesarchiv Schleswig, Archiv der Christian-Albrechts-Universität Abt. 47 Nr. 1591 (Dekanatsakten Philosophische Fakultät: Anträge auf Errichtung neuer Professuren, Wiederbesetzung von Professuren)

München, BSB Autographensammlung (Brief von Ottokar Menzel an Helmuth Domizlaff)

München, Monumenta Germaniae Historica, Archiv K 195/34 (Brief von Ottokar Menzel an Bernhard Bischoff)

Soest, Stadtarchiv, Nachlass Norbert Fickermann (Brief von Ottokar Menzel an Norbert Fickermann)

Zu Hildegund Rogner/Hildegund Menzel

Berlin, Friedhof Stahnsdorf Register Nr. 1007 (Grabkarte Hildegund Menzel)

Berlin, Humboldt-Universität, Universitätsarchiv: HU UA Phil. Fak. 01 Nr. 854 (Promotionsunterlagen Hildegund Rogner)

Berlin, Landesarchiv P Rep. 570 Nr. 1774 (Totenschein Hildegund Menzel)

Berlin, Landesarchiv, Standesamt Berlin-Schmargendorf Nr. 526 (Sterbeurkunde Hildegund Menzel)

Brief von Hildegund Rogner vom 7. Januar 1940 an Joseph Ehrenfried Hofmann (Privatbesitz)

Brief von Hildegund Menzel an Hedy Bühner vom 3. Februar 1945 (Privatbesitz)

Den Haag, Literatuurmuseum, Nachlass Wolfgang Frommel (1 Karte vom 21. Juni 1931, 1 Brief vom 27. Juni 1931 und 1 Karte vom 4. Juli 1931 von Hildegund Rogner an Wolfgang Frommel)

Stuttgart, Stefan-George-Archiv, Sondersammlung A, 0485 (Brief von Hildegund Rogner an Hanna Bauer-Hilsdorf vom 29. Dezember 1937)

Ungedruckte Erinnerungen/Briefe/Tagebuchaufzeichnungen

Feuersenger, Marianne: Nachlass (München, Institut für Zeitgeschichte, Nachlässe ED 344)

Feuersenger, Marianne: Zeitzeugeninterview vom 12.11.1997 (Haus der Bayerischen Geschichte, Bildarchiv)

Grimm, Claus: Vier Jahre als Forscher in der Kriegsgeschichtlichen Abteilung (München, Institut für Zeitgeschichte MS 417/1 [mit 8 Seiten korrigierenden Erläuterungen von Marianne Feuersenger, die im Exemplar des IfZ mitgezählt werden]); Bundesarchiv – Militärarchiv Freiburg, MSg. 1 705

Hoffmann, Marguerite: Erinnerungen an Melchior Lechter, Maschinenschriftliches Manuskript im Literatuurmuseum Den Haag, Nachlass Wolfgang Frommel Nr. 268, 269, 270 (hier zitiert als *Hoffmann*, Erinnerungen)

Holtzmann, Robert: Tagebuch 1941–1946 (Handschriftliches Manuskript im Deutschen Historischen Institut in Rom, Nachlass 12: Walther Holtzmann 91)

Rogner, Fritz: Briefe an Susi und Ulrich Rogner und an Luise Menzel 1945/46 (Privatbesitz)

Scheidt, Wilhelm Heinrich: Brief an Theodor Mayer vom 9. Februar 1945 und Antwortschreiben Theodor Mayers vom 27. Februar 1945 (München, MGH-Archiv B 704/II)

Schulz, Ernst: Brief an Hildegund Menzel vom 29. Juni 1939 (Kiel, Historisches Seminar)

Waldmann, Elisabeth: Tagebuch unserer Süden-Fahrt 1929 (Deutsches Literatur-Archiv Marbach, Nachlass Elisabeth Steil-Beuerle)

Gedruckte Erinnerungen

Bauer-Hilsdorf, Hanna: Melchior Lechters letzte Tage, in: Neue Beiträge zur George-Forschung 12, 1987, S. 24–30

Feuersenger, Marianne: Im Vorzimmer der Macht. Aufzeichnungen aus dem Wehrmachtführungsstab und Führerhauptquartier 1940–1945, München 1999 (zuerst erschienen unter dem Titel: Mein Kriegstagebuch. Zwischen Führerhauptquartier und Berliner Wirklichkeit, Freiburg im Breisgau 1982; hier zitiert nach der Ausgabe von 1999: Im Vorzimmer der Macht)

Feuersenger, Marianne: Es ist ein heißes Eisen geblieben. Nach Tagebuchaufzeichnungen und Briefen, in: von Voss, Rüdiger/Neske, Günther: Der 20. Juli 1944. Annäherung an den geschichtlichen Augenblick, Pfullingen 1984, S. 63–68

Hartlaub, Felix: „In den eigenen Umriss gebannt“. Kriegsaufzeichnungen, literarische Fragmente und Briefe aus den Jahren 1939 bis 1945, 2 Bände, hg. von Ewenz, Gabriele Lieselotte, Frankfurt am Main 3. Aufl. 2007

Hartung, Fritz: Korrespondenz eines Historikers zwischen Kaiserreich und zweiter Nachkriegszeit, hg. von Kraus, Hans-Christof, Historische Kommission bei der Bayerischen Akademie der Wissenschaften. Deutsche Geschichtsquellen des 19. und 20. Jahrhunderts 76, Berlin 2019

Hoffmann, Marguerite: Mein Weg mit Melchior Lechter. Ein Künstler der Jahrhundertwende. Der Freund Stefan Georges, Castrum peregrini, Amsterdam 1966 (hier zitiert als *Hoffmann*, Weg mit Lechter)

Landmann, Michael: Melchior Lechter, in: Landmann, Michael: Figuren um Stefan George. Zehn Portraits, Castrum peregrini, Amsterdam 1982, S. 9–21

von Mangoldt-Reiboldt, Ursula: Auf der Schwelle zwischen Gestern und Morgen. Begegnungen und Erlebnisse, Weilheim 1963

Müller-Eberius, Annemarie: Einer Tochter Freiheitskampf im Geiste der Weimarer Republik, Selbstverlag ohne Ort und Jahr

Picker, Henry: Hitlers Tischgespräche im Führerhauptquartier 1941–1942, hg. von Schramm, Percy Ernst/Hillgruber, Andreas/Vogt, Martin, München 1965

Schlayer, Clotilde: Minusio. Chronik aus den letzten Lebensjahren Stefan Georges, hg. und mit Erläuterungen versehen von Bozza, Maik und Oelmann, Ute, Castrum peregrini N.F. 4, Göttingen 2010

The Diary of Karl Süssheim (1878–1947). Orientalist between Munich and Istanbul, hg. von Flemming, Barbara und Schmidt, Jan, Verzeichnis der Orientalistischen Handschriften in Deutschland, Supplementband 32, Stuttgart 2002

Toeplitz, Uri: Und Worte reichen nicht. Von der Mathematik in Deutschland zur Musik in Israel. Eine jüdische Familiengeschichte 1812–1998, Konstanz 1999

2. Literatur

Arendt, Hanna/*Anders*, Günther: Rilkes Duineser Elegien, in: Neue Schweizer Rundschau 23, 1930, S. 885–871 (wiederabgedruckt in: *Arendt*, Hanna/*Anders*, Günter: Schreib doch mal hard facts über Dich. Briefe 1939 bis 1973. Texte und Dokumente, München 2016, sowie in: Rilkes Duineser Elegien 2: Forschungsgeschichte, hg. von Fülleborn, Ulrich und Engel, Manfred, Frankfurt am Main 1982, S. 45–65

Aurnhammer, Achim/*Braungart*, Wolfgang/*Breuer*, Stefan/*Oelmann*, Ute (Hgg.): Stefan George und sein Kreis. Ein Handbuch, 3 Bde., Berlin 2. Aufl. 2016

Bott, Marie-Luise: Die Haltung der Berliner Universität im Nationalsozialismus. Max Vasmers Rückschau 1948, Neues aus der Geschichte der Humboldt-Universität zu Berlin 1, Berlin 2009

Bracher, Karl Dietrich/*Sauer*, Wolfgang/*Schulz*, Gerhard: Die nationalsozialistische Machtergreifung. Studien zur Errichtung des totalitären Herrschaftssystems in Deutschland 1933/34, Köln 2013

Bühner, Peter: Dr. Adolf Bühner – ein Mühlhäuser Fabrikant und Lokalpolitiker im ersten Drittel des 20. Jahrhunderts, in: Mühlhäuser Beiträge 37, 2014, S. 111–125

Cornelissen, Christoph: Das Kieler Historische Seminar in den NS-Jahren, in: Cornelissen/Mish: Wisssenschaft an der Grenze S. 229–252

Cornelissen, Christoph/*Mish*, Carsten (Hgg.): Wissenschaft an der Grenze. Die Universität Kiel im Nationalsozialismus, Essen 2009

Dobras, Werner: Claus Grimm † (13. September 1904–4. Juni 1987), in: Schriften des Vereins für Geschichte des Bodensees und seiner Umgebung 106, 1988, S. V–VII

Eckart, Wolfgang U./*Sellin*, Volker/*Wolgast*, Eike: Die Universität Heidelberg im Nationalsozialismus, Berlin 2006

Eisfeld, Alfred: Die Russlanddeutschen, Studienbuchreihe der Stiftung Ostdeutscher Kulturrat 2, München 1992

Ellinger, Ekkehard: Orientalistik im Zeitalter des Nationalsozialismus, Edingen-Neckarhausen 2006

Engeli, Christian/*Ribbe*, Wolfgang: Berlin in der NS-Zeit. 1933–1945, in: Ribbe, Wolfgang: Geschichte Berlins. Zweiter Band, München 1987, S. 927–1023

Folkerts, Menso: Die Leibniz-Edition zwischen Wissenschaft und Politik. Zur Geschichte der mathematisch-naturwissenschaftlichen Reihen, in: Hecht, Hartmut/Knobloch, Eberhard (Hgg.): Kosmos und Zahl. Beiträge zur Mathematik- und Astronomiegeschichte, zu Alexander von Humboldt und Leibniz, Stuttgart 2008, S. 23–45

Fuchs, Jockel: Dr. Elisabeth Steil-Beuerle (1908–1985), in: Rheinland-Pfälzerinnen. Frauen in Politik, Gesellschaft, Wirtschaft und Kultur in den Anfangsjahren des Landes Rheinland-Pfalz, hg. von Brüchert, Hedwig, Mainz 2001, S. 399–401

Fuhrmann, Horst unter Mitarbeit von *Wesche*, Markus: Sind eben alles Menschen gewesen. Gelehrtenleben im 19. und 20. Jahrhundert dargestellt am Beispiel der Monumenta Germaniae Historica und ihrer Mitarbeiter, München 1996

Gandillac, Maurice de: Le Siècle traversé. Souvenirs de neuf décennies, Paris 1998

Goeschel, Christian: Selbstmord im Dritten Reich, Berlin 2011

Hahn, Peter: Berliner Friedhöfe in Stahnsdorf. Geschichte – Geschichten – Personen, Badenweiler 2010

Hartlaub, Felix: Don Juan d'Austria und die Schlacht bei Lepanto, hg. von Pyta, Wolfram und Schwiedrzik, Wolfgang M., Neckargemünd, Wien, 2017

Heiber, Helmut: Hitlers Lagebesprechungen. Die Protokollfragmente seiner militärischen Konferenzen, München 1962

Heiber, Helmut: Universität unterm Hakenkreuz Teil 2: Die Kapitulation der Hohen Schulen. Das Jahr 1933 und seine Themen, München 1994

Heiber, Helmut: Walter Frank und sein Reichsinstitut für Geschichte des neuen Deutschlands, Stuttgart 1966

Heinzel, Reto: Theodor Mayer. Ein Mittelalterhistoriker im Banne des ,Volkstums' 1920–1960, Paderborn 2016

Helmrath, Johannes: Geschichte des Mittelalters an der Berliner Universität von der Jahrhundertwende bis 1945, in: Geschichte der Universität Unter den Linden 1810–2010. Transformation der Wissensordnung Bd. 5, hg. von Tenorth, Heinz Elmar, 2010, S. 371–411

Hönerbach, Wilhelm: Das Orientalische Seminar, in: Christiana Albertina. Kieler Universitäts-Zeitschrift November 1969, Heft 8

Hofmann, Erich: Orientalistik, in: *Jordan/Hofmann*, Geschichte der Christian-Albrechts-Universität Kiel, S. 165–183

Hoffmann, Peter: Widerstand – Staatsstreich – Attentat. Der Kampf der Opposition gegen Hitler, 3. erw. Aufl., München 1979

Jordan, Karl: Aspekte der Mittelalterforschung in Deutschland in den letzten 50 Jahren, in: *Jordan*, Karl: Ausgewählte Aufsätze zur Geschichte des Mittelalters, Stuttgart 1980, S. 329–344

Jordan, Karl: Geschichte der Philosophischen Fakultät, in: Jordan/Hofmann, Geschichte der Christian-Albrechts-Universität, S. 7–102

Jordan, Karl: Nachruf Ottokar Menzel, in: Deutsches Archiv für Erforschung des Mittelalters 8, 1951, S. 261

Jordan, Karl/*Hofmann*, Erich: Geschichte der Christian-Albrechts-Universität Kiel 1665–1965 Bd. 5, 2, Neumünster 1969

Kaegi, Dominic: Philosophie, in: Eckart/Sellin/Wolgast, Die Universität Heidelberg im Nationalsozialismus, S. 321–350

Karlauf, Thomas: Stefan George. Die Entdeckung des Charisma. Biographie, München 2007

Kellerhoff, Sven Felix: Berlin im Krieg. Eine Generation erinnert sich, Berlin 2011

Kissling, Hans-Joachim: Nachruf Franz Taeschner, in: Zeitschrift der Deutschen Morgenländischen Gesellschaft 118, 1968, S. 14–17

Koch, Hans: Ernst Schulz (8. Oktober 1897–19. Dezember 1944), in: Hodeige, Fritz: das werck der bucher. Von der Wirksamkeit des Buches in Vergangenheit und Gegenwart. Eine Festschrift für Horst Kliemann zu seinem 60. Geburtstag, Freiburg 1956, S. 242–253

Koetzle, Hans-Michael/*Pohlmann*, Ulrich: Münchner Kreise. Der Fotograf Theodor Hilsdorf 1868–1944, Katalog der Ausstellung Fotomuseum im Münchner Stadtmuseum, 30. März bis 25. November 2007, München 2007

Krause, Jürgen/*Schütze*, Sebastian (Hgg.): Melchior Lechters Gegen-Welten. Kunst um 1900 zwischen Münster, Indien und Berlin, Münster 2006

Löffelmeier, Anton: Ernst Schulz, in: Der Kosmos der Rosenthals. Bücherkenner, Künstler und Wissenschaftler, in: Die Rosenthals. Der Aufstieg einer jüdischen Antiquarsfamilie zu Weltruhm mit Beiträgen von Angermair, Elisabeth/Koch, Jens/Löffelmeier, Anton/Ohlen, Eva/Schwab, Ingo, Wien 2002, S. 144–147

Marose, Monika: Unter der Tarnkappe. Felix Hartlaub. Eine Biographie, Berlin 2005

Mentzel-Reuters, Arno: Das Reichsinstitut zwischen Ahnenerbe und Westforschung, in: Das Reichsinstitut für ältere deutsche Geschichtskunde 1935 bis 1945 – ein „Kriegsbeitrag der Geisteswissenschaften"?. Beiträge des Symposiums am 28. und 29. November 2019 in Rom, hg. von Mentzel-Reuters, Arno/Hartmann, Martina/Baumeister, Martin, MGH Studien zur Geschichte der Mittelalterforschung Bd. 1, Wiesbaden 2021, S. 1–53

Menzel, Ottokar: Das „Chronicon Hujesburgense", in: Studien und Mitteilungen zur Geschichte des Benediktinerordens 52, 1934, S. 130–145 und 260

Menzel, Ottokar: Drei Handschriften aus der ehemaligen Zisterzienserabtei Lygumkloster in der Universitätsbibliothek zu Halle, in: Studien und Mitteilungen zur Geschichte des Benediktinerordens 53, 1935, S. 407–411

Menzel, Ottokar: Untersuchungen zur mittelalterlichen Geschichtsschreibung des Bistums Halberstadt, Sachsen und Anhalt, in: Jahrbuch der historischen Kommission für die Provinz Sachsen und für Anhalt 12, 1936, S. 95–178 (zugleich Diss. phil. Berlin 1935)

Menzel, Ottokar: Die Eroberung Konstantinopels 1453, in: Cochenhausen, Friedrich von, Schicksalsschlachten der Völker, Leipzig 1936, S. 83–93

Menzel, Ottokar (Hg.): Brun von Merseburg, Das Buch vom Sachsenkrieg, Kriegsgeschichtliche Bücherei Bd. 18, Berlin 1936

Menzel, Ottokar: Das Leben der Liutbirg, in: Sachsen und Anhalt 13, 1937, S. 78–89

Menzel, Ottokar (Hg.): Das Leben der Liutbirg. Eine Quelle zur Geschichte der Sachsen in karolingischer Zeit, Deutsches Mittelalter. Kritische Studientexte des Reichsinstituts für ältere deutsche Geschichtskunde [MGH] Bd. 3, 1937

Menzel, Ottokar: Die „heilige" Liutbirg, in: Deutsches Archiv für Geschichte des Mittelalters 2, 1938, S. 189–193

Menzel, Ottokar (Hg.): Johannes Kymeus: Des Babstes Hercules wider die Deudschen, Wittenberg 1538. Als Beitrag zum Nachleben des Nikolaus von Cues im

16. Jahrhundert, Sitzungsberichte der Heidelberger Akademie der Wissenschaften, phil-hist. Kl. Jg. 1940/41 = Cusanus-Studien 6, Heidelberg 1941

Menzel, Ottokar: Nikolaus von Cues im 16. Jahrhundert. Neue Beobachtungen zu den Wirkungen des Cusanischen Werkes, in: Forschungen und Fortschritte 17, 1941, S. 283–284.

Menzel, Ottokar: Bemerkungen zur Staatslehre Engelberts von Admont und ihrer Wirkung, in: Corona Quernea. Festgabe Karl Strecker zum 80. Geburtstage dargebracht, Monumenta Germaniae Historica. Schriften des Reichsinstituts für ältere deutsche Geschichtskunde, Bd. 6, Leipzig 1941, S. 390–408

Menzel, Ottokar (Hg.): Meddah, Schattentheater und Orta ojunu. Eine kritische Übersicht über die Ergebnisse der jüngeren Forschung nebst neuen Beiträgen von Theodor Menzel, Orientalisches Institut, Prag 1941

Menzel, Ottokar (Hg.): Kaiser Karl IV., Selbstbiographie, übersetzt und eingeleitet, Berlin 1943

Menzel, Ottokar: Robert Holtzmann zum 70. Geburtstag, in: Forschungen und Fortschritte 19, 1943, S. 309–311

Menzel, Theodor (Hg.): Mehmed Tevfîq, Ein Jahr in Konstantinopel. Nach dem Stambuler Druck von 1299 h. (bzw. 1300 h.) zum ersten Mal ins Deutsche übertragen und durch Fussnoten erläutert, Türkische Bibliothek, hg. von Jacob, Georg, Bd. 2 und 3, Berlin 1905, Bd. 4 und 6, Berlin 1906, Bd. 10, Berlin 1909 und Bd. 13, Berlin 1911

Menzel, Theodor (Hg.): Billur Köschk (Der Kristall-Kiosk). 14 türkische Märchen, zum ersten mal nach den beiden Stambuler Drucken der Märchensammlung ins Deutsche übersetzt, Beiträge zur Märchenkunde des Morgenlandes: Türkische Märchen 1, Hannover 1923

Menzel, Theodor (Hg.): Der Zauberspiegel. Türkische Märchen, zum erstenmal aufgezeichnet und ins Deutsche übersetzt, Beiträge zur Märchenkunde des Morgenlandes 2, Hannover 1924

Menzel, Theodor: Der 1. Turkologische Kongress in Baku. 26. II. bis 6. III. 1926, in: Der Islam. Zeitschrift für Geschichte und Kultur des islamischen Orients 16, 1927, S. 1–76 und 167–228 (= *ders*.: 1926 Bakü 1. Türkoloji Kongresi [Türkische Ausgabe 2017])

Menzel, Theodor: ĞIHĀNNŬMĀ. Die altosmanische Chronik des Mevlānā Mehemmed Neschrī, im Auftrage der Deutschen Akademie der Wissenschaften zu Berlin nach Vorarbeiten von Theodor Menzel, hg. von Taeschner, Franz, Band 1: Einleitung und Text des Cod. Menzel, Wiesbaden 1951

Menzel-Rogner, Hildegund: Das Geschwindigkeitsfeld in der Umgebung eines Leitwerkprofils endlicher Dicke verschwindenden Spalts, in: Luftfahrtforschung 70, 1940, S. 11–17

Menzel-Rogner, Hildegund (Hg.): Nikolaus von Cues: Der Laie über Versuche mit der Waage. Idiota de staticis experimentis, Schriften des Nikolaus von Cues im Auftrag der Heidelberger Akademie der Wissenschaften in deutscher Übersetzung herausgegeben von Hoffmann, Ernst, Heft 5, 1942

Menzel-Rogner, Hildegund (†)/*Honecker*, Martin (†) (Hg.): Nikolaus von Cues: Der Laie über den Geist. Idiota de mente, Schriften des Nikolaus von Cues im Auftrag der Heidelberger Akademie der Wissenschaften in deutscher Übersetzung hg. von Hoffmann, Ernst, Heft 10, 1949

Meyer-Prietzel, Rudolf: Die Kieler Rechts- und Staatswissenschaft. Eine „Stoßtrupp-fakultät", in: Cornelissen/Mish, Wissenschaft an der Grenze, S. 171–174

Mish, Carsten: „Führer der Universität". Die Kieler Rektoren in der NS-Zeit, in: Cornelissen/Mish, Wissenschaft an der Grenze, S. 33–56

Mußgnug, Dorothee: Die Juristische Fakultät, in: Eckart/Sellin/Wolgast, Die Universität Heidelberg im Nationalsozialismus, S. 261–317

Nagel, Anne: „Er ist der Schrecken überhaupt der Hochschule". Der Nationalsozialistische Deutsche Dozentenbund in der Wissenschaftspolitik des Dritten Reichs, in: Scholtyseck, Joachim/Studt, Christoph: Universitäten und Studenten im Dritten Reich, Berlin 2008, S. 115–132

Nilsson, Mikael: Hitler Redux. The incredible History of Hitler's so-called Table Talks, London, New York 2020

Osterkamp, Ernst: Das Geheime Deutschland am Pazifik. Dokumente zum George-Kreis: Der Nachlass des Malers und Buchkünstlers Melchior Lechter am Getty Research Institute, in: Frankfurter Allgemeine Zeitung Nr. 210 vom 9. September 2000, S. II

Poll, Bernhard: Vom Schicksal der deutschen Heeresakten und der amtlichen Kriegsgeschichtsschreibung, in: Die Welt als Geschichte 12, 1952, S. 61–68

Pyta, Wolfram: Walter Elze und Preußen – Preußische Geschichte aus dem Geiste des George-Kreises, in: Kraus, Hans-Christof (Hg.): Das Thema „Preußen" in Wissenschaft und Wissenschaftspolitik vor und nach 1945, Forschungen zu Preußischen und Brandenburgischen Geschichte N. F. 12, Berlin 2013, S. 119–132

Pyta, Wolfram: Hitler. Der Künstler als Politiker und Feldherr. Eine Herrschaftsanalyse, München 2015

Raub, Wolfhard: Melchior Lechter als Buchkünstler. Darstellung – Werkverzeichnis – Bibliographie, Köln 1969

Rebhan, Helga: Eine Erbschaft, eine Schenkung und Auktionen. Handschriften-Neuerwerbungen für die Orient- und Asienabteilung der Bayerischen Staatsbibliothek, in: Das Bibliotheks-Magazin. Mitteilungen aus den Staatsbibliotheken in Berlin und München 1, 2013, S. 3–9

Reichert, Folker: Fackel in der Finsternis: Der Historiker Carl Erdmann und das „Dritte Reich". Band 1: Die Biographie, Band 2: Briefe 1933–1945, Darmstadt 2022

Ribbe, Wolfgang (Hg.): Geschichte Berlins. Zweiter Band: Von der Märzrevolution bis zur Gegenwart, München 1987

Rogner, Hildegund: Die Bewegung des Erkennens und das Sein in der Philosophie des Nikolaus von Cues, Heidelberg 1937 (zugleich Diss. phil. Berlin 1936)

Rypka, Jan: In Memoriam Theodor Menzel, in: Menzel, Ottokar: Meddah, S. IX–XIV

Schlögel, Karl: Von der Vergeblichkeit eines Professorenlebens. Otto Hoetzsch und die deutsche Rußlandkunde, in: Osteuropa 55/12, 2005, S. 5–28

Schön-Beetz, Sonja: Melchior Lechter und seine Musen – „Der liebe fleisch und blut im Sakrament, in: Krause/Schütz (Hgg.): Melchior Lechters Gegenwelten, S. 258–267

Schramm, Percy Ernst: Kriegstagebuch des Oberkommandos der Wehrmacht (Wehrmachtführungsstab) 4, 2: Januar 1944–22. Mai 1945, Frankfurt am Main 1961

Schütze, Sebastian siehe auch Krause, Jürgen

Schütze, Sebastian: Melchior Lechter, in: Aurnhammer u.a., Stefan George-Handbuch 3, Sp. 1522–1527

Steil-Beuerle, Elisabeth: Melchior Lechter. Leserbrief, in: Frankfurter Allgemeine Zeitung Nr. 240 vom 15. Oktober 1965, S. 10

Stern, Leo (Hg.): Die Berliner Akademie der Wissenschaften in der Zeit des Imperialismus. Teil III: Die Jahre der faschistischen Diktatur 1933 bis 1945, Berlin 1979

Thiel, Jens: In der Grauzone des Kulturgutraubs. Die Leibniz-Edition und die Akquise von Leibnitiana im Zweiten Weltkrieg, in: Komma und Kathedrale. Tradition, Bedeutung und Herausforderung der Leibniz-Edition, hg. von Li, Wenchao, Berlin 2012, S. 37–58

Tilitzki, Christian: Die deutsche Universitätsphilosophie in der Weimarer Republik und im Dritten Reich Teil 2, Berlin 2001

Tilitzki, Christian: Zeitkindschaft. Reflexionen über Politik und Geschichte in Kriegszeiten. Aus dem Briefwechsel des Berliner Philosophen Nicolai Hartmann mit dem Kölner Kollegen Heinz Heimsoeth 1939–1945, in: Jahrbuch für die Geschichte Mittel- und Ostdeutschlands 64, 2018, S. 111–199

Wagner, Ewald: Nachruf auf Helmuth Scheel, in: Zeitschrift der Deutschen Morgenländischen Gesellschaft 118, 1968, S. 5–15

Weichelt, Matthias: Der verschwundene Zeuge. Das kurze Leben des Felix Hartlaub, Berlin 2020

Weschenfelder, Anke: Marianne Feuersenger, in: Kosch, Wilhelm: Deutsches Literaturlexikon. Das 20. Jahrhundert Bd. 8, 2005, S. 510

Wiggershaus-Müller, Ursula: Nationalsozialismus und Geschichtswissenschaft. Die Geschichte der Historischen Zeitschrift und des Historischen Jahrbuchs 1933–1945, Studien zur Zeitgeschichte 17, Hamburg 1989

Wolgast, Eike: Mittlere und Neuere Geschichte, in: Eckart/Sellin/Wolgast: Die Universität Heidelberg im Nationalsozialismus S. 491–516

Zeller, Bernhard, Marbacher Memorabilien. Vom Schiller-Nationalmuseum zum Deutschen Literaturarchiv 1953–1973, Marbach 1995

Ziegler, Ralph Philipp: Das stille Tal. Der Komponist Albert Jung, Bad Orb und das 20. Jahrhundert, Hanau 2015

Ziffer, Alfred: Nymphenburger Moderne. Die Porzellan-Manufaktur im 20. Jahrhundert, Eurasburg 1997

Personenregister

Nicht aufgenommen wurden Ottokar und Hildegund Menzel bzw. Rogner. Kursive Zahlen verweisen auf Erwähnung in den Anmerkungen.

Alle Abbildungen stammen aus Privatbesitz, bis auf das Foto von Ernst Schulz auf S. 140 (Stadtarchiv München, Signatur DE-1992-NL-ROS-0479-12).